JOURNAL

DES

OPÉRATIONS MILITAIRES ET ADMINISTRATIVES

DES

SIÉGE ET BLOCUS DE GÈNES,

Par le lieutenant-général baron THIÉBAULT.

Nouvelle Édition.

Ouvrage refait en son entier, avec addition d'un second volume comprenant un grand nombre de pièces, inédites, officielles et d'une très haute importance.

Fais ce que dois, advienne que pourra.

—

TOME SECOND

—

PARIS

J. CORRÉARD, Éditeur d'Ouvrages militaires,
Rue de l'Est, n° 9.

J. Dumaine, neveu et successeur de G. Laguionie, rue Dauphine, 36.

B. Behr à Berlin.
Joseph Bocca, à Turin.
Decq, à Bruxelles.
J. Issakoff, lib.-édit., comm. officiel de toutes les Bibliothèques de la garde impériale à Saint-Pétersbourg.
Doorman, à La Haye.
Michelsen, à Leipsig.
Kaulfuss, Prandel et Cie, à Vienne.
Pierre **Marietti**, à Turin.
Muquardt, à Bruxelles.
Casimir Monnier, à Madrid.
Van Cleef frères, à La Haye.
H. Baillière, 219, Régent Street, à Londres.

A Alger, à la Librairie centrale de la Méditerranée.

1847

BLOCUS DE GÊNES.

II

Paris.—Imprimeri de LACOUR et Cie, rue St-Hyacinthe-St-Michel, 33.

JOURNAL

DES

OPÉRATIONS MILITAIRES ET ADMINISTRATIVES

DES

SIÉGE ET BLOCUS DE GÊNES

PAR

Le lieutenant-général baron THIÉBAULT

Nouvelle édition.

Ouvrage refait en son entier.

Fais ce que dois, advienne que pourra.

TOME SECOND.

PARIS

J. CORRÉARD, ÉDITEUR D'OUVRAGES MILITAIRES

RUE DE L'EST, 9

—

1847

JOURNAL

DES

OPÉRATIONS MILITAIRES ET ADMINISTRATIVES

DES

SIÉGE ET BLOCUS DE GÊNES.

PIÈCES RELATIVES ET JUSTIFICATIVES.

N° I.

EXTRAIT

DU QUATRIÈME VOLUME DE MES MÉMOIRES.

NOTA. — Cette narration anecdotique n'a pas un rapport direct avec le blocus de Gênes; mais, d'une part, le 18 brumaire, dont je vais parler, forme ou du moins commence le premier acte de ce grand drame consulaire et impérial, auquel le blocus de Gênes appartient, et dont les campagnes d'Italie de 1796 et 1797, et la campagne d'Égypte, ont été le prologue; de l'autre, le plan de campagne qui complète cette narration, et dont elle explique la rédaction et la remise, se rapporte entièrement au fait d'armes auquel cet ouvrage est consacré. Telles sont les considérations qui ont fait comprendre cet extrait au nombre des pièces dont ce volume se compose.

18 brumaire (*).

Peu de mois avaient suffi pour nous faire perdre, avec l'Italie presque entière, le fruit de trois années

---

(*) Une relation de la révolution du 18 brumaire a été publiée dans les feuilletons du *Siècle* des 23, 24, 25, 26, 27 et 28 juillet 1842. J'en achève la lecture; et sans m'arrêter à des anecdotes, dont si rarement on peut vérifier l'exactitude, je vais, et d'après mes souvenirs, quelques révélations et le *Moniteur*, relever des erreurs qu'à ce degré il semblait impossible de commettre.

Selon ces feuilletons, en effet :

Le général Bonaparte débarqua à Fréjus **le 15** *vendémiaire* **an VI**, et il y débarqua **le 17** *vendémiaire* **an VIII.**

Le général Bonaparte arriva à Paris **le 21**... — Non!.. Il n'y arriva que **le 24**!

Le Directoire apprit son débarquement **le 16**... — Non!.. Il ne l'apprit que **le 22**!..

Le Directoire reçut cette nouvelle télégraphique à sept heures du soir..—**Le 16** octobre, et à plus forte raison **le 22**, on ne reçoit plus à Paris de nouvelles télégraphiques *à sept heures du soir;* et de fait, le Directoire la reçut à temps pour la faire annoncer au *Conseil des* 500, *séance tenante*, et par conséquent dans l'après-midi, ce qui coïncide avec la manière dont je l'ai apprise.

Cette arrivée fut annoncée aux Français par Talma... — Elle le fut à tous les théâtres par les premiers acteurs!

Madame Bonaparte l'apprit aux Français..— Non!... car vers *cinq heures du soir*, M. Felix Desportes lui donnait la main pour aller se faire délivrer un passeport et dire *adieu* aux frères du général Bonaparte; visite dont Lucien profita pour lui faire prendre la route de Lyon, alors qu'eux rejoignirent le général par la

de victoires, c'est-à-dire, tout ce qui avait été conquis par Bonaparte et par Championnet.

---

route du Bourbonnais. On attribua cette fausse indication au projet de desservir madame Bonaparte auprès du général; mais il revenait pour s'occuper de choses plus importantes que les calomnies ou les médisances de Lucien. (Dans sa relation du 18 brumaire, imprimée dans les feuilletons de la *Presse* en 1845, Lucien se borne à dire que madame Bonaparte, Joseph et lui, allèrent au-devant du général Bonaparte.)

Le général Bonaparte apprit à Fréjus les revers éprouvés en Italie... — Et ces désastres, qui seuls pouvaient laisser impuni *le crime de son retour*, duraient depuis *six mois*, *et cent lettres lui avaient été écrites par des hommes marquants pour l'en instruire*, pour lui dénoncer les turpitudes du Directoire et pour le presser de venir en délivrer la France; lettres qui, *à la connaissance de M. Félix Desportes*, lui étaient presque toutes parvenues; mais encore lui furent-elles inutiles, attendu que *les Gazettes de Francfort et de Hambourg*, que *Sidney* Smith lui fit parvenir *immédiatement après la bataille d'Aboukir*, lui révélaient notre position de manière *à décider son retour*, qui ne s'effectua néanmoins qu'un mois après, et cela parce que ce temps avait été indispensable pour mettre les deux frégates en état de partir; fait qui, de vive voix *et par écrit*, m'a été révélé par M. le conseiller d'État comte Daure, qui finit par être ordonnateur en chef de l'armée d'Égypte.

Il arriva à Paris, à six heures du soir, **le 21**.... — Non!... Il y arriva *dans la nuit* **du 23 au 24**, et était à *six heures du matin* chez le président du Directoire Gohier.

A son arrivée à Fréjus, il n'avait encore aucun projet bien arrêté.... — Et il ne revenait au bruit de nos désastres que pour s'emparer du pouvoir!... Se rappeler ce mot dit par lui-même, avant son départ pour l'Égypte:... *La poire n'est pas mûre*;... la réponse faite par le général Berthier au général Kellerman fils; voir la révélation qui échappa à madame Bonaparte, etc.

Le général Bonaparte fit, le 25, une visite à Gohier qui, le 26,

Ces revers inaccoutumés étaient pour la France une calamité et une honte, pour moi une humiliation et un malheur! Cette expulsion m'affectait même d'autant plus, que, par l'effet de l'âge et de l'action que sur

---

le présenta à ses collègues!... — S'il s'agissait d'une visite officielle, d'une présentation solennelle, il fallait le dire! Et comment admettre que le général Bonaparte ne dût pas arriver à l'improviste à Paris et chez Gohier, chez lequel, en effet, il était entré la veille à six heures du matin. Comment, partant de la rue Chantereine, surnommée de suite *la rue de la Victoire*, prendre *la rue du Mont-Blanc*, puis *la rue de Richelieu*, pour entrer aux Tuileries *par la grille des Feuillants*, à la place de laquelle il n'y avait alors qu'*une petite porte en bois*, précédée par *un couloir inaccessible aux chevaux!*

Le chef de brigade de cavalerie, Murat... — Murat est revenu d'Égypte général de brigade!

On donna à Sieyès la terre de Crosne... — On la lui donna, et il alla y coucher le jour même qu'il quitta le consulat; mais on la lui ôta *le lendemain*, et il en partit aussitôt pour ne plus y retourner.

On lui donna **800,000** *francs, formant la caisse privée des directeurs!* — On put les lui promettre, mais il ne les eut pas. Et comment les lui aurait-on donnés, quand il n'y avait pas **1,200** *francs au Trésor* à remettre à un courrier, quand tous les amis du général Bonaparte se cotisaient pour lui procurer des fonds? Plus tard cependant, et par un arrêté des consuls, il paraît que 500,000 francs lui furent donnés.

On lui promit, en outre, **45,000** *francs par an comme sénateur...* — Mais il n'en eut que 15,000!

Et voilà la preuve qu'il est impossible d'écrire, même des épisodes de l'histoire contemporaine, lorsqu'on parle d'événements dans lesquels on n'a été ni acteur ni spectateur.

une imagination facile à exalter produisent ces contrées inspiratrices, où tant d'immortalités se sont fondées, je m'étais comme identifié à nos conquêtes et à la gloire de nos armes au-delà des Alpes !.. Et en effet, ayant servi en Italie depuis la fin de 1796, j'étais arrivé à temps pour prendre part aux luttes dont la destruction des armées d'Alvinzi et de Provera avait été la conséquence ; j'avais assisté à la reddition de Mantoue, à la prise de Wurmser ; je m'étais trouvé aux opérations de guerre qui avaient rendu possible la victoire du Tagliamento, comme, avant elle, aux batailles de Rivoli et de la Favorite ; j'avais marché sous les enseignes triomphales de cette armée d'Italie, depuis l'Adige jusqu'aux portes de Vienne ; j'avais vu naître cette république Cisalpine, à laquelle tout présageait de brillantes destinées. Comme conséquence de nos victoires, j'avais vu des consuls romains monter au Capitole. Cinquante-quatre heures de combat acharné m'avaient livré la principale entrée de Naples, et, après avoir contribué à soumettre les Abruzzes et la Pouille, après avoir été témoin du fanatisme, du délire avec lesquels les Napolitains avaient proclamé la république parthénopéenne, c'est des bords de la mer Ionienne que me rappelèrent des désastres qui, sans répit, presque sans halte, nous firent évacuer les États de Naples. Rome et ses Marches, la Toscane et le Ferrarais, Parme et Plaisance, le Mantouan et la Lombardie, la majeure partie de la Ligurie et le Piémont !

C'était bien plus qu'il n'en fallait pour me faire soupirer après notre retour dans cette Italie devenue pour moi comme une nouvelle patrie, et pour m'exciter à trouver le moyen de repasser victorieusement les Alpes.

Encore que je ne fusse rentré en France que pour donner à ma santé des soins qui ne pouvaient plus être différés, je n'eus bientôt plus d'autre sujet de préoccupation. Assailli par plusieurs pensées, l'une d'elles me frappa. Je la rédigeai, et sous quelque rapport que je la considérasse, écrite ou seulement méditée, elle m'apparut comme résolvant le problème.

Ne voulant, cependant, ni faire une de ces démarches qui ne prouvent que de la jactance quand elles ne sont pas justifiées par une idée heureuse, ni courir la chance de ne faire aucun usage d'une idée pouvant être utile, je communiquai à mon père mon... *plan d'une nouvelle campagne en Italie*... ; je le discutai avec lui, et comme il le jugea d'une incontestable importance, il fut convenu que je le remettrais au ministre de la guerre et au président du Directoire.

Mais, pour en faire usage, le moment n'était pas opportun. Nous étions encore menacés partout et nous ne paraissions en mesure nulle part. Enfin, et par trois victoires consécutives, Masséna venait de s'immortaliser en Suisse, et, sous le double rapport de la conception et de l'exécution, Brune venait de devoir à Vandamme un mémorable succès en Hollande.

La défaite de quatre armées ennemies et la saison nous garantissaient un répit de cinq mois, et j'étais au moment d'effectuer la double remise de mon plan de campagne lorsque, le 14 octobre 1799 (22 vendémiaire an VIII), entrant par les cours dans le jardin du Palais-Royal, je vis, à l'extrémité opposée de ce jardin, un groupe se former par des hommes, par des femmes, courant à toutes jambes!.. J'avance, et bientôt ce groupe compacte se divise en un nombre infini de petits groupes qui, presque de suite dissous par des gens paraissant se fuir, sont aussitôt reformés par de nouveaux venus qui, aux premiers mots échangés, se dispersent également et avec tous les signes d'une agitation convulsive.

Je ne comprenais rien à ce que je voyais... Sans doute il s'agissait d'un grand événement, mais comment ne donnait-il lieu à aucune explication, à aucun détail?... Comment divisait-il aussi immédiatement tous ceux qu'il avait rassemblés?.. Enfin, était-ce une insurrection, une victoire, une défaite?.. Dans cette incertitude, je pourrais dire dans cette anxiété, j'accélérais le pas lorsqu'un homme, parti d'un de ces groupes, se dirige de mon côté ; je me porte sur son passage ; mais, lui, sans me regarder, sans ralentir sa course, déjà presque essouflé, s'écrie :— *le général Bonaparte a débarqué à Fréjus!..* Un moment de stupéfaction succède à cette immense révélation ; mais ce moment passé, un *vive le général Bonaparte!..* se fait entendre, et à l'instant tout le jardin du Palais-Royal retentit de *vivat!..* Je fus abasourdi, et subissant l'effet général, je demeurai stupéfait et exalté!.. Remonté en toute hâte dans mon cabriolet, laissé cour des Fontaines, je me rendis à l'état-major de la division ; mais là encore, je n'eus pas une question à faire... Le mouvement auquel Paris entier prenait part ne laissait d'ailleurs de motif à aucune. Cette nouvelle, que le Directoire venait de faire annoncer aux conseils par un messager précédé par une musique militaire, se propageait avec la rapidité du fluide électrique. Chaque coin de rue offrait une répétition de la scène du Palais-Royal, et les musiques des régiments de la garnison parcouraient déjà Paris, exécutant des fanfares, entraînant à leur suite des flots de peuple et de soldats, et achevant d'exalter les citoyens et les troupes. La nuit venue, des illuminations furent improvisées dans tous les quartiers, et ce retour aussi désiré qu'inattendu, qui parut une résurrection, qui fut une espèce de revanche prise par Bonaparte sur Nelson, fut annoncé aux cris de... *vive la république!.. vive Bonaparte!..* dans tous les théâtres, et aux Français par Talma!.. Enfin on se cherchait pour s'apprendre ce miraculeux retour, pour s'en féliciter, et comme pour épancher le trop plein d'une joie, d'un délire que la France entière allait partager!

L'avenir se trouvait révélé par cette explosion!.. Ce n'était pas le retour d'un simple général; mais, sous l'habit de général, et avec la juste réputation du premier homme de guerre du monde par ses victoires, de pacificateur par ses traités, et surtout par celui de Léoben, de législateur par la part qu'il avait eue aux constitutions des républiques d'Italie, c'était l'arrivée d'un chef d'autant plus puissant, qu'également nécessaire à la guerre, à la politique et au gouvernement, il était impossible que, dans la position où se trouvait la France, elle ne le réclamât pas ou ne l'acceptât pas à ces trois titres !.. En effet, sous les rapports de la guerre, et encore que nous nous trouvassions délivrés de l'armée Austro-russe du Texel, et préservés d'une invasion à la Suwarow, tout se bornait encore, pour nous, à la substitution d'éventualités menaçantes aux angoisses d'un désastre effroyable et imminent, à des succès partiels en remplacement d'une gloire colossale, et à la conservation de la Suisse et de la Hollande comme compensation de la perte de l'Italie !.. Nous venions, sans doute, de battre des armées formidables ; mais il y avait loin de là à avoir vaincu la coalition. Semblable à l'hydre, ses forces renaissaient sans cesse, grâce aux subsides de l'Angleterre et à l'acharnement de l'Autriche, d'autant plus avide de succès militaires, qu'elle avait plus besoin de ne pas joindre de nouvelles défaites au souvenir des assassinats de Rastadt ! .. Sous les rapports de la politique, le général Bonaparte doublait la prépondérance de la France, dont il fortifiait les alliés !.. Sous le rapport de l'intérieur enfin, il ne restait en France qu'un simulacre de pouvoir !.. La constitution ne constituait plus rien ; vermoulu avant d'avoir cinq ans d'existence, le Directoire ne gouvernait plus, et à un seul homme près, les membres de ce Directoire ne voyaient pas même l'abîme dans lequel ils précipitaient la France !.. Battu en brèche par tous les partis, il était à la merci du premier assaut ; ce qui prouve que nos plus grands périls n'étaient ni dans les piéges de la diplomatie, ni dans les baïonnettes des ennemis !.. Ce n'est pas, cependant, que dans ce Directoire il n'y eût du talent, du caractère, du patriotisme; mais comme en fait de gouvernement, tout ce qui ne sert pas nuit, tout ce qui ne fortifie pas affaiblit, tout ce qui ne consolide pas ébranle, cinq chefs qui ne s'entendaient pas, qui jamais ne pouvaient s'entendre, au lieu de quintupler les forces, les annulaient en raison même de leur nombre!.. Ces directeurs, de plus, hommes sans fortune, sans famille et sans gloire personnelle, sans valeur intrinsèque et sans consistance, inconnus la veille, devant être oubliés le lendemain, et dont on ne connaît les derniers que parce qu'ils participèrent à l'immortalité attachée à quiconque à précédé Bonaparte ou a succédé à sa puissance ; ces directeurs n'avaient par eux-mêmes rien de ce qu'il fallait pour gouverner des hommes, moins encore une grande nation, et surtout des Français (*)!..

Restait donc les lois, que bientôt les partis bravent, que les cotteries ridiculisent, que les factions attaquent, que les masses méprisent quand elles n'ont pas pour elles la sanction du temps ou un prestige religieux, quand elles ne sont pas maintenues par un pouvoir capable de les faire respecter!.. Or, aucun de ces principes de durée, de force, de puissance, n'existait pour le Directoire, de-

---

(*) On attaquait le Directoire même par des *rébus*. On trouva un matin sur les murs du Luxembourg, et dans vingt endroits les plus fréquentés de Paris, le croquis de plusieurs directeurs, et dessinés au-dessous, une lancette, une laitue et un rat, ce qui signifiait : *L'an* VII *les tuera*.

puis le 30 prairial surtout. Faible par lui-même, sans légalité depuis ses mutilations inconstitutionnelles, de plus en plus embarrassé par suite d'une disposition des esprits qui lui rendait la France ingouvernable, assailli par vingt partis et par vingt peuples, comment eût-il résisté à cette double et active coalition de l'intérieur et de l'extérieur; coalition en faveur de laquelle les désordres du dedans multipliaient les défaites des armées, comme ces défaites multipliaient les agitations de l'intérieur; coalition qui ne pouvait aboutir qu'à l'anarchie ou au despotisme en faveur duquel Bonaparte trancha la question? Que pouvaient enfin, et de quelque manière qu'on ait pu les chamarrer, les loger et les rétribuer, ces directeurs, contre des chefs militaires illustrés par tant de batailles, forts de leur gloire et de celle dont ils avaient doté la France, et se trouvant à la tête de 500,000 hommes?.. A défaut d'un rang auguste, il faut l'éclat, le prestige et le despotisme des armes pour faire respecter celui que naguère on considérait à peine! Or, était-il possible que les vainqueurs de tant de rois se résignassent à n'être que les instruments passifs de semblables gouvernants, ou se crussent représentés parmi eux par un général Moulins que, grâce à sa médiocrité, son habit n'avait pas exclu de cette *basse-cour*, ainsi qu'on l'appelait!.. Moulins gouvernant Jourdan, Pichegru, Saint-Cyr, Desaix, Kléber, Moreau, Bernadotte, Masséna, Bonaparte, était par trop burlesque; c'était une dérision plus qu'un hommage! Et cependant, comment y admettre un des hommes du calibre de ces derniers sans le mettre dans l'alternative, ou bien de subir le joug d'une majorité humiliante, ou bien de profiter de la première occasion pour s'emparer du pouvoir!.. Dans une situation aussi intolérable, Siéyès était devenu un espèce d'espoir pour la France, une sorte de refuge contre la crainte d'un retour vers les idées et les mesures démagogiques. On disait même qu'il tenait en réserve une constitution préférable à celle de l'an III, et par laquelle trois consuls, se trouvant substitués aux cinq membres du Directoire, réduiraient dans une proportion égale les foyers d'intrigues que recélait le Luxembourg!.. Mais encore tout cela, même admis comme vrai, n'était-il qu'une jonglerie!.. Siéyès, consul, comptait bien gouverner la France à lui tout seul, et ne se servir de ses collègues que comme s'en servit le général Bonaparte, c'est à dire, pour donner le change; et ce qui me le fait croire, c'est que se promenant, peu après qu'il eut quitté le consulat, sur la terrasse de l'Eau aux Tuileries, avec quelques personnes dont mon père et moi faisions partie, je lui ai entendu dire : *attelé seul, je pourrais être de quelque valeur ; accouplé, je ne suis d'aucune !..* ce qui explique l'humeur que lui donnèrent le retour du général Bonaparte, la force des circonstances qui le contraignirent à se rallier à lui, l'établissement temporaire de son gouvernement consulaire, et le chagrin que lui laissa la perte de ses espérances personnelles!

En ce qui tenait au général Bonaparte, depuis le départ duquel nous avions eu tant de désastres, il avait été l'objet de regrets et de vœux qu'aucun des autres généraux de la république n'avait pu atténuer ou exaucer;

et, dans le fait, nous n'avions perdu aucune bataille qu'il n'eût gagnée, aucun territoire qu'il n'eût conservé ou conquis par son influence autant que par son génie!.. Sans doute, grâce à Masséna, à Moreau ne trahissant pas, nous pouvions encore honorer cette lutte par des faits d'armes éclatants ; mais, sans lui, nous ne pouvions plus rendre à la France une attitude digne d'elle, ni même pacifier la Vendée et purger la Provence des bandes qui l'infestaient!.. Ensuite, pour ne parler que du dehors, nous borner à résister devait finir par nous épuiser, les ressources de la France, et surtout de la France mécontente et divisée, ne pouvant équivaloir à celles de l'Europe coalisée. On voyait donc en lui un garant de victoires et un présage de paix, en d'autres termes, la gloire du présent et la sécurité de l'avenir; et telle fut la cause de la joie, de l'enthousiasme produits par la nouvelle de son retour, enthousiasme impossible à décrire, et joie qui fut telle, que Baudin, député des Ardennes, en mourut dans la soirée même!.. Enfin, le 16 octobre (24 vendémiaire) au matin, le plus petit hôtel de la rue Chantereine, nommée de suite, et par acclamation, la *rue de la Victoire,* se trouvait habité par celui que quatorze années d'une puissance colossale devaient conduire des palais de tant de rois dont il avait été l'arbitre, sous la geôle d'un Hudson-Lowe, et sur la roche brûlante et pestilentielle où l'inexorable destin avait condamné les six dernières années d'une si grande vie à de mortelles tortures, et avait, pour vingt années, placé la tombe de Napoléon, en expiation de l'envahissement de la France, de la perte de ses conquêtes, y compris ses frontières naturelles, et comme exemple éternel des vicissitudes humaines.

Je n'écris pas l'histoire !.. Je n'ai pas à faire connaître cette révolution de brumaire qui se trouva consommée 32 jours après le débarquement du général Bonaparte à Fréjus, 25 jours après son entrée à Paris avec Berthier, Lannes, Murat, Marmont, Andréossi, Eugène Beauharnais, Bourienne et Bessières, avec Bertholet et Monge. Je ne m'arrêterai pas davantage aux appréhensions qui bientôt se rattachèrent à son retour, au désappointement qu'il éprouva en trouvant la France sauvée par Masséna ; mais je rappellerai qu'aux espérances qu'il exaltait, les agents du Directoire se hâtèrent de mêler la crainte de lui voir transformer Paris en un champ de bataille, et qu'en dépit de l'explosion d'un délire populaire, et à la même instigation, trois reproches lui furent faits avec acharnement : l'un d'avoir abandonné l'armée d'Égypte, parce que cette expédition ne pouvait plus avoir une issue heureuse ; l'autre d'avoir, par son retour, transgressé les lois militaires ; ce qui, dans le premier cas, le faisait taxer de lâcheté ; ce qui, dans le second, le faisait accuser de désertion devant l'ennemi; enfin on lui reprochait d'avoir violé les lois sanitaires, ce qui également l'incriminait au premier chef!

La question militairement considérée, le général Bonaparte était inexcusable, et Siéyès restait dans son rôle lorsqu'à propos d'un manque volontaire d'égards envers lui, il l'appelait *petit insolent envers le membre d'une autorité qui aurait dû le faire fusiller!*.. De fait, il avait donné un exemple que plus tard il eût puni de mort, et quelle que fût l'apparence de ses motifs, quels que fussent les services qu'il avait rendus et pouvait rendre, il l'avait donné, cet exémple, de manière à être d'autant plus coupable, qu'il revenait avec des généraux, des officiers qui, comme lui, ne devaient quitter l'Égypte que d'après les ordres du gouvernement, et qui, ramenés par lui, n'avaient pu l'être que comme séïdes ou complices!..... En ce qui tenait à la violation des lois sanitaires, le délit n'était pas moins réel!.. Enfin, la gravité de ces deux chefs d'accusation motiva la proposition que fit Bernadotte de traduire le général Bonaparte à un conseil de guerre!

Quant à l'imputation de *lâcheté,* elle était absurde!... Indépendamment des causes précédentes, il avait laissé l'armée d'Égypte maîtresse du pays entier, et il accourait au bruit de nos désastres!... Il n'avait, en Egypte, qu'un ennemi à combattre ; il venait en attaquer deux!.. Il ne risquait, en Egypte, que la mort des braves, et il venait affronter le boulet et l'échafaud!.. Il ne fallait, pour rester en Egypte, qu'un courage ordinaire, alors que, pour revenir en France ainsi qu'il y revint, et indépendamment des dangers de la traversée, il fallait l'audace du guerrier et l'énergie du factieux!.. Cette question n'en sera donc jamais une ; mais, par malheur pour sa gloire, il en sera de même de savoir s'il céda à son patriotisme ou à son ambition ; si même et du fond de l'Egypte, il n'avait pas guetté sa proie ; si, de cette sorte, nos revers n'avaient pas été pour lui des présages de fortune et de souveraineté; faits que, pour ainsi dire, on n'osa aborder, de peur de lui faire une nécessité de la rébellion; et c'est incontestablement ce qui lui fit donner, par le président du Directoire Gohier, cette *accolade fraternelle* qui résulta, non du désir de le rassurer sur sa position, mais de l'embarras d'accuser, de poursuivre un homme dont le trajet d'Alexandrie à Fréjus avait été miraculeux, dont le voyage de Fréjus à Paris avait été un triomphe, qui, à Paris, était l'objet d'une apothéose, et que la garde même du Directoire avait accueilli par les cris de : *vive Bonaparte!...*

Alors qu'aucun pavois ne pouvait être supporté que par des épaules plébéiennes, Bonaparte s'était montré assez ardent patriote pour que ses opinions elles-mêmes servissent à la rapidité de son élévation; et au 13 vendémiaire encore, c'est lui qui, moi présent, organisa le *bataillon des Sans-Culottes* qui défendit la petite rue Dauphine.

A peine au commandement, nul ne fut plus positif, plus absolu!.. Son immense supériorité et la victoire ne tardèrent pas à devenir pour lui la justification de toute chose; mais si les plus rétifs de nos généraux obéirent après avoir comploté la résistance, si les plus âgés et les plus célèbres d'entre eux se soumirent à ce jeune homme qui, de général de brigade réformé, était devenu, à 27 ans et de deux traits de plume, général en chef, (mais, comme tel, avait sauvé le gouvernement), ce ne fut pas sans être frappés d'un si brusque changement!

Du moment où, à force de les battre, il eut contraint des rois à traiter avec lui, une autre métamorphose s'opéra!.. Son ton, ses manières changèrent au au point qu'à l'armée d'Italie, on n'appelait plus son quartier-général que — la *cour de Milan!..* Berthier, je le sais, fut l'instigateur de la sorte d'étiquette qui donna lieu à cette dénomination; mais le cérémonial qui se trouva établi ne déplut pas : c'était *peloter en attendant partie.*

Enfin, par le rôle qu'il joua sur les bords du Nil, par suite de cet éloignement qui le rendait maître de tout, et par l'influence des mœurs orientales, l'Égypte acheva de l'allécher au rang suprême; et c'est ainsi que, profitant de tout ce qu'il venait d'ajouter à une gloire réputée magique, la France, à son retour, et sous le nom de *premier consul*, eut en lui un *dictateur*, qui bientôt devait se transformer en *monarque!..* Ce retour arborait l'étendart de la révolte!.. Par lui, — *régner ou mourir*, — se trouvait substitué à cette devise de son ancien parti : — *vivre libre ou mourir!...* En effet, du moment de son départ de l'Égypte, il ne lui resta d'alternative qu'entre la gloire d'une réussite complète et la réalité d'un délit irrémissible! Mais ne pouvait-il pas s'être dit, avec le cardinal de Retz : *l'usurpation d'une couronne est un crime si illustre, qu'il peut passer pour vertu!*

Je l'avais suivi, étudié avec trop d'attention, tant à l'armée de l'intérieur que pendant ses immortelles campagnes d'Italie, et pendant son séjour à Paris au commencement de 1798, pour qu'aucun de ces faits ni aucune de ces prévisions pussent m'échapper, pour que je me trompasse sur les conséquences de ces progressions, sur la portée de ce mot, dit avant son départ pour l'Égypte: — *La poire n'est pas mûre!*.. A peine revenu de la première impression reçue de la nouvelle de son arrivée à Fréjus, j'avais donc pressenti ses projets, et pourtant, cédant à l'enthousiasme général, je jouissais d'avance des victoires dont ce grand homme devenait le garant, et je me livrais à ma joie avec d'autant plus d'effusion, d'une part, que les ennemis de la France devaient être plus loin de la partager; de l'autre, que je n'avais pas calculé que le moment le plus favorable à l'exécution de ses desseins, ce moment qu'il était incapable de méconnaître ou de perdre, était celui où l'on avait, où l'on allait avoir le plus besoin de lui, où l'on était dans l'ivresse de son retour, où la saison ajournait les opérations militaires, mais où il fallait tout préparer pour la reprise des hostilités, et que par conséquent nous devions toucher à la crise qu'il présageait!

Le général Bonaparte arrivé le 16 octobre (24 vendemiaire), à six heures du matin, au Directoire, accompagné par Berthier, par Berthollet et Monge, ce qui était fort habile, je me présentai chez lui le surlendemain. Il était sorti, et je m'inscrivis. J'y retournai le 21 octobre (1er brumaire); il y avait beaucoup de monde; il fit un pas vers moi lorsque je m'approchai de lui, m'accueillit à merveille, reçut avec bienveillance les félicitations que j'adressai à la France sur un retour qui, en dépassant ses espérances, avait comblé ses vœux, et me dit, lorsque je fis place à un autre:

Je compte vous revoir !.. Le 8 brumaire, je crois, je me rendis à cette sorte d'injonction. Il était dix heures et demie quand j'arrivai. Il était debout et fort occupé d'un entretien avec un homme que je ne connaissais pas, et se promenant avec lui au fond du salon. Je m'approchai de la cheminée. Madame Bonaparte parut, et je causai avec elle. Vers onze heures, il congédia son interlocuteur, nous rejoignit, me dit amicalement : — *Bonjour Thiébault* ! — sonna pour qu'on servît le déjeuner, et se retournant vers moi, ajouta : — *Vous déjeunerez avec nous* !... A peine à table, et en tiers avec madame Bonaparte et lui, il me parla des campagnes faites depuis son départ, se borna à nommer le général Moreau, ne parla de l'Helvétie qu'à propos de Suwarow et pour dire *qu'il ne lui avait fallu qu'une occasion de s'engouffrer*, traita Schérer plus mal que l'ennemi ne l'avait traité, et arrivé de cette sorte à la campagne de Naples, mais sans articuler les noms de Championnet et de Macdonald, me dit : — *Je sais que vous vous êtes bien conduit.* — Puis généralisant et, selon son habitude, personnifiant ce qui tenait au rôle de cette armée, il ajouta : *Il n'y a que vous qui, pendant mon absence, ayez fait de bonnes choses !...* Résumé qui me frappa ; car si le chef de cette armée de Naples avait fait de *bonnes* et même de *belles choses*, le général Masséna en avait fait d'immenses, et, ainsi que je l'ai dit, il ne les rappela qu'indirectement et par un mot ! Mais en ce qui me concernait, c'était plus que de la bonté ! Je fus même étonné qu'il ait daigné étendre ses investiglions jusqu'à moi, simple adjudant-général. Il est vrai que, dans ce moment, et toujours occupé de tout autre chose que de moi, je ne considérai pas que, se trouvant à Paris sans aides-de-camp, et n'ayant pu manquer de juger l'enthousiasme, le dévouement qui m'étaient naturels, je devais lui convenir à plus d'un titre!.. Absents ou présents, ses aides-de-camp, avec la presque totalité desquels j'étais lié, me paraissaient d'ailleurs, et à deux près, ne rien avoir qui pût m'imposer beaucoup; et en effet, si je ne me plaçais ni sur la ligne de Marmont comme officier instruit ou comme orateur militaire, ni sur la ligne de Duroc, si remarquable par sa réserve et sa sagesse, il était de leurs collègues que sous aucun rapport je ne plaçais sur la mienne. (*) Quoi qu'il en soit, et par suite d'une abnégation inhérente à ma nature, l'idée de lui être attaché, cette idée que tant d'autres à ma place auraient eue, ne me vint pas même!

Un mot, pendant ce déjeuner, me fit naître la pensée de lui parler de mon... *Plan d'une nouvelle campagne en Italie!...* travail qui, par suite de son retour, était demeuré un secret entre mon père et moi; mais l'à-propos échappa par la manière brusque avec laquelle, opposant tout-à-coup à ce que nous disions de l'armée, ce qui s'était passé et se passait

(*) Le cardinal Maury disait: — *S'il est facile d'être modeste quand on s'examine, il est parfois difficile de le rester quand on se compare.*

dans l'intérieur, il attaqua le gouvernement avec une violence qui me bouleversa. Voici quelques phrases qui toujours me sont restées présentes, et qui donneront une idée du reste : — *J'ai laissé la paix, et je retrouve la guerre!... l'influence de la victoire, et elle a été remplacée par des défaites honteuses!... l'Italie conquise, et elle est envahie, et la France est menacée!.. des millions, et la pénurie est partout!... une disposition des esprits favorable, et leur aliénation est à son comble!.. faits qui résument tout, et ne sont imputables qu'à qui doit en subir les conséquences! Une nation*, continua-t-il avec véhémence, *est toujours ce qu'on sait la faire!.. Les partis, les factions ne condamnent que le pouvoir!.. Il n'est pas de mauvais peuple pour un bon gouvernement, comme il n'y a pas de mauvaises troupes sous de bons chefs!.. Mais qu'espérer de gens qui ne comprennent ni leur pays, ni leur temps, ni les hommes ; qui ne trouvent que des résistances où ils devraient trouver des secours, et qui abaissent, au niveau de leur impéritie, la France qu'ils dégradent et qui les réprouve!...*

L'empereur Napoléon disait : — *Quand on veut bien dîner, il faut dîner chez Cambacérès ; quand on veut dîner mal, il faut dîner chez Lebrun ; quand on veut dîner vite, il faut dîner chez moi!* — La vérité est que ses dîners souvent ne duraient pas une demi-heure, et que le déjeuner que je rappelle dura moins ; et pourtant, quelque flatté que je dusse être, que je fusse de me trouver à ce couvert d'intimité, de famille, pendant lequel la fortune me sourit vainement, ce repas finit par me paraître long !.. Depuis que l'acte d'accusation, l'anathême du général Bonaparte contre le Directoire avait commencé, j'avais gardé le plus absolu silence, et je m'étais efforcé à rendre ma figure aussi muette que ma bouche ; mais cette situation devenait à chaque instant plus pénible, et ce fut avec un véritable soulagement que j'arrivai au moment de donner la main à madame Bonaparte pour rentrer dans le salon, où nous trouvâmes le général Serrurier, circonstance qui pour moi fut un bonheur. Le revoyant pour la première fois, le général Bonaparte lui parla de suite de la campagne de Schérer, et à propos de la bataille de l'Adda, il résuma les faits de manière à établir à quel point cette affaire, si malheureuse pour le général Serrurier, avait néanmoins été honorable pour lui. Il était au reste facile de voir que ce sujet qui, en toute autre circonstance aurait dominé tous les autres, n'était qu'une transition ; aussi revint-il au Directoire avec un acharnement qui acheva de me convaincre que son thème avait pour but de faire sentir la nécessité d'un coup d'état, et accessoirement de juger les dispositions de ses interlocuteurs. Toujours est-il que tous les reproches que, selon lui, le Directoire méritait, furent reproduits ; mais prenant avec le général Serrurier les choses, si ce n'est de plus haut, du moins de manière à faire plus d'impression, il s'indigna que le choix des chefs des armées pût dépendre de l'incapacité ou du caprice des hommes les moins faits pour gouverner, que le sort des généraux pût être dans de telles mains ; et sur un mot de plainte proféré contre le Directoire, par le général Serrurier, il reprit : *Et que peuvent espérer des généraux sous un gouvernement d'avocats ?* Mot qu'il répéta, en en faisant un terme au dernier point dépréciateur, et qui le conduisit à cette conséquence : *Pour que des lieutenants se dévouent avec gloire pour eux, avec utilité pour la patrie, il leur faut un chef capable de les apprécier, de les diriger, de les soutenir !...* A ces mots de *lieutenants*, de *chef*, je crus entendre César, et le terrain sur lequel je me trouvais ne devant plus me convenir, je partis !... Un fait singulier acheva de réveler les vues qu'il avait sur moi : je l'avais quitté près de la cheminée, je l'avais volontairement laissé au milieu d'une période, et j'avais à peine fermé sur moi la porte du salon, qu'il la rouvrit et me dit de l'air le plus gracieux : *Allez donner votre adresse à Berthier.* A quoi je ne répondis que par un salut.

La position de ces arrivants d'Alexandrie, et surtout de celui que Bernadotte appelait *le transfuge*, m'avait de suite paru fausse ; mais plus leur rôle se dessinait, plus ils me devenaient suspects. A la faveur de tant d'espérances, de tant d'admiration, j'avais passé outre pour un grand homme, pour mon ancien général en chef de l'armée de l'Intérieur et de l'armée d'Italie, pour celui à qui j'avais dû mon grade de chef de bataillon ; mais rien de semblable ne militait à mes yeux pour le général Berthier, avec qui je ne comprenais pas ou ne voulais pas comprendre ce que je pouvais avoir à faire. A tout dire, je lui gardais rancune de n'avoir pas tenu la promesse qu'il avait faite à mon père de me prendre pour aide-de-camp à mon arrivée au quartier-général de l'armée d'Italie, vers la fin de 1796, et de ne pas même m'en avoir dit un mot lorsque, plein de confiance en sa parole, je l'abordai à Milan ; je n'avais cessé d'être révolté de ce qu'à Rome sa conduite envers le général Masséna avait eu d'odieux quant aux motifs, de coupable quant au but, de perfide quant aux moyens (*) ; et par ces causes, autant que par la circonstance qu'il n'était pour moi qu'un général sans emploi, je n'avais pas mis les pieds chez lui. Or, mes *préjugements*, et tout ce que je venais d'entendre, étaient-ils de nature à atténuer mes appréhensions, à vaincre mes répugnances, à changer ma conduite? J'étais loin de le penser. Néanmoins, comme mon père était mon unique confident et l'arbitre auquel mon cœur et ma raison me faisaient recourir dans toutes les situations qui me paraissaient avoir de la gravité, je retournai en toute hâte auprès de lui, et je l'informai des moindres circonstances de ma visite et de mon déjeuner. Il ne nous resta aucun doute sur une levée de boucliers prochaine. Certes les Directeurs ne m'occupaient guère ; je ne connaissais personnellement aucun d'eux, et comme gouvernants, je ne pouvais estimer ni l'ambitieux Siéyès et son satellite Ducos, ni l'honnête mais incapable Gohier et son satellite Moulins, et moins encore Barras *le pourri*, ainsi qu'on l'appelait ; mais le Directoire faisait partie d'une cons-

(*) Voir le troisième volume de mes mémoires.

titution que j'avais jurée ; un serment pour moi a toujours été sacré ; et, en thèse générale, le rôle de conspirateur et de révolutionnaire m'a toujours fait horreur. En fait de gouvernement, d'ailleurs, une volonté surnaturelle me semble toujours, et comme récompense ou châtiment des peuples, la raison de ces formidables bourrasques dont les bouleversements des empires sont la conséquence. Notre discussion sur ce que j'avais à faire fut donc courte, et il demeura décidé qu'en gardant le secret sur tout ce que je venais d'entendre et de remarquer, je ne retournerais pas chez le général Bonaparte, et qu'ayant donné mon adresse au ministre de la Guerre et au commandant de la place en arrivant à Paris, je n'avais plus à la donner à personne, et moins encore au général Berthier qu'à tout autre.

Ne pouvant, quant au fond, faire aucune concession, il n'en fut pas de même des apparences. Je sortis peu, et je n'allai ni au Directoire, ni chez le ministre de la guerre, ni au théâtre. Je fus d'ailleurs souffrant, et n'ayant quitté ma chambre ni le 16, ni les 17 et 18 brumaire, je n'avais su que par les journaux que, le 15, le général Bonaparte avait donné au général Moreau un superbe damas noir enrichi de diamants, et que ce jour même, et dans l'église de Saint-Sulpice, transformée en temple de la victoire, un banquet avait été donné, par les consuls, au général Moreau et au général Bonaparte qui, par parenthèse, ne mangea, durant ce repas, que des œufs. Enfin, n'ayant pas encore reçu mon journal, j'ignorais ce qui s'était passé la veille, lorsque le 19, vers dix heures, on m'annonça le chevalier de Satur.

Le chevalier de Satur, ancien chevau-léger, grand, et jadis fort bel homme, alors âgé de plus de soixante ans, était remarquable sous plusieurs rapports. Très bon latiniste et mathématicien, il était de plus homme d'esprit, de caractère et de capacité, et joueur d'échecs de première force, ce qui nous rapprochait souvent. Ayant eu des obligations à mon père, il nous était fort dévoué ; et au courant de tout ce qui s'était fait et passé la veille et pendant la nuit, il accourait pour me le dire, rectifier au besoin ce que j'avais pu en apprendre, et notamment m'informer que le général Bonaparte, précédé par de nombreux corps de troupes réunies dans le jardin des Tuileries et accompagné d'une foule de généraux et d'officiers d'état-major, tous à cheval, venait de partir pour Saint-Cloud.

Si ces nouvelles ne contenaient rien qui pût m'étonner, elles n'en étaient pas moins de nature à m'occuper. Mais indépendamment des impressions que j'en recevais, elles me signalaient des devoirs à remplir. Je mis donc mon uniforme, je fis atteler mon cabriolet, et comme je partais, M. de Satur me dit ces mots, qui ne furent pas sans influence sur ma destinée : *Vous allez assister à de mémorables événements. Quant au général Bonaparte, il sera ce soir au-dessous de Cromwel ou au-dessus d'Epaminondas.*

Malgré ce qu'il m'avait dit du Directoire et des Directeurs, je me rendis au Luxembourg, afin de vérifier par moi-même tout ce qui pouvait l'être, et, en tout cas, pour accomplir un devoir. Un seul des battants de la grande porte étant ouvert, je mis pied à terre ;

mais au moment où j'allais franchir le seuil de cette porte, un factionnaire de la ligne (de la 86e) m'arrêta et me dit que l'entrée du Luxembourg était interdite. Je demandai l'officier de garde, il vint. — *Par quel ordre m'empêche-t-on d'entrer*, lui dis-je? — *Par l'ordre du général Moreau* ! — *Du général Moreau?* — *Du général Moreau qui commande ici.* — *Puis-je lui parler?* — *Non, mon général, personne au monde ne peut le voir* !.. J'allai au ministère de la guerre. — *Le Ministre* (Dubois de Crancé)! — *Il est sorti* ! — *Sait-on où il est?* — *On l'ignore* ! Et je partis pour Saint-Cloud, ne pouvant plus déterminer que là ma conduite ultérieure. Descendu à la grille du parc, j'aperçus un officier d'état-major, venant du château, et je lui demandai ce qu'il y avait de nouveau. — *Rien encore*, me répondit-il, *les salles destinées aux séances ne sont pas prêtes*, *et on attend*. Ce retard me laissait quelque loisir ; j'étais à jeun ; la journée pouvait être longue, et j'entrai chez le suisse, où je déjeunai. Une demi-heure après, parvenu au haut du grand escalier du château, je laissai la galerie à gauche et j'entrai dans une série de salons, dans le troisième desquels je me trouvai au milieu des officiers-généraux et d'état-major qui avaient formé le cortége du général Bonaparte. Je m'approchai de quelques-uns de ceux que je connaissais le plus; mais quoique je pusse faire, je n'en obtins que des monosyllabes. On se regardait par moments, mais on ne parlait pas. On n'osait ni s'interroger, ni se répondre. On était sérieux et silencieux... Cette arène convenait mal aux braves qui la remplissaient, et ces hommes, que la mitraille aurait exaltés et égayés, étaient inquiets et taciturnes sur ce théâtre de machinations inconnues, d'une révolte patente, et d'un grand attentat contre la France représentée !

Quelques minutes passées dans une situation plus faite pour nourrir mon humeur que pour la dissiper, une porte s'ouvrit, le général Bonaparte parut et dit : — *Qu'on aille chercher le chef de bataillon X...!* Un aide-de-camp partit à l'instant et le ramena... Prévenu, le général Bonaparte reparut, et apostrophant cet officier supérieur avec la plus grande dureté :—*Par quel ordre*, lui dit-il, *vous êtes vous permis de déplacer tel poste?...* Et l'officier nomma celui qui lui avait donné cet ordre, observant que ce n'était pas le premier ordre qu'il avait reçu de lui!... *Il n'y a d'ordres ici que les miens*, reprit le général Bonaparte avec colère, *qu'on arrête cet homme, et qu'on le mette en prison!...* Et trois ou quatre jeunes officiers, d'un zèle vraiment brutal, se jetèrent sur lui et l'entraînèrent, et cependant la réponse de cet officier avait été convenable, et comme officier supérieur il méritait des égards. Je fus donc révolté; d'autres sans doute le furent, mais ils surent se taire. Assez peu maître de moi à cette époque, cela me fut impossible. Cédant au sentiment qui me dominait : *Et c'est pour être témoins de tels actes que nous sommes ici*, m'écriai-je?... Et comme personne n'ouvrit la bouche, que quelques figures devinrent sévères, et que, de mes voisins, il y en eut qui s'éloignèrent de moi, ma tête achevant de se monter, et malgré la prolongation du silence d'un si grand nombre de mes chefs, j'ajoutai... : *Comme de tels actes ne peuvent me convenir, je retourne à Paris!* A ce moment, César Berthier, qui venait d'entrer dans cette salle et qui m'avait entendu, se jeta devant moi en disant : *Général Thiébault, que faites-vous?...* — *Vous êtes bon de le demander*, répliquai-je, *ne l'ai-je pas dit assez haut?*... Et l'ayant mis de côté, je passai, et une heure un quart après, j'étais de retour chez mon père (*), ayant de cette sorte achevé de substituer une interminable série de tribulations, de dénis de justice et de pertes, à l'avenir dont mon rôle à l'armée de Naples, quelque capacité peut-être, ou quelques faits d'armes antérieurs, la destinée enfin, m'avaient un instant rendu l'arbitre!... Malheur, que huit ans après, pour la dernière fois, et toujours en vain, la fortune m'offrit l'occasion de réparer à Valladolid, où l'empereur Napoléon, revenu ou plutôt ramené par Savary à l'idée de m'attacher à sa personne, voulut encore me prendre pour aide-de-camp (**).

Le 20, d'assez bonne heure, nous fûmes informés

(*) Je ne fus pas le seul qui, à Saint-Cloud, quittai la partie!... Le général de division (marquis de) Sahuguet revint à Paris de la même manière, avec son aide-de-camp, M. de la Roserie, mais sans faire l'espèce de scène que je me permis!.. Peu de jours après, il eut l'explication que je crus devoir éviter!.. On eut l'air de lui pardonner; mais sous le prétexte d'une mission en Egypte, il fut envoyé un an après à Saint-Domingue, où la fièvre jaune et la mort soldèrent sa conduite.

(**) Voir le 7e volume de mes mémoires.

de tout ce qui s'était passé à Saint-Cloud, c'est-à-dire, du début menaçant de la séance des Cinq-Cents, de la manière dont le général Bonaparte avait pénétré et avait été reçu dans la salle de cette chambre, des dangers qu'il y avait courus, du bouleversement qu'il en éprouva et qu'attesta l'incohérence de ses paroles (*), du secours des officiers sans lesquels il eût péri, de la nécessité où fut le général de division Gardanne, sur l'action duquel Lucien garda un inconcevable silence, de l'emporter dans ses bras pour empêcher qu'il ne fût assassiné par des députés, la plupart armés de poignards, enfin de la charge que, dans cette salle et au bruit des tambours, les grenadiers, conduits par Murat, exécutèrent la baïonnette en avant, et qui força les députés à déguerpir par les portes et par les fenêtres!... Nous apprîmes de même comment, par sa présence d'esprit et son caractère, Lucien rendit le plan de Siéyès exécutable, non seulement en ranimant et exaltant les troupes, mais en parvenant à réunir une cinquantaine de députés, (qu'il constitua en un conseil que les plaisants, se moquant de l'exactitude des chiffres, nommèrent le *Conseil des Trente*), qu'il présida, et auxquels, pendant la nuit, il fit audacieusement substituer le gouvernement consulaire au gouverne-

(*) En sortant de la salle des 500, le général Bonaparte rencontra Siéyès et lui dit :.. *Général, ils m'ont mis hors la loi!...* *Tant mieux*, répondit Siéyès, en riant de l'épithète de général, *c'est eux qui y sont maintenant!..*

ment directorial, et enfin, que le général Bonaparte se trouvait l'un des trois consuls nommés, ce qui révélait le rôle qu'il allait jouer !... Je passe sur tout ce que ne purent manquer de nous suggérer des événements de cette nature et de ce calibre ; mais en partie revenu de l'étonnement inséparable et des moyens et des résultats, le premier mot que proféra mon père, et que je me rappelle tant je m'y attendais peu, fut : *Eh! bien, que vas-tu faire de ton plan de campagne?...* — *Et de moi?* répliquai-je en souriant... Il devint sérieux, et je repris : — *Sans prendre part à aucune conspiration, je sers mon pays, quels que soient les chefs qu'il se donne ou qu'il accepte!... Ainsi, le général Bonaparte, revêtu du pouvoir, je lui adresserai sous peu de jours mon travail, et pour savoir de suite où j'en suis avec lui, je me rendrai à sa première audience...* Mon père aurait désiré que, pour cette remise, cette entrevue, je lui demandasse une audience particulière... *Et s'il ne me l'accorde pas*, répondis-je, *où en serai-je?.. J'aurais l'air, d'ailleurs, de ne pas oser le voir en présence de témoins devant lesquels il faut toujours que je le revoie, de faire amende honorable de ma conduite, de chercher à la racheter par cette espèce de tribut, enfin de demander grâce!... Après les sacrifices que j'ai dû faire, de telles apparences sont intolérables! Quand on n'a plus pour soi que son attitude, il faut la maintenir digne des motifs auxquels on a cédé!... Considérez de plus que la plus grande faveur qu'il pourrait me faire, serait de m'adresser des reproches qui n'auraient que des excuses accusatrices!... Non, ce sera bien assez que de lui remontrer la figure d'un homme qui a pu résister à tant de marques de bonté sans lui donner le droit de le dédaigner.*

Je lui envoyai en conséquence mon plan de campagne le 25 brumaire, et le décadi suivant, jour annoncé pour la première audience consulaire, fixée à 8 heures du soir, je me présentai au Luxembourg, avec l'assurance d'un homme qui n'a pas transigé avec un devoir sacré, mais qui s'est borné à ce que ce devoir prescrivait le plus impérieusement.

La salle où le premier consul recevait était au rez-de-chaussée et peu grande. Quoique 8 heures ne fussent pas sonnées lorsque j'arrivai, il y avait déjà assez de monde, et lorsqu'au coup de cloche il parut, on forma rapidement un cercle, au premier rang duquel je me plaçai pour ne pas m'exposer à ce qu'il passât sans paraître me voir.

En suivant par la gauche l'intérieur de ce cercle, le premier consul portait son regard sur les quatre ou cinq premières personnes qui suivaient celle à laquelle il parlait. On comprend que, guettant l'impression que lui ferait ma vue, j'avais les yeux fixés sur lui et qu'aucun des mouvements de sa figure ne m'échappait. A cet égard, il ne put me rester aucun doute: son visage, gracieux jusqu'au moment où il m'aperçut, se contracta tout à coup! Il y avait loin de cette figure à celle du général Bonaparte me disant: — *Allez donner votre adresse à Berthier!...* Il me fixa même en homme étonné de me voir là! Je ne dirai certes pas que cela m'était indifférent ; mais je puis dire que je n'en fus pas ébranlé, encore que cet homme extraordinaire eût sur moi une influence magnétique telle que la puissance n'a jamais suffi pour l'exercer au même dégré !.. Je remarquai du reste que, sans cesser de rester sérieuse, sa figure se remettait à mesure qu'il approchait.... Enfin, forcé de venir, mais non de *revenir* à moi, il s'arrêta quand il fut devant moi, et après avoir fait *un pas en arrière*, il me dit d'un ton sec : — *Il paraît que vous connaissez bien les chemins qui conduisent en Italie* !... C'eût été dans toute autre circonstance l'occasion d'un compliment ; mais je me bornai à répondre froidement : — *Général consul, j'ai cru de mon devoir de vous soumettre le travail que j'ai eu l'honneur de vous adresser, et c'est ce qui m'a enhardi à cet envoi*.... Il ne répliqua rien, me fixa de nouveau, acheva de prendre une prise de tabac et passa !... Je partis immédiatement après cette espèce de scène, scène qui, quoique bien courte, avait suffi pour fixer sur moi tous les regards...... Quoique je fusse le seul à qui il n'aït pas dit un mot de relatif à lui, j'avais pu craindre pis, et pourtant ce fut la seule fois que je mis les pieds chez lui au Luxembourg, ce qui fut un tort gratuit.... Maintenant, pour expliquer ce mot du premier Consul : *Il paraît que vous connaissez bien les chemins qui conduisent en Italie*, mais également comme anecdote, comme document qu'une série d'événements gigantesques peut faire considérer comme curieux, je place, à la suite de ce récit, la copie littérale du plan de campagne que j'adressai au général Bonaparte et de la lettre qui lui servit d'envoi; pièces dont je n'oserais parler, si je ne les possédais corrigées de la main de mon père qui, toute sa vie, porta jusqu'au fanatisme le culte de la vérité, et qui, par ses souvenirs sur Frédéric le Grand, a rendu européenne la réputation de son incorruptible véracité!... Véracité à laquelle, au surplus, mes mémoires achèveront de prouver que je n'ai pas dérogé.

Un doute me reste à examiner!... Cette communication m'a-t-elle été nuisible ou utile?... J'entends, a-t-elle ajouté aux dispositions fâcheuses dont j'étais l'objet ou les a-t-elle atténuées?..

En ce qui me concerne personnellement, il est incontestable que ma conduite à Paris, plus encore à Saint-Cloud (où mes indiscrètes paroles pouvaient avoir été considérées comme provocatrices), m'excluait de toutes les grâces, alors qu'autrement, mon plan de campagne me les eût doublement garanties, et que même il provoquait d'autant plus de récompense que ce plan, qui est sous tant de rapports celui *de la campagne de Marengo, fut exécuté*?... Mais ne dût-il pas paraître déplaisant au plus grand général des temps modernes, à l'homme qui, tout en proclamant qu'il *n'avait détrôné que l'anarchie*, ne venait pas moins d'usurper le pouvoir souverain, de devoir une communication de cette nature à un simple adjudant-général plus jeune que lui, à un officier qui avait pu résister à des marques de bonté qui devaient ne laisser de bornes ni à sa reconnaissance, ni à son enthousiasme, qui même venait de lui désobéir, de blâmer, par son départ et par la manière dont il l'effectua, l'acte le plus grave de sa vie, et cela lorsqu'il avait besoin du dévouement de tout ce qui l'entourait, enfin de l'abandonner (et c'est ce qui à ses yeux devait être plus coupable encore), de l'abandonner au moment du danger le plus menaçant qu'il pût courir, mais d'un danger que la religion du serment ne me parut pas permettre de partager !... Or, c'était bien le moins qu'il résultât de ces causes si différentes dans leurs effets, mais en partie si puissantes, le mouvement d'humeur qu'attestèrent, et sa figure et la phrase que j'ai rapportée, et la manière dont cette phrase fut dite.

Et cependant, le premier consul, qui ne méconnut pas qu'il pouvait y avoir quelque parti à tirer de moi, qui ne put manquer de savoir le secret que je gardai sur le plan de campagne que je vais faire connaître et put m'en savoir gré, qui, en l'adoptant, reconnut la justesse de la pensée fondamentale, et dut évaluer le motif auquel j'avais cédé en lui en faisant hommage, était trop grand homme pour descendre, à mon égard, à une vengeance indigne de lui; mais le général Berthier exploita son mécontentement, et ce qui le prouve, c'est que si je fus employé sans relâche par l'empereur, presque toujours avec distinction, ce fut, grâce au général Berthier, sans participer à aucune faveur, et toujours sous des chefs qui, sachant ma disgrâce, se faisaient un plaisir ou un mérite de me calomnier, ou de taire tout ce qui était de nature à signaler mes succès ou mon zèle, et, en résultat, d'agir à mon égard de manière à ne pas se priver de mes services, tout en me privant de faveurs que, du reste, je n'ai jamais réclamées *ni pour moi ni pour aucun des miens*, ni de Napoléon lui-même ni de ses successeurs !... Et d'ailleurs, comment n'aurais-je pas senti à quel point il était naturel qu'il ne mît pas assez d'intérêt à ce qui me concernait, pour me préserver des effets de la colérique inimitié du général Berthier, prince de Neuchatel et de Wagram, homme qu'à force de grâces, l'Empereur acheva d'élever à un rôle immense, et qui, préludant en séide de Bonaparte, à son émigration à la suite de Louis XVIII, ne me fit guère de quartier pendant les quatorze années de sa puissance, ce qui, au surplus, peut seul expliquer la position imméritée, injuste, dans laquelle la Restauration m'a trouvé et laissé, position à laquelle il a été possible que 1830 ne changeât rien, et cela quoique je me trouvasse réunir, à ce moment, tout ce que l'on pouvait cumuler de titres !..

PLAN
D'UNE NOUVELLE CAMPAGNE EN ITALIE.

LETTRE D'ENVOI AU PREMIER CONSUL.

(CETTE LETTRE, AINSI QU'ON LE REMARQUERA, NE CONTIENT PAS UN MOT DE RELATIF A SON AVÉNEMENT AU POUVOIR).

Liberté. **Égalité.**

Paris, le 25 brumaire an VIII de la République française, une et indivisible.

PAUL THIEBAULT, adjudant-général, au citoyen BONAPARTE Ier consul de la République.

CITOYEN CONSUL,

Le plan de campagne ci-joint a été conçu avant l'événement heureux qui vous a rendu aux vœux de la patrie.

Frappé des présages de bonheur et de gloire que votre retour a donnés, et convaincu que rien de ce qui serait utile ne pourrait vous échapper, je regardai dès-lors cette pièce comme sans importance. Si donc j'ai l'honneur de vous l'adresser aujourd'hui, c'est qu'elle me fournit l'occasion de vous offrir le tribut d'hommage et d'admiration que l'état de ma santé ne me permet pas en ce moment d'aller vous exprimer de vive voix.

Salut et respect.

P. THIÉBAULT.

IDÉE

D'UNE NOUVELLE CAMPAGNE EN ITALIE.

1. Une maxime de guerre que les dernières campagnes ont rendue incontestable, c'est que l'armée qui pourra agir en masse contre un ennemi divisé, combattra toujours avec avantage (*).

2. Cette vérité est particulièrement démontrée par la campagne de BUONAPARTE (**) en Italie, et par les succès que quelques généraux ont obtenus (***) en suivant les préceptes que ce grand homme y a développés d'une manière si neuve et si justement admirée.

(*) En fait de gouvernement, *qui divise règne;* et en guerre, *qui divise triomphe.*

(**) C'est ainsi qu'une pauvre religieuse qui me servait de copiste en 1799, et qui mourut pendant le blocus de Gênes, s'obstinait à écrire le nom de *Bonaparte* et qu'elle l'a écrit sur la copie de ce travail, corrigée de la main de mon père et de la mienne, et qui se trouve ici recopiée non seulement *textuellement*, mais *littéralement*. (*Note postérieure.*)

(***) La brillante campagne de Masséna en Suisse est une preuve nouvelle et récente de cette vérité.

3. C'est, au reste, en Italie surtout que l'on doit le moins s'écarter de cette maxime, aujourd'hui qu'il est si important de n'y rien hasarder. Mais comment y rassembler sur un même point les forces nécessaires pour y reprendre une offensive certainement heureuse. Une seule observation suffira pour rendre sensible la difficulté d'y parvenir.

4. La pénurie totale que nos troupes éprouvent dans la rivière de Gênes ne peut permettre ni d'augmenter considérablement celles que nous y avons, ni surtout d'y conduire les chevaux qui y manquent à l'artillerie et à la cavalerie, attendu que la saison et la flotte anglaise vont rendre nos transports impossibles et par terre et par mer, et que le défaut de fourrages y ferait périr les chevaux qu'on y enverrait, comme y ont péri un si grand nombre de ceux que les armées d'Italie et de Naples y avaient amenés.

5. Cependant l'on ne pourrait quitter ce pays sans livrer aux vengeances de la maison d'Autriche la contrée de l'Italie qui nous a le plus constamment, le plus efficacement, le plus fidèlement servi de tous ses moyens; sans ouvrir au commerce anglais de nouveaux débouchés; enfin, sans abandonner à l'ennemi des positions très avantageuses et non seulement une ville si importante à conserver, mais encore les magasins et l'artillerie qui existent dans toute la république de Gênes.

6. D'ailleurs où pourrait-on transporter ces troupes? Par quelles routes, et avec quelles peines, quelles fatigues feraient-elles ce trajet?.. Combien ce mouve-

ment n'ajouterait-il pas au découragement des soldats?

7. Nous concluerons donc de ces faits, 1° que l'armée d'Italie ne peut guère être renforcée où elle est, en cavalerie surtout (*) ; 2° que néanmoins elle ne doit pas être déplacée; mais en ce cas, comment l'aider ou la seconder ainsi que l'exigent ses besoins, son affaiblissement et l'importance des positions qu'elle occupe? L'évidence est entière, elle ne peut l'être que par une armée de secours ; et si, d'après cela, on ne peut éviter d'abord le danger de la dispersion, on peut du moins en affaiblir les inconvénients en abrégeant le temps de sa durée (**).

8. Mais par où faire descendre en Italie une seconde armée qui, promptement, puisse remplir le but qu'on se sera proposé?

9. Les débouchés qui conduisent en Italie, et qui dans cette circonstance peuvent être cités, sont : *Coni*, *Barcelonnette*, *Briançon*, *le Mont-Cenis*, *Aoste*, *Domo-Dossola* et *Bellinzona*.

(*) Le général Masséna, prenant quelques mois plus tard le commandement de l'armée d'Italie, ne put y conduire que deux demi-brigades, la 3e légère et la 2e de ligne. (*Note postérieure*)

(**) La création de l'armée des Alpes résulta d'une pensée de cette nature ; mais le choix de ses débouchés ne fut pas heureux, ne fût-ce qu'à cause de la proximité d'une ville comme Turin. Le moment de la faire agir n'était pas arrivé, l'armée d'Italie ayant alors un besoin urgent des renforts faute desquels la bataille de Novi fut perdue, c'est-à-dire des troupes qui, à l'armée des Alpes, ne purent rien entreprendre, ce qui prouve qu'à cet égard tout est dans l'à-propos.

10. Sans entrer dans le détail topographique de ces passages, sans parler de la difficulté de rassembler, dans les environs de ces différents points, les forces nécessaires pour une opération aussi décisive et dans laquelle il est si essentiel de ne pas être deviné ; sans détailler les obstacles que ces troupes rencontreront sur leur route, je dirai seulement qu'il faut que le mouvement que l'ennemi sera forcé de faire pour s'opposer à elles, au moment où elles déboucheront, soit assez grand pour lui faire abandonner ses positions actuelles.

11. C'est sur Bellinzona que, conformément à toutes ces considérations, je pense qu'il faudrait que l'on rassemblât à l'improviste une armée de 50,000 hommes. On les prendrait dans l'armée d'Helvétie en les remplaçant de suite par de nouvelles troupes, telles que les bataillons de conscrits que les départements ont encore à fournir (*) et les 25,000 hommes que l'on tire de la Batavie.

12. Le point important est de bien cacher le motif de ce rassemblement, et on pourrait y parvenir par le prétexte de prendre des quartiers d'hiver ; prétexte d'après lequel les avant-gardes de ces troupes s'approcheraient le plus possible du Milanais. On y parviendrait encore en annonçant une expédition dans les Grisons, le Tyrol, etc.

13. D'après ce plan, l'armée d'Italie serait composée :

(*) Ces bataillons ont contribué à former l'armée de réserve. (*Note postérieure.*)

1° des troupes qui sont dans la rivière de Gênes, et qui formeraient *le corps d'armée de droite ;* 2° des troupes qui, dans le Piémont, occupent le revers des Alpes, la division du général Thureau y comprise, et qui formeraient *le corps d'armée du centre* ; enfin de l'armée de secours formant *le corps d'armée de gauche.*

14. Lorsque toutes les dispositions seraient prises, ce dernier corps fondrait sur Milan à un jour convenu ; le château tomberait sans doute, parce qu'on assurerait le commandant que son salut tient à cette circonstance. Mais dans le cas où il résisterait, l'armée ne s'arrêterait pas, et balayant devant elle toutes les troupes ennemies qui seraient sur sa route, ramassant tous les chevaux et les mulets qu'on trouverait, conduisant de même tout ce qui pourrait être nécessaire à l'établissement d'un pont, elle marcherait sur Pavie.

15. Arrivée à Pavie, et pendant que le pont se ferait, elle en défendrait les approches par deux têtes formidables, jetant sur la droite du Pô les troupes seulement nécessaires pour éclairer le pays et protéger les travailleurs.

16. L'Italie est le pays du monde où l'argent a le plus d'influence, parce que c'est le pays où l'oisiveté engendre le plus de misère et rend le peuple plus propre à tous les rôles.

17. Les généraux Français commandant ces différents corps de l'armée, tant dans le Milanais et le Piémont que dans la rivière de Gênes, auraient donc facilement des moyens de communication, même à travers l'armée

ennemie (*), et les emploieraient sans danger, si le gouvernement leur donnait à cet effet un chiffre. Les généraux pourraient de cette sorte se prévenir de leurs mouvements et les concerter.

18. D'après cela, l'aile droite et le centre de l'armée d'Italie, instruits de la marche de la gauche, épieraient les mouvements de l'ennemi et l'inquiéteraient par de fréquentes reconnaissances, comme aussi en harcelant ses avant-postes et en le fatiguant par des mouvements combinés, de nombreuses alertes et de fausses attaques. Mais aussitôt qu'ils sauraient la gauche établie sur le Pô, ou même avant, s'ils apprenaient que l'ennemi s'affaiblit pour marcher contre la gauche, ils l'attaqueraient vivement, savoir, le centre, dans le dessein de nettoyer le Piémont et de bloquer Turin, et la droite, dans la vue d'opérer sa jonction avec la gauche.

19. Ces opérations auraient encore pour but d'empêcher les différents corps ennemis de se secourir ou de se réunir.

20. Dans le même temps, la gauche établie sur le Pô se porterait sur Voghera, et si la droite éprouvait de trop grands obstacles, cette première marcherait à sa rencontre, laissant les forces nécessaires pour garder la tête des ponts; de part et d'autre on combattrait à

(*) Cela est si vrai que bien que les Autrichiens occupent le Milanais et le Piémont, Gênes communique avec la Suisse et la Savoie. Pendant que j'étais bloqué à Gênes, je correspondais avec Milan. (*Note postérieure.*)

toute outrance et jusqu'à ce que la jonction fût effectuée.

21. Si, avant la jonction, l'ennemi se dirigeait sur le Plaisantin ou le Ferrarais, les troupes de gauche emploieraient leurs moyens pour ralentir l'exécution de ce dessein, pendant que la droite suivrait l'ennemi avec le plus grand acharnement.

22. Si, pendant que la gauche s'établirait sur le Pô, près Pavie, l'ennemi passait le Pô à Valence pour se jeter dans le Milanais et réunir là toute son armée, l'aile gauche l'attaquerait de front, pour peu qu'il y eût de proportion dans les forces, et si cette gauche était trop faible, elle se retrancherait dans une position tenant à la tête du pont, afin d'attendre la droite et d'agir avec elle. Pendant ce temps, la droite, dont le mouvement ne serait retardé par aucun obstacle, marcherait à grandes journées, conduisant au besoin un équipage de pont.

23. Si l'ennemi, prévenu du mouvement, réunissait toutes ses forces dans le Milanais pour empêcher le corps de gauche de déboucher des montagnes, la droite alors, laissant des garnisons suffisantes à Gênes, etc., opérerait sa jonction avec ce corps ou avec le centre de l'armée dans le haut Piémont; mais dans l'une et l'autre de ces hypothèses, ces différents corps de l'armée agiraient toujours de manière à contraindre l'ennemi à partager ses forces, et à l'empêcher d'agir rassemblé et successivement contre chacun d'eux.

24. Dans cet état de choses, ce serait à la faveur d'une grande bataille que la réunion pourrait être faite, 1° si l'on n'y était pas déjà parvenu par les attaques partielles

des trois corps d'armée ; 2° si, à travers les montagnes, les communications mettaient à même de combiner une attaque générale (*).

25. Si l'ennemi détachait seulement *une partie de ses forces pour disputer le passage du Pô à la gauche de l'armée*, tandis que le reste de ses troupes se retrancherait *sous le canon d'Alexandrie*, la droite de l'armée Française suivrait le mouvement de l'ennemi avec autant de forces qu'il se pourrait, et le harcelerait, tandis que la gauche forcerait le passage du Pô et hâterait la construction du pont et les travaux propres à le protéger.

26. Si, malgré les attaques de l'armée du Rhin et celles que l'armée d'Helvétie exécuterait dans le Tyrol ou dans les Grisons, ou même en menaçant l'Adige, un corps ennemi remontait la rive gauche du Pô, il serait attaqué par le corps d'armée de gauche dès qu'il arriverait à sa portée ; mais si ce dernier avait passé le Pô, les troupes laissées pour la garde du pont attendraient et soutiendraient le combat derrière leurs retranchements.

27. Ces troupes en agiraient de même contre les corps ennemis qui pourraient remonter la rive droite du Pô.

28. Si enfin l'ennemi se retranchait entre Alexandrie et Valence, sa jonction se ferait sur Tortone, et il serait attaqué, bloqué ou observé, selon que sa position

(*) Le général Masséna n'a pas su un mot de l'itinéraire de l'armée de réserve. (*Note postérieure*).

serait plus ou moins forte, qu'il pourrait y vivre plus ou moins longtemps, et qu'il serait plus ou moins facile de lui ôter les moyens d'en sortir ou d'y recevoir des secours.

29. Mais cette dernière supposition *est une des moins vraisemblables*. Il ne nous reste donc qu'à examiner quel serait le but secondaire que l'armée aurait à atteindre après avoir opéré sa jonction.

30. Ce but, dans quelque lieu que la jonction se soit faite, serait incontestablement de chercher *à couper la retraite à l'ennemi, principalement sur Mantoue, ou du moins de la lui faire payer aussi cher que cela serait possible*, et pour cela on se hâterait de jeter, *soit au dessus, soit au dessous de Plaisance*, un second pont sur le Pô.

31. Dès lors, le général commandant le centre de l'armée, tout en contenant le haut Piémont et en bloquant ou assiégeant Turin, ferait créer un gouvernement provisoire dans l'une des places de ce pays, y organiserait les patriotes en légions, et formerait avec eux le blocus d'Alexandrie.

32. Les corps les plus fatigués du reste de l'armée seraient détachés pour occuper les principaux forts de Gênes, et faire avec les troupes et les patriotes liguriens le siége de Tortone.

33. La division la plus faible de l'armée assiégerait Pizzighitone, observerait le cours du Pô, et aiderait les corps Cisalpins à prendre la citadelle de Milan, si déjà elle ne s'était rendue.

34. Le reste de l'armée marcherait sur Vérone.

35. Ici s'ouvre un vaste champ aux combinaisons de

la guerre, et ce serait s'engager dans un dédale que de chercher à prévoir tout ce que, dans cette position, la force de l'armée, celle de l'ennemi, leur situation respective, ainsi que la conduite des peuples, pourraient rendre utile ou nécessaire.

36. Et pourtant, si la flotte qui est à Brest, renforcée des vaisseaux que la France et l'Espagne peuvent encore avoir de disponibles dans les deux mers, venait favoriser le ravitaillement de la rivière de Gênes et jeter une forte division en Toscane, sans renoncer d'ailleurs aux autres expéditions auxquelles cette flotte pourrait être destinée, l'évacuation de l'Italie par les coalisés serait encore plus prompte que la conquête qu'ils en ont faite.

Paris, 19 *messidor an VII.*

P. Thiébault, adjudant général.

OBSERVATIONS

SUR LE DOCUMENT PRÉCÉDENT.

On ne peut le nier, cette pièce est curieuse : douze faits exactement prévus, plus deux indications qui, par malheur, ne furent que partiellement suivies (faits et indications signalés par moi deux mois et demi avant que le général Bonaparte ne quittât l'Egypte, et huit mois avant que les événements ne pussent les confirmer), semblent prouver qu'autant que cela était possible, j'avais prévu tout ce qui pouvait l'être, et utilisé non seulement tout ce qui existait au moment où j'écrivais, mais aussi ce qui paraissait pouvoir être créé et prêt pour l'ouverture de la campagne de l'an VIII (1800). Et en effet:

(4e *alinéa*). Je signale l'impossibilité où l'on sera de renforcer suffisamment l'armée d'Italie, tant autour de Gênes que dans les positions qu'elle occupait sur la corniche..... Prévision de toute exactitude.

(7e *alinéa*). Je conclus à la nécessité d'une armée de secours, à son arrivée à travers les Alpes par le flanc droit et les derrières de M. de Mélas; et la création de l'armée de réserve et ses mouvements me justifient.

(10e *alinéa*). Je fais sentir la nécessité du secret; et ce qui prouve à quel point cette nécessité fut reconnue, ce sont les admirables conceptions au moyen desquelles le premier Consul a dépassé tout ce qu'il était possible d'imaginer à cet égard.

(11e *alinéa*). J'indique le Saint-Gothard comme passage préférable ; et 15,000 hommes y passent sous les ordres du général Moncey, comme l'armée de Suwarow y avait passé sous les ordres de ce chef, et 25,000 devaient y passer sous les ordres du général Lecourbe, et toute l'armée y aurait passé, si, dans son rapport au premier Consul, le général Marescot avait signalé, ainsi qu'il l'aurait dû, l'impossibilité d'enlever le fort de Bard.

(*Idem*). J'indique l'armée de Suisse comme devant fournir cette armée de secours; et 15,000 hommes de cette armée concourent seuls à cette opération, et 25,000 hommes devaient y concourir.

(*Idem.*) Je porte cette armée de secours à 50,000 combattants, sans les troupes du général Thureau, qui alors en avait 6 à 7,000, quand le reste de l'armée d'Italie était encore de 40,000; et l'armée de réserve fut de 57,330 combattants suivant le général Berthier, de 60,000 suivant M. Thiers.

(14e *alinéa*). J'insiste sur la nécessité de se porter, du moment où l'on aura débouché des montagnes, et à marches forcées, sur Milan et sur Pavie; et cette double marche est exécutée.

(15e *alinéa*). J'établis la nécessité de jeter de suite un pont sur le Pô, de le couvrir d'une tête de pont et de passer ce fleuve; et cette triple opération a été faite en toute hâte.

(19e *alinéa*). Je prévois que, conformément à cette tactique autrichienne qui, pour être en mesure partout, faisait parfois qu'on ne l'était nulle part, le premier Consul trouverait l'armée de M. de Mélas morcelée; et de fait, il trouve :

40 Bataillons autour de Gênes, sous les ordres du général Ott (30,000 hommes),

20,000 hommes sur le Var, sous les ordres du général Elsnitz;

12,000 hommes vers Suze et Pignerol, sous les ordres du général Kaim;

Le général Mélas à Turin avec 10,000 hommes, non compris la garnison;

Le général Haddick observant les vallées d'Aost et de la Sezia avec 9,000 hommes ;

Le général Wukassowich qui, placé entre le Mincio et l'Adige avec 9,000 hommes, ne put prendre aucune part aux opérations de la campagne ;

Le général Gottesheim occupant la Toscane avec une faible division, sans parler des garnisons et des réserves d'infanterie, de cavalerie et d'artillerie réunies entre Alexandrie et Valence.

(20e *alinéa*). La marche sur Voghera est également prévue, également exécutée.

(21e et 22e *alinéa*). Je prévois la possibilité de la retraite de l'armée autrichienne par les deux rives du Pô, mais non par la vallée de la Trébia, attendu que, maîtres de Gênes et de la Bochetta, nous rendions ce mouvement impossible.

(25e *alinéa*). Je comprends la bataille devant Alexandrie (Marengo), au nombre de mes prévisions ; je n'en parle cependant que comme d'une chose *inespérable*, et M. de Mélas la réalise.

(28e *alinéa*). Je prévois la retraite coupée à l'ennemi ; et la pensée de forcer M. de Mélas à mettre bas les armes prédomine les opérations du premier Consul, au point que la dissémination de ses forces lui fait perdre la première bataille de Marengo.

(30e *alinéa*). Je dis que cette faute de M. de Mélas sera *chèrement payée;* et le traité d'Alexandrie, (ce traité qui fut un châtiment, tandis que celui de Gênes fut le prix de l'héroïsme). devint encore la justification de mes prévisions ! Au surplus, et tout en payant le tribut de la plus haute admiration aux préparatifs et aux manœuvres de cette campagne qui, comme celle de l'an VII (1799) par Moreau, doit être un objet d'intarissables méditations, je n'en suis pas moins forcé de dire qu'il m'est impossible de scruter ce qui tient au plan et à l'exécution de cette campagne de 1800, sans reconnaître que les quatorze citations que je viens de faire résument, quant à l'Italie, l'opération tout entière !

Mais ai-je donné l'idée de cette campagne au géral Bonaparte, ou bien ce général avait-il eu cette idée avant moi ?...

Encore que dans les positions les plus difficiles, les plus menaçantes, l'inspiration nécessaire ne m'ait jamais manqué, et que j'aie dû à cette faculté de ne pas avoir eu, *en seize ans de hauts commandements, une seule affaire malheureuse*, et d'accomplir des choses qui paraissaient impossibles; encore que j'aie deviné le secret du mouvement de la flotte de l'amiral Villeneuve, et, ce qui est plus extraordinaire et *ce dont j'ai la preuve écrite*, le secret de l'expédition d'Egypte, qui n'a éte découvert que par moi; encore que, pour la défense du royaume de Naples, j'aie fait un plan qui, par terre, rendrait ce royaume inattaquable; que pour la campagne du maréchal Masséna en Portugal, j'aie donné un plan qui aurait tout accompli, s'il avait été suivi; encore qu'indépendamment de ce qui tient à la guerre, l'inspiration, en tout ce dont j'ai eu à m'occuper, ait chez moi suppléé à tout, même au savoir, il ne s'agit certes pas de demander si, d'un seul jet de sa pensée, le général Bonaparte aurait de dix mille lieues dépassé l'apogée de mes conceptions les plus heureuses. Il n'y a, à cet égard, de doute pour personne, ni pour moi Dieu merci ; mais il n'en reste pas moins positif :

1° Que l'idée de cette campagne, cette idée de faire arriver au secours de l'armée d'Italie, à l'improviste, 50 à 60,000 hommes par le revers des Alpes, cette idée qui résume tout, je l'ai eue, sans qu'aucun autre l'ait eue (*), et bien avant que le général Bonaparte ne quittât l'Égypte, et que même il ne connût nos désastres;

2° Qu'il est d'autant moins admissible qu'il ait conçu un tel plan en Égypte, que rien ne pouvait lui révéler dans quelle situation, dans quelle position il trouverait la France et nos armées;

3° Que lorsque je lui adressai mon travail, il achevait à peine sa révolution de brumaire;

4° Qu'il était encore dans la tourmente de ses organisations gouvernementales ;

5° Qu'il n'avait eu ni le temps nécessaire, ni des motifs suffisants, pour s'occuper d'une campagne qui ne pouvait s'ouvrir avant cinq mois;

(*) A l'époque (1800) où commença le blocus de Gênes, vingt officiers *prophétisaient* que le général Bonaparte rentrerait en Italie par le Mont-Cenis et le Mont-Genèvre, et ayant réuni à lui les troupes du général Thureau, attaquerait le général Mélas, le battrait et le chasserait de la Ligurie, du Piémont et de la Lombardie... C'était faire exécuter à ce grand homme une bien pauvre idée, puisque tout aboutissait à mettre deux armées en présence !

6° Qu'une telle pensée ne vient guère à deux personnes à la fois;

7° Enfin, que le premier qui l'a rédigée, et à plus forte raison celui qui, cinq mois avant qu'elle ne s'exécute, la communique *par écrit à qui l'a exécutée*, en est l'auteur!

Malgré ce que cela paraît avoir d'évident, je n'affirme rien, je ne m'approprie rien; mais, soumettant le tout aux juges qui me liront sans passion, je ne garantis que deux choses: l'exactitude littérale du plan de campagne et la bonne foi de ma conviction; conviction corroborée par ce fait que, selon moi, c'est à ce travail, et au secret que j'en gardai, que j'ai dû de ne jamais aborder le grand homme sans le trouver gracieux (si ce n'est au Luxembourg); conviction fondée encore sur ce que, huit mois après sa première audience consulaire, conduit par le général Junot, et paraissant devant lui pour obtenir ma confirmation de général de brigade, tout se borna à ce peu de paroles: — Ah! vous êtes le général Thiébault? — Pour l'être, général consul, j'ai besoin de votre confirmation! — Vous pouvez y compter; ainsi, voyez le ministre de la guerre! — Et de colère de cette confirmation qu'il avait refusée, le général Berthier me destina à être conduit en Égypte par l'amiral Bruix!

La question, de savoir qui le premier a eu l'idée de cette campagne, résolue autant qu'elle peut l'être, deux autres questions se présentent! — *L'emploi d'une nouvelle armée était-il préférable à l'emploi des troupes se trouvant en Suisse ou à portée de la Suisse?.. Le pas-*

sage de la presque totalité des troupes par le Saint-Bernard, était-il préférable à leur passage par le Saint-Gothard ?

1° *L'emploi d'une armée nouvelle était-il préférable à l'emploi des troupes se trouvant en Suisse ou à portée de la Suisse ?*

Emploi, ici, implique *création*. Or, pour ne pas bâtir dans le vide, pour éviter de n'aboutir qu'à des châteaux en Espagne, il était impossible de proposer la création d'une armée nouvelle, quand, en hommes, en solde, etc., le Directoire ne pouvait suffire aux besoins des armées existantes!.. Mais, de plus, créer une armée nouvelle à portée des Alpes, ou la diriger vers les débouchés de ces montagnes, révélait ce qu'à tout prix il fallait cacher !.. Ce double problême, de la création et du secret, fut néanmoins résolu ; mais il ne le fut que par le général Bonaparte qui, devenu premier consul, joignait à la puissance de son génie, à une influence à laquelle l'enthousiasme ne laissait pas de bornes, la disposition de tout ce qui restait de ressources à la France et de tout ce qu'il fut possible d'ajouter à ces ressources, concours indispensable et qui suffit pour prouver que, pour tout autre, ce problême était insoluble !.. Mais aussi quelle est la pensée qui, adoptée ou conçue par un homme aussi extraordinaire, ne soit à l'instant même fécondée par lui de manière à recevoir une nouvelle vie, et, tout en formant le point du départ, ne finisse par jouer un faible rôle, en comparaison de gigantesques corollaires !.. Ainsi, la nécessité d'une armée de secours est admise ; mais sa coopération est inutile, si elle est prévue. Et pendant que tous les regards sont fixés sur Dijon, où l'on annonce sa formation ; pendant que le chef de l'état-major général de cette armée réside dans cette ville, que son chef, le général Berthier, s'y rend sans cesse ; pendant que les espions de l'ennemi s'y succèdent et n'y voient que des officiers, en partie indisponibles, organiser à grand' peine des lambeaux de bataillons, composés presque en totalité de conscrits ; pendant que leurs rapports font multiplier les caricatures (*) sur cette prétendue création d'armée, des corps superbes d'infanterie et de cavalerie se complétaient (sans que personne n'en parlât, et sur des ordres dont le ministère de la guerre n'avait aucune connaissance), à Rennes, à Nantes, à Paris même, à Avignon, à Marseille, à Toulon ; une artillerie suffisante débouchait d'Auxonne, de Briançon, de Besançon, et, suivant des routes *inobservées*, ces forces se dirigeaient sur Genève et Lausanne, et semblèrent destinées à l'armée du Rhin jusqu'au moment où, changeant brusquement de direction, elles marchèrent vers le Saint-Bernard, et arrivèrent en Lombardie avant que M. de Mélas se doutât de leur existence, ce qui n'est pas moins étourdissant de conception, de conduite, que d'exécution !.. Eh ! bien, l'armée de réserve, créée ainsi qu'elle le fut, et pouvant se mettre en mouvement à temps pour sauver Gênes (ce qui ne fut pas),

(*) Un géant, à jambe de bois, défilant à côté d'un conscrit qui lui allait à la hanche.

c'est encore à l'emploi de l'armée de Suisse que j'aurais donné la préférence !.. Et en effet, elle était tout arrivée, et n'aurait pas eu besoin de faire précéder son entrée en campagne par des marches fatigantes ! Elle était composée d'hommes aguerris, électrisés par la victoire et faits à la guerre des montagnes ! Son rôle futur n'eût pas été révélé par ses mouvements, attendu que, soit qu'elle dût marcher sur une seule colonne, soit qu'elle pût marcher sur deux, le rapprochement de ses divisions, à un jour de marche l'une de l'autre, aurait facilement été attribué à des projets sur le Tyrol, ou, par la gauche, sur les derrières du général Kray ; enfin, elle n'aurait pu être assez promptement suivie par un corps considérable, parce que, pour de telles traversées, il faut en vivres, en moyens de transports, etc., des ressources que l'on n'improvise pas, et des moyens dont secrètement nous nous serions pourvus d'avance !

Et de fait, cette armée employée dès qu'elle aurait pu l'être, que n'aurait-elle pas mis à même d'accomplir ?.. Je sais que je passe du positif à l'idéal, des faits aux suppositions, de l'histoire au roman ; mais enfin, il n'est pas d'hypothèse que la possibilité ne rende admissible, et je reste dans le cercle des choses, non seulement possibles, mais fondées, en présentant comme probable ce qui suit !

Je pars au surplus de ce fait, que les opérations de la guerre sont possibles en Italie six semaines avant de l'être en Suisse, et qu'en 1800 elles commencèrent en Italie un mois avant que les Autrichiens ne fussent en mesure sur le Rhin!.. Maintenant, et alors même qu'on aurait dû les compléter par les premiers corps prêts de l'armée de réserve, 80,000 hommes débouchant en Lombardie, à la fin de germinal, auraient trouvé le général Elsnitz, arrêté sur le Var par le général Suchet s'apprêtant à le poursuivre du moment où il ferait un mouvement rétrograde, le général Mélas, ou le général Ott, luttant avec peine contre les audacieuses et continuelles agressions du général Masséna, le général Thureau, qui aurait dû être renforcé, reprenant l'offensive que sa situation et ses forces auraient rendue possible : situation dans laquelle le général Mélas était perdu, perdu en trois semaines d'opérations, perdu sans sauver un homme des corps qu'il avait avec lui, et ne laissant en Italie que les divisions Wukassowich et Gottesheim, et des garnisons qui, successivement, et prisonnières comme lui, auraient été le rejoindre en France!.. Quant au premier consul, laissant au général Masséna, pour faire les siéges et blocus des places, et pour escorter les prisonniers au delà de nos frontières, 15 à 20,000 hommes qu'en toute hâte les levées de la Ligurie, du Piémont et de la Lombardie, auraient augmentés, il aurait repassé les Alpes sur quatre colonnes!

Pendant cette série d'opérations décisives, le général Moreau, qui d'ailleurs n'aurait pas tardé à être renforcé, serait, par d'habiles manœuvres, resté sur la défensive, ou même se reployant sur les corps destinés à le rejoindre, il aurait cédé le terrain, qu'il eût été imprudent de défendre plus longtemps, à un ennemi qui aurait été d'autant plus compromis qu'il l'aurait suivi davantage : et en effet, le premier consul, arrivant avec 60,000 hommes sur le flanc gauche et les derrières du général Kray, et vigoureusement secondé par le général Moreau, aurait répété sur le général Kray l'opération qu'il venait d'exécuter contre le général Mélas !.. Et qui peut dire que des débris de cette seconde armée Autrichienne auraient pu nous précéder à Vienne!

Et voilà ce que les 80,000 hommes dont j'ai parlé, entrant en Italie à la fin de germinal ou aux premiers jours de floréal au lieu d'y déboucher quarante cinq jours après, et prenant l'initiative des opérations, qui fut laissée à l'armée du Rhin, auraient pu exécuter, et ce qui aurait fait du général Bonaparte le sauveur de Gênes, le libérateur de la Ligurie, du Piémont, de la Lombardie, et d'une partie des États de Venise, si ce n'est de la totalité, le vainqueur du général Mélas dont presque toute l'armée eût été prise, et du général Kray qui n'aurait sauvé de la sienne que des lambeaux! gloire qui valait bien celle due à la *seconde* bataille de Marengo, qui même eût doublé celle du premier consul, et n'aurait dépouillé que le général Masséna de la double et immortelle gloire de sa défense de Gênes et de son traité!

Et voilà également ce qui, en messidor an VII, comme en germinal an VIII, m'aurait fait préférer composer l'armée de secours, de troupes tirées de nos armées de la Suisse et du Rhin ; voilà enfin ce qui a rendu fractionnaires des succès qui pouvaient être complets, et qui n'ont pas empêché que la guerre ne recommençât peu après.

Ainsi, et en thèse générale, comme d'après ce que commandaient les localités et les circonstances, il ne pouvait rester aucun doute sur l'utilité de préférer une vieille armée à une armée improvisée; mais une considération de nature à tout dominer semblait devoir repousser jusqu'à l'hésitation.

En effet, il fallait à tout prix reconquérir l'Italie!... L'Italie reconquise, nos armées sur le Rhin étaient maîtresses de leurs opérations, tandis que les succès que nous pouvions avoir en Allemagne ne pouvaient nous rendre l'Italie. Notre armée d'Allemagne pouvait donc, momentanément surtout, être faible sans rien compromettre, et elle pouvait l'être d'autant plus impunément qu'elle était composée de troupes excellentes, manœuvrières, et qu'elle était commandée par Moreau; que, couverte par le Rhin, elle pouvait au besoin s'appuyer sur les Vosges, et qu'une retraite devait être pour elle le précurseur de l'offensive la plus brillante; chances que nous n'avions pas en Italie, où la perte d'une bataille était irréparable et nous ôtait à la fois les plus riches contrées, des contrées qu'il était si nécessaire de posséder, et des populations qui, pour nous, étaient des alliés dévoués!... Enfin, nos généraux sur le Rhin pouvaient être battus sans que la France fût en péril; tandis qu'en Italie, où commandait le général Bonaparte, il était d'autant plus important de ne pas avoir l'apparence d'un revers, que, se trouvant à la fois l'objet de la confiance de la nation entière et la terreur de nos ennemis, tout était remis en question, s'il ne conservait le prestige de son invincibilité!

2° *Le passage par le St-Bernard était-il préférable au passage par le St-Gothard?*

Je suis encore pour la négative. Et comment ne pas sentir que la dispersion étant, à cette époque, le malheur de notre position, il fallait autant que possible la faire partager à l'ennemi? Le point le plus éloigné des rives du Var était donc celui qui devait être préféré à tout autre.

Et d'ailleurs, quel débouché mettait mieux à même de se porter à la Stradella, d'où la retraite pouvait être coupée à M. de Mélas, quelque route qu'il prît?

Quel débouché mettait (dans les premiers jours de floréal) le général en chef Masséna plus et plus tôt à même de sortir de Gênes, de réunir à lui le général Suchet, et d'accabler le général Elsnitz, et peu après, renforcé par les troupes du général Thureau, de suivre le général Mélas de manière à occuper le tiers de son armée?

Je conviens cependant que les difficultés du passage étaient, au St-Gothard, plus grandes qu'au St-Bernard; mais, d'une part, elle n'ont pas empêché 15,000 hommes d'y passer, et ne devaient pas empêcher que 25,000 y passassent; de l'autre, la position était meilleure; enfin, sur la route du St-Bernard se trouvait le fort de Bard, qui devait achever de résoudre la question, et qui sans doute l'eût résolue en faveur du St-Gothard, si ce fort de Bard *avait été connu*!

Il y eut donc, quant à Gênes, malheur à sacrifier un temps irréparable à la formation de l'armée de réserve ; trop de chances à préférer une armée nouvelle, et sans cohésion individuelle, à une vieille armée ; erreur à préférer le St-Bernard au St-Gothard comme principal passage (erreur qui, loin d'être fatale, fut heureuse, mais n'en fut pas moins une erreur)!.. Enfin, comme tout est doute dans les hypothèses, éventualité dans les événements, on est conduit à approuver, à bénir, presque à admirer ce qui même paraîtrait attaquable, quand on songe que le moindre changement dans les opérations pouvait compromettre les gigantesques résultats obtenus et qui, en effet, ont dépendu de tant d'à-propos et de bonheur, de tant de circonstances fortuites et de fautes!.. *Génie*, *audace*, *fortune*!.. L'empire du monde sera toujours là!..

N° II.

EXTRAITS DES LETTRES

ÉCRITES PAR

LE GÉNÉRAL EN CHEF MASSÉNA

AU

GÉNÉRAL BONAPARTE, PREMIER CONSUL,

depuis le 20 frimaire jusqu'au 12 germinal an VIII;
lesdits extraits suivis d'une réponse du Premier Consul en date
du 11 germinal de la même année (*).

Ire LETTRE.

Paris, le 30 frimaire an VIII.

Appelé au commandement de l'armée d'Italie, j'accepte la tâche pénible et difficile qui m'est confiée; mais je le ferais sans utilité pour la patrie, pour votre gloire et pour la mienne, si je ne pouvais rétablir l'ordre et la confiance, si je ne pouvais rendre aux troupes l'énergie sans laquelle il n'est point d'armée, si vous ne me mettiez en état de prendre efficacement

(*) Dans ces copies par extraits, quelques phrases ont été changées sous le rapport de la correction : la rapidité des dictées, la gravité des matières et des circonstances, n'avaient pas laissé la possibilité de s'occuper du style; mais il n'en est pas de même du moment où de tels documents doivent être publiés.

la totalité des mesures qu'exigeront l'intérêt et la situation de tant de braves.

Je ne reviendrai pas sur les motifs, sur les raisons par lesquelles j'ai justifié les propositions que je vous ai soumises. La position de l'armée d'Italie vous est connue, et vous devez être convaincu que je ne puis rien sans une action puissante, forte et concentrée, résultant des pouvoirs que j'aurai reçus de vous.

Il faut, en effet, que ces pouvoirs soient clairs et précis, et qu'ils s'étendent à tout ce qui peut donner de l'activité et de la force, soit aux opérations militaires et administratives, soit à la marche et à la sûreté de la navigation et des convois destinés à la nourriture et à l'entretien de l'armée. Enfin, ils doivent être tels, que par eux tout soit centralisé dans mes mains. (*Suivait la série des demandes les plus importantes.*)

IIe LETTRE.

Lyon, le 11 nivôse an VIII.

J'ai pressé mon départ de Paris. Je suis loin cependant de m'être flatté que toutes les mesures étaient prises, que tous les moyens étaient assurés pour tirer l'armée d'Italie de l'état de pénurie et de souffrance où elle se trouve ; mais je me suis reposé sur vos promesses, et je n'ai consulté que mon devoir.

J'ai vu les corps de cavalerie réunis à Lyon. Ils y sont dans le plus déplorable état. Aucune disposition efficace n'est encore prise à leur égard. Si cette situation est telle dans une aussi grande ville, et au milieu de la France, dans quel état doivent être les corps qui restent à l'armée active, où il ne peut exister aucune ressource locale!

Permettez-moi, citoyen Consul, d'appeler votre sollicitude sur cette partie de nos besoins comme sur l'armée entière.

IIIe LETTRE.

Marseille, le 19 nivôse an VIII.

Depuis mon arrivée ici je me suis exclusivement occupé à connaître l'état des services de l'armée, et à m'assurer quelles mesures avaient été prises pour la tirer de la détresse où elle se trouve.

Ce que j'ai appris et vérifié est très alarmant.

La compagnie Antonini, qui ne doit prendre le service qu'au 1er pluviôse, était néanmoins chargée de verser, indépendamment de quelques milliers de quintaux de légumes secs et des liquides compris dans son marché, 30,000 quintaux de blés pour les besoins de l'armée pendant le mois de nivôse.

Jusqu'à ce jour cette compagnie n'a livré que 6,000 quintaux sur les 30,000 qu'elle devait; aussi, le commissaire ordonnateur en chef écrit-il que l'armée n'a de pain que jusqu'au 20 de ce mois, et c'est aujourd'hui 19 que je reçois sa lettre.

Dans une position aussi désespérée, et après m'être concerté à cet effet avec le consul Ligurien, j'ai fait arrêter dans le port de Marseille, et au compte de la compagnie Antonini, les bâtiments génois qui s'y trouvaient chargés de blés. Ces bâtiments en contiennent environ 12,000 quintaux, et ils vont mettre à la voile.

Vous concevez, général-consul, que ces blés doivent être payés sans aucun retard; autrement la compagnie Antonini perdrait à l'instant même son crédit, et porterait le dernier coup à celui de l'armée.

Cependant, ce payement effectué, les engagements de la compagnie Antonini seraient encore loin d'être remplis, puisqu'il lui resterait à fournir, sans retard, 12,000 quintaux de blés et la totalité de ce qu'elle doit en légumes secs et en liquides.

Je me place au 1er pluviôse, et je cherche comment le service des subsistances se fera, la compagnie Antonini n'ayant encore pris aucune mesure.

Point d'approvisionnements, non-seulement sur la première ligne de consommation, mais même sur la deuxième et la troisième; de plus, point de mulets, point de charrettes, point d'argent. Comment d'ici au 1er pluviôse tout sera-t-il organisé? Cela est physiquement impossible. C'est ainsi que vos intentions, que vos vues pour le bien-être et le salut des armées, sont éludées et trompées.

Le fourrage manque absolument. Il ne s'agit pas ici du plus ou du moins : il n'existe pas une botte de foin ni de paille dans les magasins. Il n'est cependant pas un instant à perdre pour les achats et pour faire arriver, sur les lieux de consommation, les matières, les chevaux de transport, les chevaux de cavalerie, etc.

Personne n'est-il, vis-à-vis de moi, responsable d'un service aussi essentiel?

Quant aux vivres-viande et aux transports d'artillerie, j'éprouve les mêmes inquiétudes et les mêmes doutes. Je n'ai encore vu aucun des agents supérieurs; et cependant, je le répète, tout doit être en activité au 1er pluviôse.

Dans les situations de fonds que le ministre de la guerre m'a remises, il a porté, pour argent comptant, 600,000 fr. que la compagnie Bourset devait verser dans la caisse de l'armée, à raison d'une exportation de 100,000 charges de blé qui lui étaient accordées sur le pied de six francs par charge. Par un arrangement postérieur, approuvé par le même ministre, cette somme devait être employée à acheter 25,000 habits et 50,000 paires de souliers. D'après les états qui me sont remis, cette somme est déjà absorbée; et cependant l'armée n'a reçu, en envois faits ou à effectuer, que 6,000 capottes, 10,200 habits, 2,000 chemises et 17,000 paires de souliers. Quels moyens prendra-t-on pour achever cette fourniture?

Je resterai à Marseille pour m'occuper des approvisionnements de l'armée, et je ne me rendrai au quartier-général que quand les promesses qui m'ont été faites auront été remplies, et lorsque les agents des services seront rendus à leur poste : je ne dois, en effet, paraître à l'armée que lorsqu'elle commencera à éprouver les effets de notre sollicitude commune.

IVe LETTRE.

Nice, le 4 pluviôse an VIII.

Il était temps qu'une partie du convoi de blé que j'avais fait charger à Marseille arrivât à Nice ; l'armée allait manquer de pain.

J'attends le reste de ce convoi avec une extrême impatience.

Aucun agent de la compagnie Antonini n'a encore paru sur aucun point ; aucune disposition n'est encore faite par elle, ni pour prendre son service, ni même pour l'organiser.

Sous peu, cependant, le secours que j'ai assuré à l'armée sera épuisé, et si bientôt cette compagnie ne remplit pas ses engagements, attendez-vous à voir déserter l'armée en masse.

Je vous l'ai dit dans mes précédentes dépêches, je vous le répète encore, l'armée est nue et déchaussée ; elle est sans solde, elle est sans pain ; le mal est à son comble, mes soins n'y peuvent rien : il faut lui assurer des ressources, et il faut qu'elles soient réelles et promptes. Appelez, je vous prie, toute la sollicitude du ministre de la guerre sur cette armée.

On m'annonce que la compagnie Antonini est définitivement chargée du service des fourrages. Qu'elle se hâte donc de l'assurer, car il n'existe encore à l'armée, ni sur les derrières, aucun approvisionnement en foin ni en avoines, et dans l'intérieur, la cavalerie de l'armée vit de réquisitions. Je puis même ajouter que les administrations départementales s'exécutent de mauvaise grâce, qu'elles entravent partout le service, et qu'on peut craindre de voir périr de faim le reste de cette malheureuse cavalerie.

Ainsi, citoyen Consul, et à la seule exception des vivres-viande, tous les services sont encore abandonnés.

Le mal est profond, veillez sur cette armée.

Ve LETTRE.

Nice, le 4 pluviôse an VIII.

L'esprit de l'armée n'est pas favorable aux journées des 18 et 19 brumaire.

Dans les divisions commandées par les généraux Victor et Lemoine, l'opinion se prononce fortement contre elles; on tient hautement des propos injurieux au Gouvernement. Ces deux chefs en donnent publiquement l'exemple : c'est ainsi qu'ils disent que les soldats n'ont pas tort de quitter leur poste, puisqu'on ne leur donne pas de pain.

Il se tient aussi des propos de ce genre dans les cafés de Nice.

Je ferai exercer dorénavant une police sévère, et les perturbateurs, les séditieux, seront arrêtés.

Ce que je viens de vous dire se lie d'une manière assez directe aux dernières insurrections de l'armée.

Nul doute que les troupes sous les ordres de ces deux

généraux ne fussent point venues à Nice, s'ils avaient fait leur devoir; mais le premier ne s'est pas montré à elles, et l'autre leur a fait distribuer du pain pour deux jours.

Il y a plus, les commandants de place de ces divisions ont donné des certificats de bonne conduite aux déserteurs.

En général l'esprit des habitants du Var et des Alpes-Maritimes est mauvais; j'en dis autant de celui des Génois, qui n'ont point été étrangers à la désertion de la division Miollis. Dans les villes on applaudissait les déserteurs à leur passage.

La désorganisation de l'armée tient encore à d'autres causes : on a donné des permissions à qui en a voulu, et la clameur publique parle de grains appartenant à l'armée et vendus dans la rivière de Gênes.

Dans une position aussi délicate et même difficile, j'attends avec impatience l'arrivée des généraux de l'armée du Danube, pour faire dans l'armée des changements qui sont indispensables.

Cette lettre, citoyen Consul, est confidentielle.

VIe LETTRE.

Nice, le 14 pluviôse an VIII.

D'après les motifs particuliers que je vous ai fait connaître par ma lettre du 4, j'ai pensé que je devais faire remplacer les généraux de division Victor et Lemoine. Celui-ci m'avait demandé un congé pour rétablir sa santé ; je l'ai fait remplacer par le général Pouget, que j'emploie à son grade de général de division.

J'apprends que le général Lemoine se rend directement de Finale à Marseille ; il évite de traverser la rivière de Gênes et le quartier général, où l'opinion ne lui est pas favorable.

Pour remplacer le général Victor, je vous demande, citoyen Consul, le général de division Mortier, en ce moment à l'armée du Rhin.

Je vous prie encore d'envoyer à l'armée d'Italie le général d'Haultpoult, pour y commander la cavalerie.

VIIe LETTRE.

Nice, le 16 pluviose an VIII.

Trois de mes courriers sont restés sans réponse ; je vous entretenais cependant de la pénurie qui tue l'armée, de l'insurrection qui la désorganise, de mesures indispensables pour la sauver.

La dernière insurrection des bataillons de la 5e légère et de la 74e de bataille était à peine réprimée à la droite de l'armée, que sur ses derrières il en a éclaté une nouvelle dans le 2e bataillon de la 15e légère.

Ces insurrections tiennent à beaucoup de causes. Je vous les ai fait connaître. La cause qui est le prétexte de quelques désordres, et la première de toutes, est le manque de vivres, de souliers et de solde.

Au reste, il m'est démontré que la désorganisation de cette armée est préparée de longue main ; et pour l'arrêter, il faut des ressources que je n'ai pas et un choix de collaborateurs qui me manquent également. Vous savez les motifs qui m'ont forcé à ôter leurs divisions aux généraux Victor et Lemoine.

Si l'armée vit, ce n'est que par le blé que j'ai fait partir de Marseille, sous le cautionnement des maisons Costa et Olivari.

J'attends celui que, sur ma demande, le commerce de cette ville doit expédier sur Nice.

La compagnie Antonini n'a rien fait, absolument rien. Aucun de ses agents n'a encore paru à l'armée. Que fera-t-elle par la suite? Je ne suis plus à Marseille, et l'armée manque de pain.

L'armée, je vous le répète, est absolument nue et déchaussée.

Les hôpitaux sont abandonnés depuis plus de quatre mois; les faibles secours que le ministre accorde ne sont rien.

La solde est arriérée de six et sept mois.

Nous n'avons pas une botte de fourrages en approvisionnements.

Nous n'avons pas un moyen de transport.

Nos malheureux soldats sont minés par le besoin; le désespoir est dans le cœur et la mort sur les lèvres; les chemins sont semés de leurs cadavres. Ceux qui y échappent tendent la main pour implorer la charité des passants.

Enfin, l'armée est réduite à des cadres; il lui faut au moins 15 à 20,000 hommes de troupes fraîches.

Dans un mois, cette armée est perdue, si on ne lui prodigue de suite tous les secours que sa funeste position exige.

Oui, général, dans un mois cette armée est perdue! Pénétrez-vous bien de cette vérité, qu'elle est parvenue à un degré d'épuisement que l'imagination ne peut concevoir....

Je pars cette nuit pour Gênes ; je ferai tout pour que l'expédition que vous désirez ait lieu, mais je ne puis vous le promettre....

J'espère encore que cette ville m'offrira quelques ressources; mais quand j'en trouverais, que ne dois-je pas craindre pour les points de l'armée où je ne serai pas! Le pain et tous les services, celui de la viande excepté, manqueront, j'en ai le fatal pressentiment : de là des révoltes, des insurrections, des désertions, enfin la perte de l'armée.

J'ai fait et je ferai encore tout ce qu'il est possible que l'on attende de moi; mais si je ne suis puissamment secondé, je renoncerai sur le champ à un commandement que je n'ai pris que pour prouver mon dévoûment à mon pays et mon attachement pour vous.

Vous ne connaissez pas toute la vérité sur l'armée d'Italie, général, je ne la connaissais pas moi-même; je ne me serais jamais chargé d'un fardeau qui excède les forces d'un homme, quel qu'il puisse être, du moment où il est abandonné à lui seul.

VIIIe LETTRE.

Gênes, le 22 pluviôse an VIII.

Les maux dont je vous ai parlé de Nice sont encore plus menaçants à Gênes ; je dois donc vous en parler encore !

Ici, comme sur les derrières de l'armée, il n'est nullement question de la compagnie Antonini.

Point d'approvisionnements en grains ;

Point d'approvisionnements en fourrages ;

Point d'approvisionnements en liquides.

Le moment approche, cependant, où les débouchés des Alpes seront praticables. Il devient indispensable d'avoir de la cavalerie en ligne ; autrement que peut-on entreprendre ?

L'artillerie est sans attelages et sans moyens de transport ; mais eussions-nous des chevaux et des mulets, ils périraient de faim.

Il faut, je ne saurais trop le répéter, que l'armée d'Italie soit l'objet de toute votre sollicitude. Faites pour elle les plus grands sacrifices, ou comptez sur la perte de l'armée entière.

Je vous ai demandé d'envoyer des troupes fraîches à cette armée. Il ne m'est que trop démontré que cette mesure est de la dernière urgence.

La ligne que nous occupons est d'une étendue immense, et les forces qui la défendent sont illusoires.

A la vérité il existe beaucoup de demi-brigades ;

mais ce ne sont que des cadres : plusieurs d'entre elles sont réduites à 2 ou 300 hommes. Pour les recruter, ne comptez pas sur les 22 bataillons auxiliaires : la désertion est si peu réprimée dans l'intérieur, qu'ils ne donneront pas 3,000 hommes (*).

L'état de faiblesse et de dissémination des corps de l'armée met l'ennemi en mesure de couper notre ligne partout où il le voudra.

IX° LETTRE

Gênes, le 28 pluviôse an VIII.

Mes premiers soins, à mon arrivée à l'armée, ont été d'arrêter par des mesures sévères la désertion, qui faisait des ravages inconcevables. Je vous ai rendu compte de ce que j'ai fait à cet égard.

J'ai lieu d'espérer que le châtiment des coupables rétablira la discipline ; mais empêchera-t-elle les maladies et la désertion de réduire à rien 41 demi-brigades, c'est-à-dire 123 bataillons ?

Les situations portent 41,328 hommes ! Quand elles seraient exactes, ce qui est impossible ; quand j'appellerais à l'armée les 5,584 hommes qui forment tout ce qui existe de disponible dans les 7e, 8e et 19e divisions militaires, je n'aurais que 46,912 hommes, forces bien insuffisantes pour répondre à vos espérances.

J'avais compté sur les bataillons auxiliaires. Je ne

(*) Ils n'en ont pas donné 1,000.

les portais qu'à 10,000 hommes, mais je me trouve bien déçu de mes espérances, aujourd'hui que j'acquiers la preuve que les 22 bataillons auxiliaires assignés à l'armée d'Italie ne donneront pas 1,000 combattants.

L'artillerie à pied fait des pertes journalières et a le plus grand besoin de recrues.

Les 12 compagnies d'artillerie légère manquent d'hommes et de chevaux.

Le génie réclame également des hommes pour compléter les compagnies de sapeurs.

Enfin la cavalerie se ressent à peine des secours promis. Le général Beaurevoir me marque, en date du 16 pluviôse, qu'il n'a encore reçu que 19 chevaux provenant de Lyon, sur la levée des 40,000. Il me marque encore que les nouvelles qui lui parviennent des détachements chargés d'amener à Lyon, prouvent que leur arrivée éprouvera beaucoup de retards.

D'après ces détails, citoyen Consul, vous sentirez la nécessité de m'envoyer, le plus promptement possible, 8 ou 10 demi-brigades assez fortes pour que je puisse renvoyer un pareil nombre de cadres inutilement coûteux. Pour soustraire les corps que vous m'enverrez à l'influence du mauvais esprit qui règne dans les départements méridionaux, il serait, je pense, plus prudent de les faire arriver par les Alpes.

Xe LETTRE.

Gênes, le 1er ventôse an VIII.

Toujours des plaintes! S'il est dur pour vous d'avoir à les entendre, il l'est davantage pour moi d'avoir à les faire.

Plus je m'occupe de la position de l'armée, et plus je suis convaincu que cette position est effrayante.

Les demi-brigades se fondent et se réduisent à rien; la maladie épidémique continue ses ravages; la perte de l'armée s'élève chaque jour à 400 hommes, et ces hommes ne sont pas remplacés.

Le moral de l'armée est profondément attaqué; les conscrits sont entièrement abattus, et les vieilles troupes sont elles-mêmes ébranlées.

Il faut de toute nécessité des corps entiers et frais; il faut que leur force soit de 15 à 20,000 hommes; il faut enfin diriger des recrues pour remplir les cadres existant à l'armée.

Sans renforts, on ne peut se permettre d'agir offensivement; on doit même désespérer de conserver la Ligurie.

Je ne sais d'ailleurs quand notre dénûment finira. La compagnie Antonini n'a rien fait pour assurer ses services, et on doit désespérer d'en rien obtenir. L'armée vit encore des grains que j'ai fait expédier de Marseille. Ainsi nous sommes sans approvisionnements, et chaque jour le pain peut nous manquer.

Point de fourrages! Comment donc avoir de la cavalerie et faire faire un seul mouvement à l'artillerie?

Le temps s'écoule avec rapidité, citoyen Consul; le moment d'ouvrir la campagne approche; l'ennemi, placé dans un pays riche et abondant, renforce, équipe et habille son armée. Qu'aurons nous à lui opposer? Une poignée de malheureux soldats exténués de misère, et qui ne se voient soutenus ni par de la cavalerie ni par de l'artillerie.

Par mes efforts, je suis parvenu à retenir jusqu'à ce jour, et dans leurs positions, les corps de cette armée, tristes débris de l'armée d'Italie. Ce n'est qu'à vous seul qu'il appartient de la sauver, c'est-à-dire de la recréer.

XIe LETTRE

Gênes, le 5 ventôse an VIII.

On me mande de Marseille qu'un embargo général a été mis, par le ministre de l'intérieur, sur tous les grains qui s'expédiaient des ports du Languedoc sur Marseille. D'un autre côté, le commissaire du gouvernement près l'administration centrale des Bouches-du-Rhône, imputant sur l'extraction accordée à Bourset et transmise à Olivari, des opérations qui lui sont étrangères, prétend que cette extraction est épuisée, à 7,000 charges près, et qu'Olivari ne peut extraire que cette quantité.

S'il s'agissait de moins grands intérêts, je ne m'en mêlerais plus, et je m'abstiendrais de vous en entretenir.

Mais la Ligurie ne vit que de cette extraction, et la majeure partie de l'armée en subsiste également; je dois donc faire exécuter d'une manière ferme, et l'arrêté du 4 frimaire, et les dispositions que j'ai prises et qui restent à prendre.

Les circonstances m'en font un besoin plus impérieux que jamais.

Aujourd'hui la distribution de la demi-ration de pain ne peut avoir lieu ; on ne donne que quelques légumes; les habitants de Gênes ne reçoivent plus que deux onces de pain par jour.

Les vents continuent à nous contrarier. Si de fausses mesures nuisent encore aux exportations, la crise dans laquelle nous nous trouvons ne fera que s'accroître; la Ligurie, qui est déjà affamée, perdra tout espoir de sortir de cet état; il en sera de même de l'aile droite de l'armée, et dès lors il faudra évacuer les positions qu'elle occupe.

Voici, citoyen Consul, l'état de l'extraction de Bourset, remise à Olivari.

Il a été exporté par Bourset	28,000	charges.
Par Olivari,	18,000	—
Total.	46,000	—

Il reste donc encore 54,000 charges de blés à exporter.

J'expédie à l'instant même un courrier au général Saint-Hilaire, pour lui donner l'ordre de faire suivre avec toute la célérité possible cette extraction, car de sa prompte exécution dépend le salut de la Ligurie et de l'armée.

Je vous prie de donner des ordres pour que les mesures que j'ai prescrites, et qui ont déjà été approuvées par le ministre de la guerre, soient exécutées, et pour que celles que les circonstances me forceront encore à prendre le soient également. Je vous le répète, le salut de la *Ligurie* et de l'armée en dépend ; peut-être même le temps perdu depuis le départ du courrier du général Saint-Hilaire jusqu'à l'arrivée du mien, sera-t-il irréparable.

Je vous fais porter, avec cette dépêche, la copie de l'ordre que j'adresse au général Saint-Hilaire; j'ai l'honneur de vous prévenir que j'adresse copie du tout au ministre de l'intérieur.

P. S. — On me rend compte à l'instant, citoyen Consul, que la fermentation augmente parmi le peuple et qu'elle prend un caractère alarmant. On m'annonce en outre que l'ennemi marche sur moi. Ces mouvements se tiennent et sont combinés. Je prends des mesures répressives.

XIIe LETTRE.

Gênes, le 5 ventôse an VIII.

J'ai l'honneur de vous prévenir que je donne ordre au général Saint-Hilaire, commandant la 8me division, de venir prendre, dans l'armée, le commandement de la 5me division active; je charge de celui de la 8me le général Mounier.

Le manque où je me trouve de généraux de division me force à prendre cette mesure.

J'ai appris avec peine que les généraux de division Loison et Mortier, qui, d'après les ordres du ministre de la guerre, devaient venir de l'armée du Rhin à celle d'Italie, aient été retenus par le général Moreau.

XIIIe LETTRE.

Gênes, le 5 ventose an 8.

Vous me demandez, par votre dernière lettre, de quels services la compagnie Antonini se trouve chargée? Quelque accablante que soit cette question, après tout ce que j'ai écrit sur ce sujet, je vais y répondre.

Elle doit fournir, à toute l'armée, le pain, les légumes et les liquides.

Elle doit faire le service manutentionnaire et organiser celui des transports.

Enfin, elle est chargée du service des fourrages.

Elle devait prendre son service à compter du 1er pluviôse.

Elle devait avoir 800,000 rations de biscuit à Nice et à Grenoble.

Elle devait verser 1,200,000 fr. dans les caisses de l'armée.

Dans le mois de nivôse, elle devait faire un versement provisoire de 30,000 quintaux de grains.

A 7,000 quintaux près, ce versement n'a pas été effectué.

Celui des 1,200,000 fr. ne l'a pas été davantage.

Elle n'a pas pris son service au 1er pluviôse, et aujourd'hui, 5 ventôse, il n'est encore question d'elle sur aucun des points occupés par l'armée.

Il n'existe pas un mulet, pas un fourgon pour le service des vivres.

Il n'y a pas une botte de fourrages dans les magasins de l'armée.

Il ne se trouve pas une ration de biscuit à Nice, et pas une à Grenoble.

Le centre de l'armée a vécu et vit encore des grains que j'ai fait expédier de Marseille.

La droite tire sa subsistance de Gênes.

La Ligurie n'a plus d'approvisionnements d'aucune espèce; tout est épuisé : les habitants ne reçoivent que trois onces de pain pour 24 heures.

Aujourd'hui, la distribution de la demi-ration manquera presqu'en totalité, et sera remplacée par de la viande.

Les soldats souffrent, languissent et meurent.

Le peuple souffre, murmure et s'agite; j'ai fait entrer à Gênes 2,000 hommes de renforts pour le contenir.

Cette situation, si alarmante, est le résultat de l'abandon dans lequel la compagnie Antonini a laissé tous ses services.

Si les vents contraires règnent encore quelques jours, l'issue de cette crise n'est que trop facile à prévoir.

J'apprends cependant qu'un des agents de la compagnie Antonini est arrivé à Marseille; je sais bien comment j'en finirai avec lui, s'il ne s'exécute pas.

Cette compagnie sera la seule cause de nos revers (*), si nous en éprouvons.

Absorbé par les soins et les détails d'une administration qui s'écroule de toutes parts, vous concevez, citoyen Consul, que le temps et les moyens de faire des opérations militaires me manquent entièrement.

Il est temps de remédier à tout ce désordre; autrement l'ennemi nous préviendra, et je n'aurai à lui opposer que des victimes.

XIVe LETTRE.

Gênes, le 9 ventôse an 8.

Je ne cesserai d'appeler votre attention sur la faiblesse de l'armée.

Les maladies exercent toujours leurs ravages; les

(*) Antonini fit son métier en profitant de l'impunité sur laquelle, sans doute, il comptait d'avance. Mais le gouvernement français fit-il son devoir en ne faisant exécuter aucun des marchés qui seuls pouvaient sauver l'armée ; en laissant faire de ces marchés d'abominables spéculations ; en ne punissant aucun coupable; en ruinant les maisons Costa et Olivari qui secoururent l'armée, ou plutôt qui la sauvèrent ? Encore si ces désastres avaient été utiles aux opérations de la campagne de Marengo !.. Mais ils n'y avaient aucun rapport, et l'on pouvait sauver l'armée d'Italie, non seulement sans que l'armée de réserve en souffrît, mais en lui assurant un puissant auxiliaire. Tout était donc profit à sauver les trente mille victimes que l'on sacrifia, tandis qu'il y eut inutilement perte, danger et crime à les abandonner.

demi-brigades se fondent : les pertes de l'armée sont effrayantes.

Il faut, de toute nécessité, un renfort de 20,000 hommes de vieilles troupes, et 20,000 recrues pour refaire les corps dont les cadres seuls existent.

L'ennemi continue à recevoir des renforts; depuis plusieurs jours il manœuvre sur tous les points de la ligne. Je pense que ces mouvements sont occasionnés par mon arrivée à Gênes, et par les marches et contre-marches qu'a nécessitées la refonte que j'ai faite de toutes les divisions.

Mais il faut se mettre en mesure, et pour cela renforcer l'armée. Je n'ai encore l'avis de la marche d'aucun nouveau corps. Prenez à cet égard des dispositions que les circonstances ne permettent pas de différer.

J'oubliais de vous dire que l'armée des Alpes n'a en ce moment que 6,000 hommes; il faut la renforcer au moins de 6,000 autres.

XVe LETTRE.

Au général Bonaparte.

Gênes, 9 ventôse an 8.

Ce n'est plus le général en chef de l'armée d'Italie qui s'adresse au premier magistrat de la République; c'est votre camarade, c'est le compagnon de vos anciens travaux qui vous écrit, mon cher général. J'ai tout fait pour réorganiser l'armée, mais je ne m'aperçois que trop que je ne suis point secondé. Cette armée est oubliée, et le dénûment absolu dans lequel on la laisse me démontre qu'elle n'est point destinée à agir offensivement; on pousse même l'abandon trop loin, et, je dois vous le dire, cette armée ne pourra pas même soutenir la défensive.

Veuillez vous rappeler maintenant, général, nos entrevues et vos promesses. « Je me charge (vous di-« sais-je) du commandement difficile de l'armée « d'Italie, sous la condition expresse qu'on la mettra « à même de faire une campagne offensive; mes longs « services et quelques succès ne me permettent pas « de changer le rôle que j'ai joué jusqu'à ce jour dans « les guerres de la république. » Vous me répondîtes que tous les secours étaient envoyés à cette armée, qu'elle serait renforcée, et enfin que, sous peu, elle aurait l'attitude d'une armée offensive.

Rien de tout cela ne s'est exécuté : l'armée est dans le même état où je l'ai prise, et ma présence, mes efforts, mes travaux, n'ont servi qu'à éloigner l'époque, aujourd'hui prochaine, de sa ruine et de sa défection totale.

Mes services, notre amitié, me donnent le droit de vous demander toute la vérité et de vous la dire.

Cette armée doit-elle agir offensivement? Dans ce cas qu'on lui envoye de l'argent, des subsistances, des habits et des hommes, et je me dévoue en conservant ce commandement.

Cette armée doit-elle rester sur la défensive? En ce cas, faites moi remplacer sur le champ.

Vous répondrez, je n'en doute pas, général, à ma demande franche et loyale. Au reste, recevez cette déclaration, que le soin de ma propre gloire ainsi que les circonstances me forcent à vous faire : si d'ici à 15 jours la position de l'armée ne doit pas changer par les mesures que prendra le gouvernement, je me démettrai du commandement, et je le remettrai au lieutenant-général le plus ancien.

Recevez l'assurance de mon sincère attachement et de tout mon dévouement.

XVIe LETTRE.

Gênes, 10 ventôse an 8.

Notre position devient tous les jours plus alarmante. La compagnie Antonini, qui aurait dû prendre le service le 1er pluviôse dernier, n'a pas encore paru. Le gouvernement Ligurien, qui nourrissait la droite de l'armée, vient de me déclarer que tous ses approvisionnements étant consommés, et n'ayant aucun moyen d'en former de nouveaux, il était dans l'impossibilité de continuer à fournir la subsistance aux troupes qui la composent. La disette au reste est générale : les habitants sont réduits à deux onces de pain par jour.

J'envoye par courrier extraordinaire, à l'agent de la compagnie Antonini, l'ordre de se rendre à Gênes pour y prendre le service, et je le rends responsable des événements que la coupable négligence de la compagnie peut entraîner.

Je n'ai été secondé dans aucune des mesures que j'ai prises pour assurer les subsistances de l'armée et de la Ligurie; je n'ai rencontré que des obstacles.

A Marseille, il a fallu employer la force armée pour faire exécuter les extractions de blés accordées à Olivari, la douane ne voulant reconnaître ni votre arrêté du 4 frimaire, ni mes ordres ; et c'est ainsi que l'existence de tout un peuple et de toute une armée est compromise.

Aujourd'hui, ces extractions ont été suspendues, et la Ligurie, qui ne vivait que de leurs produits, est définitivement condamnée à mourir de faim. D'un autre côté, l'embargo mis dans les ports du Languedoc sur tous les bâtiments chargés de blés pour le département des Bouches-du-Rhône, a semé partout l'inquiétude, et les prix des blés sont montés tout-à-coup de 10 fr. par charge.

Je vous demande, au nom du salut de la Ligurie et de l'armée, de faire finir ces entraves; mais peut-être sera-t-il trop tard, car le besoin de manger ne s'ajourne pas.

Le gouvernement ligurien, en même temps qu'il m'a annoncé qu'il ne pouvait continuer à nourrir l'aile droite, a ajouté qu'étant sans fonds et sans crédit, il ne pouvait remplir l'emprunt de deux millions que je sollicite.

Je fais assembler ce soir les principaux négociants de cette ville qui ont confiance en moi ; je conférerai avec eux sur les moyens de remplir l'emprunt ; mais j'espère peu de cette entrevue.

La maladie épidémique continue ses ravages d'une manière effrayante ; les corps se réduisent à rien. Je vous ai demandé 20,000 hommes de troupes vieilles, et des recrues pour remplir les cadres. J'insiste sur cette demande ; il ne reste qu'un simulacre d'armée.

L'ennemi serre nos avant-postes : tous les jours ils sont attaqués. S'il forme une attaque sérieuse et générale sur Gênes, ce que tous ses mouvements annoncent ; s'il force nos positions, ce que le peu de troupes que j'ai à lui opposer doit faire craindre, quelles sont celles que vous désirez que l'armée occupe? Veuillez, je vous prie, citoyen Consul, me dire vos intentions.

En un mot, voilà notre position : point d'argent, point d'approvisionnements, point de crédit et point d'armée. Au milieu des malheurs que cet état de choses annonce, j'ai au moins le sentiment intime de vous avoir instruit de tout, et d'avoir continuellement appelé votre sollicitude sur les besoins de l'armée et de la Ligurie, et sur les moyens de les secourir l'une et l'autre.

Mon intention était de vous faire porter cette dépêche par un courrier extraordinaire ; mais je l'ai trouvée d'une assez haute importance pour la confier à mon adjudant-général Reille, que j'envoye près de vous ; il vous donnera tous les renseignements que vous pourrez désirer.

XVIIe LETTRE.

Gênes, le 19 ventôse an 8.

Je charge l'adjudant-général Lacroix, que je renvoye à Paris, de différentes dépêches pour vous. Je n'ai pas insisté sur la position de l'armée, que vous devez au reste bien connaître, parce que cet officier vous en rendra un compte exact et bien détaillé. Il m'a suivi à Gênes, il a tout vu par lui-même, et sans doute le sentiment de nos maux et de nos besoins, qu'il a partagés, ne s'éteindra pas facilement chez lui.

XVIIIe LETTRE.

Gênes, 19 ventôse an 8.

L'agent de la compagnie Antonini arrive enfin ; je le tiens; il fera son service, ou sa responsabilité ne sera pas un vain mot.

Nous souffrons toujours, mais je vous ai assez fait connaître la position déplorable de l'armée, pour n'avoir pas besoin de dérouler de nouveau ce tableau à vos yeux.

XIXe LETTRE.

Gênes, 24 ventôse an 8.

J'ai reçu votre lettre du 14, avec les papiers-nouvelles qui y étaient joints.

La force de l'armée ne s'élève pas à plus de 32,000 combattants (*). Les maladies ont fait et font de grands ravages.

Quel que soit le rôle que vous voulez bien me faire jouer dans la campagne prochaine, je le remplirai avec zèle, pourvu qu'il ne me laisse pas dans l'inaction : vous connaissez mon activité.

Je viens de donner des ordres pour tirer 2,000 hommes des 6,000 qui se trouvent à la gauche. Je vous en préviens pour que vous y fassiez passer des forces en cas de besoin.

Dès mon arrivée à l'armée, je me suis occupé, citoyen Consul, de faire de Savone ma place d'armes. Je presse Flachat pour y former un approvisionnement de 10,000 quintaux de blés ; je fais tout pour y réussir.

L'Italie, dit-on, est en insurrection, les Autrichiens y sont détestés ; on nous y attend à bras ouverts, l'occasion est belle, pourquoi n'en profiterions-nous pas?

Je vous demande encore des recrues et quelques vieilles troupes ; avec ces renforts vous pouvez tirer un très grand parti de l'armée d'Italie. Elle n'est que faible ; le bon esprit et la discipline ne laissent plus rien à désirer.

(*) Lors du départ de la lettre du 28 pluviôse, la force de l'armée était de plus de 41,000 hommes, ce qui fait 9,000 morts en 26 jours, et par jour, une perte de plus de 346 hommes.

XXe LETTRE.

Gênes, le 4 germinal an 8.

Flachat a achevé de tromper le gouvernement et l'armée.

Conformément à son marché, la compagnie Antonini, dont il est agent, devait fournir, dans les quinze derniers jours de nivôse, 30,000 quintaux de blés. Elle en a fourni sept mille seulement.

Cette compagnie devait prendre le service au 1er pluviôse. On n'a pas entendu parler d'elle pendant tout ce mois.

L'armée n'a vécu que des grains que j'ai achetés et expédiés de Marseille ; le prix en est encore dû au citoyen Olivari, négociant de cette ville, qui se trouve ruiné pour avoir sauvé l'armée.

Enfin, dans la deuxième décade de ventôse, le citoyen Flachat a paru à Nice.

Il a repris le service de la gauche et du centre.

D'après mes ordres il s'est rendu à Gênes ; là il a repris le service de la droite.

Du 20 au 30 ventôse, le gouvernement lui a fourni 300 quintaux de blés chaque jour, en attendant les grains qui lui arrivaient, disait-il, de France, et au moyen desquels l'armée allait être parfaitement approvisionnée.

Le 30 ventôse, le citoyen Flachat n'avait pas un sac de blé à sa disposition dans toute l'armée active.

Le 1er germinal, le pain a manqué partout.

J'ai mis le citoyen Flachat sous la surveillance d'un officier, et lui ai donné l'ordre d'assurer le pain à l'armée dans les 24 heures.

Les démarches de cet homme n'ont rien produit; la compagnie et lui n'ont aucun crédit, et il a sans doute diverti les fonds qui lui ont été confiés.

Le 2 germinal, j'ai donné l'ordre que le citoyen Flachat fût conduit en prison ; il y est.

Ce citoyen, ou la compagnie qu'il représente, n'ont exécuté aucun de leurs engagments.

Il est constant aujourd'hui que le citoyen Flachat n'avait commis et acheté, pour assurer les approvisionnements de toute l'armée, que 4,000 quintaux de blés, que la maison Rabaud de Marseille devait expédier dans la dernière décade de ventôse.

Il n'a acheté ni fourrages, ni avoines, ni vin, ni eau-de-vie. Tel est donc l'état de l'armée, qu'à l'exception des 4,000 quintaux de blés dont je viens de parler, qui au reste ne sont pas arrivés, l'armée n'a des approvisonnements d'aucune espèce.

Cependant, et indépendamment des 400,000 fr. que l'ordonnateur Girout a portés et fait employer à Marseille pour cette compagnie, le citoyen Flachat a reçu à Nice, sur ordonnance du commissaire-ordonnateur, 460,000 fr. pour le crédit que vous avez ouvert à cette compagnie Antonini le 16 pluviôse.

Une seconde ordonnance venait de lui être délivrée à Gênes, pour toucher à Nice les fonds de vos deux autres crédits des 25 pluviôse et 5 ventôse ; mais aussitôt que son arrestation a été décidée, j'ai fait partir un courrier extraordinaire pour défendre au payeur-général d'acquitter cette ordonnance.

Ces deux crédits se montent à 550,000 fr. ; c'est notre unique ressource pour approvisionner l'armée en blé, foin, avoine, vin, eau-de-vie, etc.

Dans la position où la perfidie de la compagnie Antonini a jeté l'armée, j'ai, pour subvenir à nos besoins les plus pressants, donné de suite l'ordre au commissaire-ordonnateur en chef de passer, avec des négociants français domiciliés à Gênes, un marché de 18,000 quintaux de blés et 3,000 de haricots.

Il fallait faire une avance de 300,000 fr. à ces négociants; les fonds de la caisse étaient à Nice; je n'ai trouvé, ni dans les particuliers, ni dans le gouvernement, la volonté de m'aider. Personnellement, et avec le secours de quelques amis, j'ai fait cette somme.

Les négociants à qui je l'ai remise sont déjà partis pour faire leurs achats à Marseille.

J'ai cru devoir aussi faire partir le général Franceschi, sous-chef d'état-major général, pour activer et surveiller leur opération ; je l'ai chargé aussi de surveiller l'extraction de 30,000 quintaux de blés et 10,000 de légumes, que j'ai accordée à ces négociants pour les approvisionnements de la Ligurie, extraction à raison de laquelle ils doivent allouer en recette, sur le prix de leurs fournitures, la somme de 250,000 fr.

Je vous rends, par une autre dépêche, un compte plus détaillé de cette opération.

Pour que le général Franceschi pût remplir sa mission avec succès, je l'ai muni de pleins pouvoirs. Tous les rapports que je recevais de Marseille, sur l'état de nos approvisionnements, étaient infidèles ou inexacts.

Le blé manque toujours dans la Ligurie. Cependant, jusqu'à l'arrivée de ceux qui nous seront expédiés de Marseille, l'armée ne peut vivre qu'au jour le jour, et sur les achats faits sur les lieux, vous jugez à quel prix ! Il excède de plus d'un tiers ceux de France.

Il faut aussi faire des approvisionnements en fourrages et avoines ; il faut assurer le service des liquides.

Il faut encore donner de prompts et puissants secours aux entrepreneurs de la viande. Voici deux mois qu'ils font leur service, et ils n'ont reçu que 200,000 fr. ; aussi m'ont-ils prévenu qu'ils étaient dans l'impossibilité d'aller plus loin.

Quelle est donc ma position? Au moment d'entrer en campagne, l'armée manque de toute espèce de subsistances ; je ne puis avoir, par défaut de fourrages, ni artillerie, ni cavalerie, ni transports ! Quels seront les résultats d'un état aussi désastreux ?

Vous avez été trompé, citoyen Consul, le ministre de la guerre l'a été aussi, et moi plus que personne.

Donnez vos ordres pour qu'on expédie, courrier par courrier, des fonds à l'armée ; enfin, et par quelques moyens que ce puisse être, que le ministre de la guerre assure le service des subsistances.

XXIe LETTRE.

Gênes, le 4 germinal an 8.

Je vous ai fait part officiellement, citoyen Consul, de la crise désespérante dans laquelle la défection des services de la compagnie Antonini a jeté l'armée. Je vous ai dit la vérité ; encore n'ai-je pas employé des expressions assez fortes !

Ne temporisez plus, citoyen Consul ; envoyez moi des secours, ou c'en est fait de l'armée ! Avant un mois, la misère et la famine l'auront détruite.

Donnez des ordres au ministre de la guerre pour qu'il affecte de suite un million aux achats des blés, des avoines et autres approvisionnements dont nous manquons entièrement ; faites aussi remplacer la compagnie Antonini, mais surtout faites qu'on nous donne des *fournisseurs* qui *fournissent*.

Donnez aussi des ordres pour que toutes les dispositions que j'ai prises à l'égard des extractions de grains pour la Ligurie ne soient plus contrariées ; vous pouvez apprécier les funestes effets de leur suspension, aujourd'hui que l'armée ne manque de blés que parce que la Ligurie en manque elle-même.

Ne perdez pas de vue qu'il ne se consomme pas une livre de pain dans toute la Ligurie qu'elle ne vienne de France. Qu'on ne me contrarie donc pas dans les moyens d'approvisionnements que j'emploie ; j'éprouve assez d'obstacles par les croisières des ennemis et la durée des vents contraires.

XXIIe LETTRE.

Gênes, le 12 germinal an 8.

Mon dernier courrier vous a porté la nouvelle fâcheuse de la défection totale de tous les services dont la compagnie Antonini était chargée, et de l'arrestation de son représentant.

Je vous ai fait part aussi des mesures provisoires que j'ai ordonnées pour assurer le service. Voici en quoi elles consistent :

D'après mes ordres, le commissaire ordonnateur en chef a passé un marché avec des négociants français à Gênes, pour 18,000 quintaux de blés et 3,000 de haricots.

Un second marché pour la fourniture des fourrages, à raison de 3 fr. 5 s. la ration, prix fixe.

Enfin, le commissaire ordonnateur a ordre d'assurer les liquides et transports par des traités particuliers.

Ces dispositions ne s'appliquent qu'à l'armée active, c'est-à-dire à la partie en deçà du Var.

Cependant, aucun service n'est assuré : il faut le temps physiquement nécessaire pour faire arriver de Marseille les blés et les avoines.

En attendant, l'armée vit au jour le jour ; l'on achète le blé sur les lieux, et à des prix très onéreux ; le peu de fonds que nous avions en caisse est épuisé par ces achats.

Il est, au reste, une mesure à prendre : c'est de faire supporter par les membres de la compagnie Antonini, la différence qu'il y a du prix d'achat des grains, y compris les frais de transport, au prix auquel nous payons aujourd'hui les blés à Gênes.

Le temps qui se sera écoulé depuis la défection des services de la compagnie Antonini, jusqu'au jour où les approvisionnements seront assurés par l'effet des mesures que je viens de prendre, nuira nécessairement et à l'armée et aux opérations militaires. Que faire, en effet, de malheureux soldats qui, par fois, et malgré ma sollicitude et mes efforts, manquent de pain, et qui souvent sont réduits au quart de la ration? Que faire sans cavalerie ni artillerie?

Au reste, les mesures que j'ai prises échoueront encore, si vous n'envoyez des fonds pour payer les négociants avec lesquels j'ai traité, et dès lors l'armée sera inévitablement perdue. Je dois vous répéter cette vérité, pour continuer à vous éclairer sur la véritable position de l'armée et sur les résultats auxquels vous devez vous attendre.

J'ai déjà tant et tant insisté sur nos besoins, que je ne trouve plus d'expression pour vous les peindre.

Je compte sur l'envoi direct d'un million courrier par courrier. Veuillez, citoyen Consul, donner des ordres pour qu'il soit effectué.

XXIIIe LETTRE.

Gênes, le 12 germinal an 8.

Je vous rends compte, par ma dépêche de ce jour, de la situation des services de l'armée, et des mesures que j'ai prises pour parer aux maux que la défection de la compagnie Antonini occasionne. Je dois encore vous faire connaître quelle est leur fatale influence et sur le physique et sur le moral du soldat.

Trompés depuis si longtemps, déçus dans toutes les espérances qu'on leur fait concevoir, les soldats sont abattus, anéantis. Le plus grand nombre de ces malheureux tombent malades ; ils remplissent les hôpitaux, où le défaut de secours leur fait trouver la mort ; d'autres passent à l'ennemi ; les ordres que j'ai donnés, la surveillance que je fais exercer, ne peuvent arrêter cette défection. L'armée perd chaque jour de cette manière, ou par maladie, 3 à 400 hommes ; aussi les corps sont-ils réduits à presque rien, et bientôt il ne restera plus que des officiers.

Voilà les funestes effets de l'abandon dans lequel on a laissé cette malheureuse armée. Sauvez-en les débris, citoyen Consul, et veuillez vous rappeler qu'il n'y a pas un instant à perdre.

XXIVe LETTRE.

Gênes, le 12 germinal an 8.

Je vous ai informé, par mes dernières dépêches, de l'opération que j'ai faite avec quelques négociants français domiciliés à Gênes, pour la fourniture de 18,000 quintaux de blés et 3,000 de haricots pour l'armée, et pour une extraction de 30,000 charges de grains pour a Ligurie, extraction à raison de laquelle les négociants se sont désistés de tout bénéfice pour la fourniture des 18,000 quintaux, et allouent en recette, à compte de cette fourniture, 250,000 fr.

Cette opération est mon unique, ma dernière ressource pour sauver l'armée; et cependant, les rapports que je reçois de Marseille me donnent la certitude qu'elle sera contrariée, ou par le bureau central, ou par la force armée, ou par les douanes, et peut-être par tous à la fois. Si cela est, l'armée est perdue, et dès ce moment je ne réponds plus ni de l'armée ni de la Ligurie.

Ce qui se passe à Marseille aura même ces trois et très fâcheux résultats :

1° Les sorties se faisant sans mes ordres, l'indemnité de 7 fr. par charge sera perdue pour l'armée;

2° Les extractions se vendant au plus offrant, il s'exercera un monopole odieux;

3° Enfin, et celui-là est le plus fatal, les grains, sortant furtivement, n'arriveront pas en Ligurie et passeront à l'ennemi.

Je demande, citoyen Consul, que vous arrêtiez jusqu'à nouvel ordre :

1° Qu'il sera exporté de France pour la Ligurie, chaque mois, 30,000 charges de blés seulement;

2° Que les extractions auront lieu sur mes ordres directs, et se feront par les douanes de Marseille;

3° Que toute autre extraction par le port de Marseille est prohibée.

J'écris par le même courrier au ministre de l'intérieur, pour lui faire sentir la nécessité de cette mesure.

Je vous prie, citoyen Consul, de me faire passer l'ordre que je vous demande, courrier par courrier; si, d'ici là, l'opération dont je vous parle a été arrêtée, l'armée aura péri de faim.

DÉPÊCHE DU Ier CONSUL BONAPARTE

AU GÉNÉRAL MASSENA COMMANDANT EN CHEF L'ARMÉE D'ITALIE.

(Dépêche interceptée par les Anglais.)

« Paris, le 11 germinal an 8 (1er avril 1800).

» Je vous avoue, mon cher général, que je ne suis point satisfait de vos dernières dépêches. A quoi bon ces plaintes éternellement répétées et ces reproches sans cesse reproduits? Croyez-vous que nous puissions faire mieux? Nous ne sommes point ici sur un lit de roses, et si les besoins se font sentir dans nos armées, cela vient de la faiblesse de nos moyens, qui est extrême en ce moment.

» J'ai donné les ordres les plus pressants au ministre de la guerre, pour que les objets qui vous sont absolument nécessaires vous soient fournis. Vous devez déjà avoir reçu ce qui concerne l'artillerie. Quant à l'argent, l'emprunt que j'ai voulu faire en Hollande n'ayant point réussi, je ne puis vous envoyer que 5 à 600 mille livres au lieu de 4 millions que je vous avais promis. Je vous en recommande l'emploi de la manière la plus spéciale : toute la somme doit être réservée pour le paiement de l'armée. Laissez crier les fournisseurs et les employés ; si ces messieurs menacent d'abandonner le service, menacez-les de les faire fusiller, et tenez parole. Il ne nous manquera jamais d'hommes avides de gain à la suite de nos armées, et tous nos soins sont dus au soldat qui souffre et qui combat.

» Ne comptez point sur les renforts que vous demandez ; il m'est impossible de disposer d'une seule demi-brigade de troupes *vétéranes*, et elle vous serait d'ailleurs inutile : si vous avez tant de peine à faire subsister une armée de 30,000 hommes dans les environs de Gênes, comment pourriez-vous en nourrir une plus nombreuse ? Tout ce que je peux faire est de tenir dans le département du Var quelques faibles bataillons de conscrits qui me serviront à contenir les mécontents du midi, et que vous pourrez appeler à vous en cas de nécessité.

» Je vois avec peine que vous vous laissez induire par des rapports qui ne peuvent être exacts. Eh ! bien, quand même ils seraient réellement à l'armée impériale ces 133 bataillons qui vous font tant de peur, qu'en résulterait-il ? Où l'ennemi pourrait-il employer toutes ces forces ? Connaissez-vous dans tout le pays que vous occupez une seule position où il puisse déployer la moitié de ces forces immenses ? Pour venir à vous, ne doit-il pas toujours défiler ? De quelque côté qu'il veuille vous attaquer, peut-il vous présenter autre chose que des têtes de colonnes? Et vous, n'êtes-vous pas le brave, l'heureux Masséna? Ne commandez-vous pas la meilleure infanterie du monde? N'est-ce pas dans les montagnes que le soldat français, plus agile et plus intelligent que tout autre, est vraiment supérieur à tous les soldats de l'Europe? D'un autre côté, l'ennemi ayant tous ses magasins de vivres dans la plaine, pourra-t-il hasarder dans les montagnes plus de troupes que la difficulté des convois, exécutés à dos de mulets, ne lui permettra d'en alimenter? et, heureusement pour vous, ces bêtes de somme manquent à présent dans le pays.

» Non, mon cher général, ce n'est point la supériorité du nombre qui m'inquiète de la part de l'ennemi; ce sont les projets qu'il pourrait former, si l'idée lui en venait; quelque forte que soit votre position, elle n'est pas tout-à-fait hors de danger, et voici ce que pourrait tenter contre vous un habile général. Moyennant des attaques journalières, il inquiéterait votre centre et votre droite vers les sources du Taro, du Bisagno et par la Polcevera, tandis qu'il attaquerait vivement votre gauche, en cherchant à se rendre maître d'un des trois passages qui conduisent à Savone, à Finale et Albenga; en cas de réussite, votre armée se trouverait divisée en deux corps séparés, et votre communication avec la France serait coupée. Mais je ne crois pas que nos ennemis forment un semblable projet, et la circonspection allemande ne saurait imaginer une entreprise aussi hardie. Cependant faites garder avec le plus grand soin les trois passages susdits;

et si l'ennemi venait à vous surprendre et à se rendre maître d'un de ces points importants, ce que je crois impossible, alors, mon cher général, tombez sur lui avec la rapidité de la foudre : attaquez-le avec force du côté de la rivière de Gênes ; que Suchet se précipite sur lui du côté de Nice, et que tous les Autrichiens qui auront passé les montagnes soient retranchés du nombre des vivants.

» Surtout ne négligez aucun moyen de fanatiser le soldat et d'électriser au suprême degré son imagination ; proclamations, ordres, revues fréquentes des corps et des postes, que toutes les ressources soient employées. Le soldat souffre..... tant mieux ! qu'il aille faire la conquête de son bien être : n'étaient-ils pas, comme nous, défigurés par la misère, mourant de faim, nus et sans armes, ces braves compagnons de nos triomphes, qui, il y a quatre ans, se sont précipités du haut des Alpes comme des torrents débordés, et qui, vainqueurs de Beaulieu, vinrent s'engraisser, se vêtir et s'armer dans la Lombardie? L'inépuisable et délicieuse Italie nous attend une seconde fois : dites au soldat que ses trésors seront le prix de son courage; rappelez à sa mémoire les belles journées de Monte-Notte, de Lodi, de Castiglione, d'Arcole et de Rivoli ; parlez-lui de Bonaparte, dites-lui qu'il a affronté la mer et les escadres anglaises pour venir le revoir, et que son génie et sa fortune ne seront jamais séparés de la brave armée d'Italie. Enfin, entretenez souvent le soldat; qu'il songe à votre glorieuse campagne de

Suisse, et qu'il se regarde comme certain de la victoire, puisqu'il combat sous *son fils chéri.*

» Usez de la plus grande adresse dans votre conduite politique envers les Génois; chassez de l'administration tous les patriotes qui volent et indisposent le peuple contre nous. Saignez les nobles jusqu'à l'extrémité, mais qu'ils soient cependant les seuls employés; leur amour propre en sera flatté et ils paieront de meilleure grâce. N'épargnez pas davantage les négociants; le patriotisme de ces messieurs se mesure sur le profit qu'ils font avec nous. C'est le peuple que vous devez flatter et tenir dans le devoir. Combien je regrette que l'enthousiasme philosophique de nos Français ait détruit le fanatisme religieux de ces Italiens! Peu de personnes savent quels précieux avantages on peut tirer d'une erreur et de la crédulité populaire. S'il existe à Gênes un religieux que le peuple respecte à cause de sa conduite louable, ayez soin de bien l'accueillir; comblez-le d'attentions et traitez-le avec tout le respect qui lui est dû. Par son moyen vous ferez du peuple tout ce que vous voudrez. Voyez si vous ne pourriez pas opérer aux yeux des Génois un prodige dans le genre de ceux que nous avons exécutés en Egypte.

» Un objet que je vous recommande d'une manière particulière, c'est de vous ménager et d'entretenir des correspondances avec ceux des partisans de la liberté et de l'égalité qui sont restés dans les provinces occupées par nos ennemis. Le grand nombre de patriotes italiens réfugiés à Gênes doit vous faciliter les moyens d'avoir de bonnes relations; à cet effet, choisissez parmi eux les plus adroits et les plus avides de vengeance ; un soulèvement bien dirigé et bien exécuté dans une province située sur les derrières de l'ennemi, lui causerait beaucoup d'embarras et formerait une puissante diversion en notre faveur. C'est là le seul objet pour lequel je vous donne la permission de ne point épargner l'argent.

» Adieu, mon cher général, je compte sur vos talents et vous recommande à votre bonne fortune. »

Signé : BONAPARTE.

(Extrait des numéros 147 et 148 du Journal de Francfort des 27 et 28 mai 1800.)

Cette lettre si curieuse, et par ce qu'elle a de caractéristique et par les pensées, les instructions qu'elle révèle et renferme, m'était entièrement inconnue, lorsque le 5 février 1844, je la reçus de mon gendre, le comte de Laur, à qui, pour moi, elle avait été adressée la veille par M. le lieutenant-général Teste.

Interceptée par les Anglais, elle arriva à temps non pour guider le général Masséna à qui elle resta inconnue, mais pour apprendre au général Mélas ce qu'il avait de mieux à faire, et ce qu'heureusement il fit si mal (*)! Quoiqu'il en soit, et tout en expliquant et confirmant plusieurs passages des Mémoires de Napoléon, tout en coïncidant avec plusieurs de mes prévisions,

(*) Voir la note FF à la suite du premier volume.

elle donne et complète la preuve que, même avant le blocus, le premier consul, le général Masséna, et je puis ajouter, l'adjudant-général Gauthier et moi, nous avions, ainsi que d'autres sans doute, prévu le mouvement de l'ennemi sur Savone; mais le premier consul, comme un mouvement peu probable, et qui, exécuté, devait faire détruire le corps autrichien qui en serait chargé; le général Masséna, comme un mouvement possible, mais que son activité, son audace et sa haute capacité de guerre, rendraient glorieux pour nos armes; Gauthier et moi, comme un mouvement certain, et qui, bien fait, devait nous coûter une division, nous bloquer, et nous mettre à la discrétion d'événements qu'il ne dépendrait plus de nous de conjurer : d'où il résulte que, sans l'atteindre, nos prévisions seules avaient approché du but; et en effet, nous n'avions pas compris que notre 3e division pût éviter d'être détruite, et que le général Mélas pût revenir sur Gênes avant d'avoir anéanti le centre de l'armée... Au reste, quand le premier consul pensait ou disait que *la circonspection allemande ne saurait imaginer une entreprise aussi hasardée*, il ne pensait pas qu'il donnait au général Mélas l'idée de ce mouvement; mais, de plus, il supposait au lieutenant-général Suchet un nombre d'hommes qu'il était loin d'avoir, et à Masséna 30,000 hommes autour de Gênes, c'est-à-dire plus de deux fois le nombre de ses combattants, ce qui ne laissait de justification à rien de ce qui suit en fait d'hypothèse de guerre !.. Et en effet, si le général Masséna avait eu 30,000 *hommes autour de Gênes*, ce n'est pas avec 40,000 que sa ligne aurait été forcée, ni à Gênes qu'il aurait demandé des vivres ! Quant aux revues, aux ordres du jour, aux proclamations, à un emprunt sur les riches, etc., le général Masséna n'eut pas besoin de la lettre du premier Consul pour avoir recours à ces moyens.

M'arrêterai-je à ce mot de *peur*, qui pour d'autres serait injurieux, qui pour Masséna n'est qu'un badinage ! Mais abstraction faite du mot, comment ne pas craindre pour une responsabilité, une réputation de général en chef, quand avec 14,000 combattants, et sans parler des autres armes, on peut être assailli par 133 bataillons, dont un grand nombre étaient de mille hommes à l'ouverture de la campagne !.. L'ennemi, sans doute, ne pouvait faire agir en même temps la moitié de ses forces contre l'aile droite de l'armée d'Italie ; mais cette masse était-elle nécessaire, quand moins du tiers était irrésistible ; mais cette masse était-elle moins à considérer, quand elle pouvait servir à réparer toutes les pertes !.. J'admets encore que sur la presque totalité des points, l'ennemi ne pouvait arriver à nous que par des têtes de colonnes : mais si sur vingt lieues de développement, il y avait vingt de ces points à garder, contre un ennemi toujours maître de réunir des forces sur des points à son choix, que pouvait le général Masséna avec 14,000 hommes ayant en outre à garder Gênes et ses forts !.. Rappellerait-on qu'il commandait d'admirables troupes? Certainement; mais tout admirables qu'elles étaient, elles n'étaient pas moins étiolées par les maladies, la misère et la disette!.. Je sais parfaitement qu'aucun genre de guerre ne convient mieux à la bravoure et à l'intelligence de nos soldats, que la guerre des montagnes; mais, pour la faire, il faut des forces physiques que nos soldats n'avaient plus!..

Au reste, ces passages : *N'êtes-vous pas le brave, l'heureux Masséna!... Que le soldat songe à votre glorieuse campagne de Suisse, qu'il se regarde comme certain de la victoire, puisqu'il combat sous son fils chéri!.. Je compte sur vos talents, et vous recommande à votre bonne fortune!...* font surabondamment raison de ce mot de *peur* qui n'est plus qu'une des singularités de cette lettre, l'une des plus remarquables, des plus profondes qui soient sorties de la plume ou de la bouche de cet homme extraordinaire!.

N° III.

CORRESPONDANCE

DES

MINISTRES DE LA GUERRE BERTHIER ET CARNOT

AVEC

LE GÉNÉRAL EN CHEF MASSÉNA, COMMANDANT L'ARMEE D'ITALIE.

1800.

Ire LETTRE.

LE MINISTRE DE LA GUERRE AU GÉNÉRAL EN CHEF MASSÉNA.

Paris, le 3 pluviôse an 8 (23 janvier 1800).

Je vous envoie, mon cher général, une instruction du premier consul sur un mouvement auquel il attache une grande importance. Vous pouvez accorder toute confiance à l'adjudant-général La Croix, porteur de cette lettre. Vous savez, mon cher Masséna, la confiance que le gouvernement a en vos talents : croyez bien qu'en mon particulier, je fais pour l'armée tout ce qui est en mon pouvoir ; mais je vous avoue que je ne fais pas tout ce que je désirerais. La pénurie de fonds rend mon ministère bien pénible : enfin je fais tout ce que je peux. Ecrivez-moi souvent avec confiance sur tous vos besoins, et enfin sur tout ce qui intéresse vous et votre armée. Je vous jure que j'y pense jour et nuit.

Je vous embrasse, mon cher général,

Signé : Alex. Berthier.

Nota. Cette lettre est tout entière de la main du général Berthier.

IIe LETTRE.

LE MINISTRE DE LA GUERRE AU GÉNÉRAL MASSÉNA, COMMANDANT EN CHEF L'ARMÉE D'ITALIE.

Paris, le 1er ventôse an 8 (20 février 1800).

Différents rapports m'annoncent, citoyen général, que l'ennemi se propose de profiter du peu de troupes qui bordent la frontière des Alpes, pour tenter quelque entreprise sur le territoire de la République, et que déjà des préparatifs sont disposés à Suze, pour gravir les montagnes et faciliter à l'ennemi les moyens de pénétrer dans les départements du Mont-Blanc et des Hautes-Alpes.

Le bruit qui se répand d'une prochaine attaque sur cette partie de la frontière, est accrédité parmi les habitants.

Le gouvernement se repose sur vous, citoyen général, du soin de faire toutes les dispositions nécessaires pour déjouer les projets de l'ennemi, et mettre les différents points qui bordent cette partie de la frontière sur un pied de défense respectable et à l'abri de ses entreprises.

Veuillez, je vous prie, me rendre compte des mesures que vous aurez prises à ce sujet, en m'accusant la réception de cette lettre.

Signé : Alex. BERTHIER.

IIIe LETTRE.

LE MINISTRE DE LA GUERRE AU GÉNÉRAL MASSÉNA.

Paris, le 8 ventôse an 8 (27 février 1800).

Le commissaire des guerres Lehoreau, citoyen général, m'a été expédié de l'aîle gauche de l'armée que vous commandez, pour me faire connaître la situation de l'administration dans cette partie. Je le fais repartir pour votre quartier général, avec des lettres de crédit pour la valeur de huit cent mille francs, dont deux cent vingt mille francs qu'il fera passer directement à l'aîle gauche à Grenoble, et le restant pour être versé dans la caisse du payeur général de l'armée. J'ai mis ces fonds à la disposition de l'ordonnateur en chef, et j'ai assigné leur destination pour ces différents services.

Par la correspondance du général St-Hilaire, et par celle des différents ordonnateurs, je vois que la compagnie Antonini fait des sacrifices et monte son service;

e vous engage à soutenir son crédit par tous les moyens en votre pouvoir.

J'ai donné des ordres pour activer ce qui a rapport au service de l'artillerie, chevaux d'équipage et remonte de la cavalerie. Je vous ai prévenu que je vous envoyais deux demi-brigades formant ensemble environ 5,000 hommes.

Croyez, mon cher général, que je suis sans cesse occupé de vos besoins, parce que je connais comme vous la situation pénible de votre armée.

Ecrivez-moi souvent et confidentiellement; soyez bien sûr de mon amitié et de l'intérêt que je porte à tout ce qui peut contribuer à améliorer le sort des braves que vous commandez.

Signé : Alex. BERTHIER.

IVe LETTRE.

LE MINISTRE DE LA GUERRE AU GÉNÉRAL MASSÉNA.

Paris, le 13 ventôse an 8 (4 mars 1800).

J'ai reçu, mon cher général, avec votre lettre du 28 pluviôse, copie de celle que vous avez adressée au premier consul, pour lui exposer la situation de l'armée d'Italie.

Indépendamment des deux demi-brigades que le général Brune vient de faire mettre en marche pour se diriger sur Nice, le premier consul se propose de faire passer de nouvelles forces à votre disposition. *Son intention bien formelle est de donner à l'armée d'Italie une force imposante*, et de mon côté je ne négligerai rien pour vous mettre en état d'obtenir de brillants succès.

Les mesures de sévérité que vous avez employées arrêteront, je l'espère, le cours de la désertion, et rétabliront la discipline dans l'armée.

Les conscrits sont rassemblés à Paris et à Lyon. On a pensé qu'en les appelant dans ces deux grandes communes, on pourrait les réunir plus facilement. Ils seront ensuite dirigés avec précaution sur les dépôts des corps où ils devront être incorporés.

J'active autant qu'il m'est possible la levée des 40,000 chevaux. *Mon vœu le plus ardent est que vous soyez promptement en mesure d'ouvrir la campagne et de prévenir votre ennemi.*

Salut et fraternité. *Signé*, Alex. BERTHIER.

Ve LETTRE.

LE MINISTRE DE LA GUERRE AU GÉNÉRAL EN CHEF MASSÉNA.

Paris, le 16 ventôse an 8 (7 mars 1800).

J'ai reçu le courrier extraordinaire que vous m'avez envoyé, mon cher général, et j'ai provoqué auprès du premier consul l'objet pour lequel vous lui écrivez.

Je fais partir, à la fin de cette décade, un officier qui vous portera 900 mille francs pour la solde, et

300 mille francs pour les administrations. Votre courrier, qui m'a dit avoir vu arriver environ 200 voiles, me rassure pour vos subsistances du moment.

Vous devez avoir reçu les redingotes, habits et souliers qu'il a également rencontrés.

Je ne doute pas que vous n'ayez stimulé les citoyens Flachat et La Porte avec les fonds que je vous ai envoyés pour leur service. Veillez à ce qu'ils assurent celui des 7me et 8me divisions qui, d'après les rapports qui me sont faits, me donnent beaucoup d'inquiétudes.

Vous savez que c'est la caisse seule de votre armée qui doit y alimenter les services.

Encouragez la compagnie Amiette qui est la seule qui mérite des éloges.

J'ai ordonné un grand mouvement d'armes portatives et munitions qui doivent être en ce moment à Antibes.

Je vous préviens que j'envoie l'ordonnateur Lambert à Genève pour y faire un approvisionnement extraordinaire de biscuit, eau-de-vie, etc., destinés à une expédition particulière qui ne tient point à l'administration de votre armée.

Je rassemble pour le même objet à Bourg, département de l'Ain, 2,000 mulets bâtés et 1,000 bœufs.

J'ai cru devoir vous prévenir personnellement de cette disposition qui doit être sous le secret.

J'ai marqué mon mécontentement au général Beaurevoir, sur le peu d'activité qu'il a mis à la confection des selles pour lesquelles j'ai mis à sa disposition 50,000 fr. en or.

En vous envoyant tous les fonds dont je puis disposer, mon cher général, c'est, plus que moi, vous et votre ordonnateur en chef qui pouvez assurer les subsistances de votre armée et des 7me et 8me divisions, soit par les fournisseurs, soit par les achats de commerce, soit par tout autre moyen que les circonstances commanderaient impérieusement ; car il faut que l'armée vive.

Vous êtes bien assuré qu'il n'est pas un instant où je ne m'occupe de vos besoins autant qu'il est en mon pouvoir ; mais la distance et les localités sont de grands obstacles.

Je joins ici les deux brevets que vous me demandez pour vos lieutenants Suchet et Soult.

L'armée du Rhin se trouve en ce moment dans la meilleure situation, et je n'éprouverai de tranquillité et de contentement que lorsque j'aurai les mêmes nouvelles de celle que vous commandez.

Nous venons de prendre des mesures rigoureuses pour faire marcher tous les conscrits.

Le général Richepance a été confirmé dans son grade de général de division, ainsi que vous l'avez demandé.

Le premier consul ne me renvoie pas les brevets des généraux Suchet et Soult ; je vous les expédierai par le premier courrier.

Je vous embrasse, mon cher général.

Signé Alex. BERTHIER.

VIe LETTRE.

LE MINISTRE DE LA GUERRE AU GÉNÉRAL EN CHEF MASSÉNA.

Paris, le 6 germinal an 8 (27 mars 1800).

J'ai reçu, mon cher général, votre dépêche du 17 ventôse, contenant les détails de votre expédition sur Sestri et Fontana-Buona.

Le premier Consul a été très satisfait de la nouvelle de ce succès qui en présage de plus importants. Je vous invite à m'adresser, au sujet de la funeste lenteur des corsaires Génois, les renseignements que vous aurez recueillis.

Salut et fraternité. *Signé*, Alex. BERTHIER.

VIIe LETTRE.

LE MINISTRE DE LA GUERRE AU GÉNÉRAL EN CHEF MASSÉNA.

Paris, le 19 germinal an 8 (9 avril 1800).

Les consuls de la République me chargent, citoyen général, de vous faire part des projets qu'ils ont formés pour la campagne prochaine.

·Les opérations de l'armée du Rhin, commandée par le général en chef Moreau, et de l'armée de réserve qui se rassemble à Dijon, et qui doit être commandée par le général Berthier, doivent se correspondre et s'exécuter avec beaucoup de concert et d'ensemble.

L'armée du Rhin entrera la première en campagne, ce qui aura lieu du 20 au 30 de ce mois. Elle sera partagée en deux corps : l'un d'environ cent mille hommes, sous les ordres immédiats du général Moreau, passera le Rhin, entrera en Souabe, et s'avancera du côté de la Bavière, jusqu'à ce qu'il puisse intercepter, par sa position, la communication de l'Allemagne avec Milan, par la route de Feldkirch, Coire, et les baillages italiens de la Suisse; l'autre corps de l'armée du Rhin, formant son aîle droite, sera d'environ 25,000 hommes, sous les ordres immédiats du général Lecourbe; sa destination est d'occuper d'abord la Suisse, pour assurer le flanc droit du corps qui doit entrer en Souabe, faciliter cette invasion et contenir les ennemis hors de la Suisse, en les empêchant de pénétrer par Rheineck, Feldkirch, le Mont-Gothard et le Simplon.

Ce premier objet rempli, et *le général Moreau étant parvenu à douze ou quinze marches de ses passages sur le Rhin, le général Lecourbe se rendra à l'armée de réserve aux ordres du général Berthier*, qui prendra le commandement de ces forces réunies, *passera le Mont-Gothard*, et entrera en Italie. En même temps une autre partie de l'armée de réserve entrera dans *le Valais* et pénètrera aussi en Italie, soit *par le Simplon, soit par le Gothard, pendant que le reste de la même armée prendra en Suisse la place du corps conduit par le général Lecourbe.*

C'est à cette époque précise, citoyen général, où les troupes dirigées par le général Berthier entreront en

Italie, *que vous devez combiner vos mouvements avec lui, afin d'attirer sur vous l'attention de l'ennemi*, d'obliger celui-ci à diviser ses forces, *et opérer votre jonction avec les corps qui auront pénétré en Italie*; *jusque-là vous vous tiendrez sur la défensive.* Les montagnes qui vous couvrent, rendant forcément inactive la cavalerie et l'artillerie de l'ennemi, vous assurent la supériorité dans ce système de guerre, c'est-à-dire, la certitude de vous *maintenir dans vos positions*, ce qui jusqu'alors devra être votre véritable et seul objet.

L'offensive de votre part serait fort dangereuse avant cette époque, parce que, lors de votre entrée dans les plaines, elle remettrait en action des forces ennemies que la nature des pays de montagnes occupés par vous tient paralysées; *il serait impossible de vous faire parvenir directement des secours suffisants pour vous donner une supériorité décidée ; c'est par la Suisse que ces secours vous arriveront en prenant les derrières de l'ennemi.* Votre jonction faite, cette supériorité sera acquise; alors l'offensive sera reprise, les places du Piémont et du Milanais seront enlevées ou bloquées, et l'armée française sortira par son propre courage de l'affreuse pénurie dont nous gémissons, et à laquelle nous ne pouvons efficacement remédier.

Les colonnes qui pénètreront en Italie, *soit par le Gothard et le Simplon*, *soit par un seul de ces points*, si des circonstances particulières les déterminent à se réunir, seront probablement d'environ 65,000 *hommes*, résultant de la colonne du général Lecourbe, de 25,000 hommes, et de celle du général Berthier, de 40,000 hommes de l'armée de réserve, sur quoi il se trouvera à peu près 6,000 hommes de cavalerie et 2,000 hommes d'artillerie.

Pour déboucher en Italie, vous rassemblerez toutes les forces que vous avez de disponibles sur les derrières jusqu'au Var ; vous tirerez de celles qui sont répandues depuis le Var jusqu'au Mont-Cenis, tout ce que vous jugerez convenable et prudent pour vous renforcer; et ce qui restera du Mont-Cenis jusqu'au Valais, pourra former un corps particulier qui sera mis à la disposition du général Berthier pour faciliter son mouvement.

Si vous jugez pouvoir nourrir, pendant le court intervalle qui reste, la cavalerie qui est sur les bords du Rhône, vous la ferez venir pour déboucher plus en force avec ce que vous avez. Dans le cas contraire, vous m'en donnerez avis pour que je la fasse réunir à Lyon et déboucher par la frontière voisine de ce fleuve. Lorsque vos opérations seront avancées à ce point, je vous transmettrai les instructions qui me seront données par les Consuls pour l'achèvement de la campagne.

Vous connaissez trop bien, citoyen général, l'importance du secret en pareille circonstance, pour qu'il soit nécessaire de vous le recommander. Vous emploierez toutes démonstrations et assurances de mouvements que vous jugerez convenables pour tromper l'ennemi sur le véritable but de la campagne, et lui persuader que c'est par vous-même qu'il doit être attaqué d'abord : ainsi, vous exagérerez vos forces, vous annoncerez des secours immenses et prochains venant de l'intérieur; vous éloignerez enfin l'ennemi autant qu'il vous sera possible des vrais points d'attaque, qui sont le Simplon et le Gothard.

Il me reste à vous prévenir que l'*intention des consuls est qu'en opérant votre jonction avec le général Berthier, vous vous portiez autant que possible sur votre gauche, et même en deçà de Turin, si vous le jugez nécessaire pour ne pas compromettre le salut de l'armée.*

Signé CARNOT.

VIIIe LETTRE.

ALEXANDRE BERTHIER, GÉNÉRAL EN CHEF DE L'ARMÉE DE RÉSERVE, AU GÉNÉRAL MASSÉNA COMMANDANT EN CHEF L'ARMÉE D'ITALIE.

Paris, le 20 germinal an 8 (10 avril 1800).

On m'a nommé général en chef de l'armée de réserve, mon cher Masséna, et j'ai accepté par le même principe qui m'a fait prendre le ministère de la guerre, celui d'être utile à la République. Vous connaissez les dispositions des consuls sur l'ouverture de la campagne. Nos opérations sont communes. Vous ne doutez pas, mon cher général, du plaisir que j'aurai à me réunir à vous ; la gloire que nous acquerrons doit nous être commune; l'amitié qui nous lie depuis si longtemps donnera à nos opérations cet ensemble nécessaire à leurs succès. J'aurai soin de correspondre fréquemment avec vous ; donnez-moi souvent aussi de vos nouvelles.

Je pars dans l'instant pour Bâle où je dois me concerter avec Moreau; je reviens à Dijon, et vers les premiers jours de floréal, je compte transférer mon quartier général, soit à Genève, soit à Lausanne.

J'aurai un beau corps de troupes. C'est un renfort que j'aurai bien du plaisir à mettre sous vos ordres dans les plaines de la Lombardie.

Salut et amitié. *Signé*, ALEX. BERTHIER.

IXe LETTRE.

LE MINISTRE DE LA GUERRE AU GÉNÉRAL MASSENA COMMANDANT EN CHEF L'ARMÉE D'ITALIE.

Paris, le 23 germinal an 8 (13 avril 1800).

L'ennemi, citoyen général, est parvenu à s'emparer du Mont-Cenis; il est descendu en force sur Lans-le-Bourg et menace Chambéry.

400 hommes de troupes qui se trouvaient à Lyon, ont été envoyés sur-le-champ dans le département du Mont-Blanc, et la 6e demi brigade d'infanterie légère, forte de 2,000 hommes et faisant partie de la réserve, arrivera le 1er floréal à Chambéry.

Dans le cas où l'ennemi tenterait de s'avancer de ce côté, le général Chabran a reçu l'ordre de s'y porter au premier avis, d'abord avec 1,500 hommes d'infanterie, 100 hommes de cavalerie et 6 pièces d'artillerie, et même de disposer, s'il était nécessaire, d'un bataillon de la 21e légère pour le même objet. Il se concertera d'ailleurs avec le général Thureau, commandant l'aile gauche de l'armée d'Italie.

L'intention du premier consul est que le général en chef de l'armée de réserve ait la direction des opérations dans la partie des Alpes qui avoisine le département du Mont-Blanc, attendu que cette partie de la ligne est trop éloignée du théâtre des principales opérations de l'armée que vous commandez.

Salut et fraternité. *Signé*, CARNOT.

Xe LETTRE.

LE MINISTRE DE LA GUERRE AU GÉNÉRAL MASSÉNA COMMANDANT EN CHEF L'ARMÉE D'ITALIE.

Paris, le 27 germinal an 8 (17 avril 1800).

Suivant une lettre en date du 14 de ce mois, que j'ai reçue, citoyen général, du préfet du département du Mont-Blanc, et dont je joins ici un extrait, il paraît que le Mont-Cenis, ainsi que les principaux points qui devaient défendre ce passage important, se trouvaient alors presque entièrement dégarnis de troupes et d'artillerie.

C'est sans doute à cet état de choses qu'il faut attribuer la facilité avec laquelle l'ennemi est parvenu à s'emparer de ce poste, et à s'avancer dans le département du Mont-Blanc jusqu'à Lans-le-Bourg.

Cependant vous aviez sans doute donné des ordres, citoyen général, pour mettre ce point sur un pied de défense respectable, d'après les renseignements que mon prédécesseur vous a transmis par une lettre en date du 1er ventôse, sur les préparatifs ostensibles de l'ennemi dans les environs de Suze pour s'ouvrir le passage et pénétrer dans les départements du Mont-Blanc et des Hautes-Alpes.

Je vous invite en conséquence, citoyen général, à vous faire rendre compte de l'état des choses, et des motifs qui ont déterminé les généraux commandant sur la frontière des Alpes à retirer les forces qui se trouvaient établies sur le Mont-Cenis, et à dégarnir les autres points environnants.

Veuillez, je vous prie, m'adresser un rapport circonstancié sur cet objet, le plutôt qu'il vous sera possible, pour que je puisse le mettre sous les yeux du premier consul.

Salut et fraternité. *Signé*, CARNOT.

EXTRAIT DE LA LETTRE ADRESSÉE AU MINISTRE PAR LE PRÉFET DU MONT-BLANC, DATÉE DE CHAMBÉRY LE 14 GERMINAL AN VIII, ET MENTIONNÉE DANS LA DÉPÊCHE QUI PRÉCÈDE.

« J'apprends aujourd'hui que l'on a reculé jusqu'aux Tavernettes, les canons des batteries de la grande croix sur le Mont-Cenis ; qu'il n'y reste qu'une compagnie de canonniers et de pionniers ; que les postes du petit Mont-Cenis, de Bessan et du col de la Roue ne sont pas gardés : l'ennemi peut tourner nos postes par ces passages et faire prisonniers tout ce qui s'y trouve.

« Pour extrait conforme :

« Le ministre de la guerre. *Signé*, CARNOT.

XIe LETTRE.

LE MINISTRE DE LA GUERRE AU GÉNÉRAL MASSÉNA, COMMANDANT EN CHEF L'ARMÉE D'ITALIE.

Paris, le 29 germinal an VIII (19 avril 1800).

Je vous préviens, citoyen général, que la brave armée d'Orient est sur le point d'arriver dans les ports de la 8e division militaire.

L'intention du premier consul est que les troupes qui la composent soient distribuées provisoirement dans les îles d'Hières et de Pomègue pour s'y refaire de leurs longues et glorieuses fatigues. Je viens de charger le général Saint-Hilaire de faire toutes les dispositions préparatoires pour leur établissement sur ces différents points ; mais comme la prudence exige les plus grandes précautions pour la rentrée de ces troupes, j'ai recommandé expressément au général Saint-Hilaire, et sous sa responsabilité, de ne *permettre le débarquement d'aucun individu appartenant à cette armée, qu'après avoir subi, dans toute leur étendue, les épreuves prescrites par les règlements de santé, et avoir obtenu l'autorisation des conservatoires établis près des Lazarets.*

Je vous invite, citoyen général, à tenir la main à la stricte exécution de ces dispositions, et à vous faire rendre, à cet égard, des comptes fréquents par le général Saint-Hilaire.

Je viens au surplus de donner les ordres les plus précis, pour qu'il soit pourvu de suite à la subsistance et aux besoins de ces troupes, et que tous les moyens nécessaires soient employés pour assurer le service dans toutes ses parties à leur arrivée.

Salut et fraternité. *Signé*, CARNOT.

N° IV.

LETTRES

DU GÉNÉRAL EN CHEF MASSÉNA

AU LIEUTENANT-GENERAL SOULT,

DU 16 GERMINAL AU 22 FLOREAL AN VIII.

La publication de ces lettres a sans doute pour but d'augmenter la masse des documents historiques et de montrer à quel point le général Masséna était bon, mais de prouver en même temps que sa bonté ne l'empêchait pas d'agir d'après lui seul, et de bien établir, d'une part, qu'il ne partageait avec personne les prérogatives et les devoirs du commandement en chef, de l'autre, que s'il lui arriva de céder à un avis qui n'était pas le sien, c'est qu'il trouvait trop dangereux de ne pas le faire.

Ire LETTRE.

Gênes, 16 germinal an VIII (6 avril 1800).

J'ai reçu, mon cher général, le rapport qui vous était adressé par le chef d'état-major de la 3e division.

Il résulte de ce rapport que l'ennemi dirige toutes ses forces sur cette partie de la ligne.

Il ne faut pas nous faire illusion, mon cher général, sur nos moyens de défense ; il s'en faut de beaucoup qu'ils soient de nature à arrêter l'ennemi sur les hauteurs de Savone, s'il a bien envie de les avoir. Il faut donc nous borner à les défendre le plus longtemps que l'on pourra, se ménageant toujours les moyens de se retirer en masse. Vous devez, mon cher général, établir votre défense de manière à pouvoir vous replier sur moi ; il faut à cet effet que vous gardiez avec soin les débouchés de Sassello, pour que l'ennemi ne pût, dans aucuu cas, être avant vous à Varaggio et couper par là votre communication avec Voltri.

J'écris au général Gazan de surveiller Campo-Freddo et la vallée de l'Orba, d'être continuellement maître des cabanes et de la vallée de la Cérusa.

Si vous étiez forcé de vous retirer, comme je viens de vous le dire plus haut, vous laisseriez une bonne garnison à Savone, commandée par un général ou par un bon chef de brigade, un officier du génie ou un officier d'artillerie.

Je crois inutile de vous parler sur le choix de ces deux derniers ; il doit être aussi scrupuleusement fait que pour le premier.

Ayez soin de tenir instruit le général Suchet de tous vos mouvements et de ceux de l'ennemi. Ce général doit en faire de même à votre égard.

Écrivez-moi souvent, soit par la voie de terre, soit par celle de la mer.

Je vous salue.

IIe LETTRE.

Cogoletto, 19 germinal an 8 (9 avril 1800).

Bravo, bravo, mon cher général! La victoire n'a pas oublié son enfant gâté de la Linth ; à demain.

Je vous attendrai, mon cher général, à la Stella. C'est de là que je déciderai la route que je dois tenir. Ayez soin de vous mettre en marche le plus à bonne heure que vous pourrez, et dirigez-vous toujours, ainsi que nous en sommes convenus, sur Monte-Notte.

D'après les renseignements que j'ai pu recueillir, l'ennemi paraît s'être jeté sur Finale.

C'est demain que nous verrons et réglerons tout cela.

Adieu, mon cher Soult, adieu! Je t'embrasse.

IIIe LETTRE.

Gênes, le 19 germinal an 8 (9 avril 1800).

Je pars vers midi, mon cher général, pour me rendre à Voltri ; c'est là où vous me donnerez de vos nouvelles. Je pense que la petite affaire que vous devez avoir aujourd'hui ne retardera pas celle qui doit avoir lieu demain, et qui doit décider du sort de l'armée et de la république Ligurienne.

Vous descendrez, comme nous en sommes convenus, mon cher général, de Sassello sur Monte-Notte. J'attendrai votre attaque pour commencer la mienne.

Ayez soin de marcher en masse et de vous emparer des hauteurs, pour que ce qui pourra se trouver dans le fond reste en notre pouvoir. Quant à moi, une fois maître de Savone, je ferai marcher sur Cadibona et enverrai une reconnaissance à votre rencontre. Veuillez bien en faire de même.

Je donnerai ce soir ordre à Bujet de faire, de son côté, une forte sortie.

Adieu, mon cher général, à revoir.

IVe LETTRE.

Gênes, 22 germinal an 8 (12 avril 1800).

Allons, mon cher Soult, continuez, faites toujours des vôtres, on ne peut rien de mieux.

Je suis bien inquiet d'avoir de vos nouvelles; que faites-vous? où êtes-vous?

Il paraît, d'après tous les rapports, que Suchet s'avance sur Savone, un peu tard à la vérité, mais le résultat ne peut qu'être avantageux.

Je n'ose vous en dire d'avantage; j'occupe en force Voltri, c'est là où vous m'écrirez.

Je vous embrasse.

Ve LETTRE.

Voltri, 23 germinal an 8 (13 avril 1800).

J'ai vu avec bien du plaisir, mon cher général, votre chef d'état-major.

Dans une heure je me mettrai en route pour me rendre, s'il est possible, à Cogoletto.

Je n'engagerai ce soir aucune affaire ; d'ailleurs, je ne suis guère en force, n'ayant à peu près que 1,800 hommes.

Demain matin, je seconderai votre attaque ; ayez soin de vous diriger sur les hauteurs ; je marcherai droit sur les hauteurs d'Albisola.

Le général Bujet, qui est dans le fort de Savone, ne manquera pas de faire une sortie.

J'ai cru apercevoir hier le feu de la colonne du général Suchet sur les hauteurs de Noli.

Je vous prie, mon cher général, de faire tout ce que vous pourrez pour me donner fréquemment de vos nouvelles et pour faire votre jonction.

Gênes est parfaitement tranquille, il y règne le meilleur esprit. On vous y attend avec bien de l'impatience. J'ai dit à tous ceux qui m'ont parlé de vous, que vous n'aviez pas encore fait votre tournée.

Bien des choses à Gazan et à tous les camarades.

Je vous embrasse.

VIe LETTRE.

Cogoletto, 23 germinal an 8 (13 avril 1800).

Mes troupes occupent les positions en avant de Cogoletto. J'ai fait pousser des reconnaissances sur Varaggio, et l'on n'y a trouvé personne.

Demain matin, avant le jour, une forte reconnaissance se portera sur Savone, et une autre sur la Stella pour avoir de vos nouvelles.

Veuillez bien, mon cher général, en faire pousser de votre côté sur Monte-Notte, sur la Madona et sur Savone. Faites votre possible pour avoir des nouvelles de Suchet.

J'ordonne à l'ordonnateur en chef d'envoyer à Varaggio le plus de pain et d'eau-de-vie possible.

J'espère avoir le plaisir de vous embrasser à Savone.

Faites poursuivre l'ennemi.

Je vous embrasse.

VIIe LETTRE.

Varaggio, 24 germinal an 8 (14 avril 1800).

Je suis extrêmement inquiet, mon cher général, sur votre compte. Je vous ai déjà expédié plusieurs ordonnances; aucune ne me donne de vos nouvelles.

Mes tirailleurs occupent Albisola. Je ne puis rien entreprendre, n'étant pas assez fort. De vos nouvelles, de vos nouvelles, de vos nouvelles; je suis de mauvaise humeur.

Je vous embrasse.

VIIIe LETTRE.

Varaggio, 26 germinal an 8 (16 avril 1800).

J'ai reçu, mon cher général, vos deux lettres. Il est vraiment affligeant de voir que malgré vos efforts et ceux de nos braves camarades, l'ennemi n'ait pu être forcé dans ses positions.

Demain, dès la pointe du jour, le faible corps de troupes que j'ai sous mes ordres se retirera sur les hauteurs de Cogoletto, et peut-être sur celles de Voltri, si l'ennemi cherche à manœuvrer sur mes derrières, ou si le mouvement que vous serez obligé de faire m'y oblige, et dans tous cas, la ligne de Voltri est très-nécessaire pour nos communications.

Le chef de l'état-major part pour se rendre près du général Suchet. L'objet de son voyage a pour but d'enjoindre à ce général d'attaquer l'ennemi, de faire une diversion, et de nous donner le temps de respirer.

Notre jonction, mon cher général, est indispensable; nous devons la faire le plus tôt possible.

Envoyez-moi de vos nouvelles au moins toutes les deux heures; vous ne sauriez trop multiplier vos ordonnances. Toutes celles que je vous envoie s'égarent pour la plupart, ne sachant où vous prendre.

Vous m'enverrez vos dépêches à Voltri.

C'est de Voltri que tous les convois de subsistances et de munitions partiront.

De vos nouvelles, de vos nouvelles. Je vous embrasse.

IXe LETTRE.

Gênes, 28 germinal an 8 (18 avril 1800).

Je vous invite, mon cher général, à vous rendre près de moi.

Avant de partir donnez vos ordres pour que les 25e légère, 3e et 106e de bataille, soient réunies en masse et prêtes à être embarquées.

Je vous attends.

Xe LETTRE.

Gênes, 29 germinal an 8 (19 avril 1800).

Les nouveaux rapports que je reçois s'accordent encore sur l'attaque que l'ennemi doit faire demain matin sur plusieurs points ; ils vont même jusqu'à dire que l'ennemi doit tenter une escalade, qu'il y a, pour l'exécution de ce projet, plusieurs échelles de faites. Quoique je ne croie pas à ce rapport, il n'en faut pas moins se tenir sur ses gardes.

Que vos réserves soient prêtes à marcher ; que tous les officiers généraux et autres soient à leur poste ; évitons d'être surpris, et l'ennemi échouera. Je vous souhaite le bon soir, mon cher général.

XIe LETTRE.

Gênes, 30 germinal an 8. Soir. (20 avril 1800).

J'apprends que l'ennemi retire tous ses postes et marche à grands pas sur Savone. Ces nouvelles doivent, mon cher général, accélérer notre mouvement ; préparez le tout pour que demain, vers les 3 à 4 heures après midi, nous puissions être en marche. Je vous souhaite le bon soir.

XIIe LETTRE.

Gênes, 3 floréal an 8 (23 avril 1800).

Veuillez bien, mon cher général, fixer aux troupes, aux généraux et autres officiers, leurs places de bataille en cas d'attaque de la part de l'ennemi.

Nous déterminerons ensemble, tous les soirs, l'heure à laquelle les troupes devront être sous les armes le matin.

Qu'il y ait des troupes désignées pour se porter aux barrières et aux portes au premier coup de fusil.

Que les portes de la ville soient gardées, moitié par nos troupes, et l'autre moitié par les Liguriens.

Il y aura un officier de mon état major qui se rendra tous les matins à une heure à votre quartier général, et à qui vous ferez part de ce qu'il pourra y avoir de nouveau.

Je m'occupe à faire un règlement de police pour la sûreté de la place.

Ordonnez que les cartouches soient remplacées et qu'on s'occupe de suite à mettre les armes en état.

Vous renouvellerez l'ordre au général Sugny de faire sa tournée aux batteries qui défendent l'approche du port, pour qu'il les fasse mettre dans le meilleur état possible.

Je vous salue.

XIIIe LETTRE

Gênes, 6 floréal an 8 (26 avril 1800).

Faites vos dispositions, mon cher général, pour que demain matin, avant le jour, nous puissions faire une vigoureuse sortie, et le plus en force possible. Nous avons deux points sur lesquels nous pouvons la faire, le Mont-Faccio et en avant du Diamant. Je vous laisse le choix.

Je vous attends entre deux et trois heures. Je vous salue.

XIVe LETTRE.

Gênes, 9 floréal an 8 (29 avril 1800).

Vous ferez vos dispositions, mon cher général, pour attaquer l'ennemi à deux heures du matin. Vous vous servirez à cet effet des 3e, 5e, 25e légères, des 2e, 3e, 62e de ligne, que vous tirerez de la division Miollis, et de la 106e de ligne ; vous pourrez encore disposer de tous les grenadiers de la division Gazan.

Voici quelles sont les dispositions que je désire que vous ordonniez : les 5e, 25e légère, 2e, 3e de ligne, seront chargées de l'attaque; deux bataillons de la 62e et la 106e de ligne serviront de réserve à la principale attaque, et seront placées à la Chartreuse de Rivarolo.

La colonne d'attaque passera la rivière entre Rivarolo et Bussana, tâchera de s'emparer des hauteurs et de prendre à revers tout ce qui pourra se trouver dans

Sestri; par ce mouvement les pièces que l'ennemi a sur sa première ligne tomberont en notre pouvoir.

La 3e légère attaquera en tirailleurs l'ennemi sur tout son front, et à mesure que la colonne chargée de la principale attaque s'emparera des hauteurs, les tirailleurs de la 3e légère tâcheront de gagner les hauteurs qui commandent le fort St-André.

Les grenadiers de la division Gazan et un bataillon de la 62e seront en réserve sur le bord de la mer et à St-Pierre d'Arena; vous y mettrez quelques pièces d'artillerie avec.

Deux bataillons de la 97e descendront des Deux Frères, et iront prendre position sur la rive gauche de la rivière et en face du camp de l'ennemi qui se trouve sur les hauteurs vis-à-vis Bussana; ces deux bataillons seront chargés d'observer l'ennemi et de couvrir notre flanc droit.

Vous ordonnerez au général Miollis, non d'attaquer, mais de faire faire plusieurs mouvements à ses troupes pour donner de l'inquiétude à l'ennemi.

Je crois inutile de vous dire, mon cher général, qu'il faut se donner de garde de nous compromettre. Je désire donc que vous conduisiez vous-même la principale colonne d'attaque. Vous emmenerez avec vous les généraux Gazan et Poinsot. Je ferai commander la principale réserve par l'adjudant-général Hector; le général Cassagne commandera l'attaque de gauche.

Il faut que les troupes soient en marche dès deux heures du matin. Salut et amitié.

XVe LETTRE.

Gênes, le 12 floréal an 8 (2 mai 1800).

Plus que jamais, il est de la dernière importance que les deux mamelons les Deux Frères et autres placés sur la crête soient promptement retranchés. Veuillez bien, mon cher général, ordonner aux généraux d'y faire travailler avec la plus grande célérité, les rendant responsables de la non exécution des ordres que vous donnerez à ce sujet.

L'adjudant-général Hector reste chargé de la défense du fort du Diamant, des Deux Frères et de l'Eperon. Il est établi à ce dernier depuis ce matin. Veuillez bien lui donner vos instructions.

Le fort de Quezzi est la clef des positions que la division Miollis occupe ; il doit donc être retranché le plutôt possible. J'écris à ce sujet au commandant du génie. Veuillez bien en écrire au général Miollis.

Ordonnez aux généraux d'assister eux-mêmes aux travaux ordonnés ; qu'on y travaille nuit et jour, et qu'on y emploie autant de troupes qu'il pourra être nécessaire, mais qu'on y travaille nuit et jour ; vous en sentez comme moi toute l'importance.

Je vous salue.

XVIe LETTRE.

Gênes, 13 floréal an 8 (3 mai 1800)

Nous sommes encore menacés, mon cher général, d'être attaqués demain matin. Donnez vos ordres pour que les officiers et les troupes soient à leur poste de très bonne heure. Evitons d'être surpris.

Je vous souhaite le bon soir.

XVIIᵉ LETTRE.

Gênes, 16 floréal an 8. Soir. (6 mai 1800).

Donnez ordre, mon cher général, à la 3ᵉ de ligne d'être rendue demain à 2 heures du matin sur les glacis de la porte romaine.

La 2ᵉ doit, comme à l'ordinaire, se trouver sur la place de l'Aqua-Verda.

Je vous attends demain au soir sans faute à 7 heures et demie. Si vous voulez ce sera là l'heure à laquelle nous nous verrons tous les soirs. Bonne nuit.

XVIIIᵉ LETTRE.

Gênes, 18 floréal an 8 (8 mai 1800).

D'après tous les rapports, il paraît certain que nous serons attaqués demain matin. Donnez ordre, mon cher général, à la demi-brigade qui doit se porter sur les glacis, d'y être rendue à une heure du matin, ainsi que les six pièces d'artillerie de position qui se trouvent attachées à cette réserve.

Que les trois bataillons de la 106ᵉ soient prêts à se porter à Albaro au premier ordre.

Comme il n'y a pas d'apparence que la ligne de St-Pierre d'Arena soit attaquée, vous pourriez ordonner à un bataillon de la 25ᵉ d'occuper les positions de la 55ᵉ pour remplacer la 92ᵉ, qui se porterait en avant de l'éperon pour occuper la position du bataillon de la 106ᵉ.

Enfin, que la demi-brigade de réserve à l'Aqua-Verda et la 106ᵉ soient prêtes à se porter où besoin sera.

J'ai ordonné l'impression et la publication des nouvelles que Gazan vous a données. Bonsoir.

XIXᵉ LETTRE.

Gênes, 19 floréal an 8 (9 mai 1800).

Faites vos dispositions, mon cher général, pour attaquer l'ennemi dans l'après midi, s'il ose encore faire la fanfaronnade de quitter ses camps pour descendre sur la Sturla et Parisone. Il faut que les troupes qui doivent faire cette attaque soient en mesure vers les deux heures. Prévenez le général Miollis de ces dispositions.

Je vous salue.

XXᵉ LETTRE.

Gênes, 22 floréal an 8 (12 mai 1800).

Par les renseignements que je viens d'avoir, je ne crois pas que vous ayez, mon cher Soult, beaucoup de troupes à combattre. Ne pourriez-vous pas n'emmener avec vous que la 8ᵉ légère, la 74ᵉ, et la 62ᵉ ou la 2ᵉ de bataille? Le général Miollis pourrait alors manœuvrer avec quelque avantage, ayant trois demi-brigades à sa disposition, qui seraient la 24e, la 78e et la 2e ou 62e. Les mouvements que l'ennemi fait sur notre droite nécessitent, je pense, la réduction que je vous propose d'une demi-brigade de celles que vous devez emmener avec vous. Répondez-moi de suite sur cet article.

Sibille et le capitaine Bavastro doivent avoir été recevoir vos ordres. Ils auront avec eux de 4 à 500 marins que vous emploierez à faire charger de blé, si vous en trouvez comme je l'espère, tous les petits bateaux qui se trouveront à Porto-Fino, Recco et Rapallo.

Vous savez aussi bien que moi, mon cher général, que votre absence ne peut pas être longue. Si vous croyez ne devoir aller que jusqu'à Rapallo, je serais assez de cet avis. Vous êtes sur les lieux ; vous verrez ce que vous pourrez faire.

Faites mettre de l'ordre, je vous prie, sur l'embarcation des marchandises qu'on pourra trouver ; que votre chef d'état-major prenne un double de tout ce qui sera trouvé et expédié sur Gênes ; vous connaissez la cupidité des administrateurs.

L'ennemi a occupé, à ce qu'il paraît, le village de Begallo. Aurait-il fait ce mouvement pour se préparer à une attaque ? Je ne pense pas qu'il faille l'y laisser. Si nous ne pouvons l'attaquer demain, qu'il soit au moins observé de très-près. Écrivez-en au général Spital.

Si vous pouvez vous passer, comme je vous l'ai

déjà dit, d'une demi-brigade, je serais bien aise que ce fût la 2e qui restât, et que nous pourrions employer ailleurs.

Est-ce qu'on a augmenté la garnison du fort du Diamant ? Vous devez vous rappeler que je ne voulais pas qu'on y mît plus de 150 à 160 hommes ; on peut les porter jusqu'à 200, si vous le jugez nécessaire, et donnez ordre, s'il y en a davantage, que ces troupes rentrent d'où elles sont venues, dès demain matin.

Bonsoir.

Donnez ordre à la 3e légère de partir de suite pour se rendre sur les glacis de la porte Romaine, y recevoir les ordres du général Miollis ; elle sera remplacée par la 25e.

XXIe LETTRE.

Gênes, 22 floréal an 8. Minuit. (12 mai 1800).

Je tiens, mon cher général, à ce que la 3e légère passe aux ordres du général Miollis ; elle sera chargée de couvrir la Sturla ; en conséquence, donnez-lui en l'ordre.

La 78e sera placée en entier à Monte-Faccio et fera de forts détachements sur Monte-Cornua.

La 24e couvrira le Bisagno, et la 62e sera en réserve.

Donnez-moi souvent de vos nouvelles.

Les 4 ou 500 marins sont conduits par un capitaine gênois ; vous pourrez y compter.

Salut et amitié.

XXIIe LETTRE.

(Lettre particulière de l'écriture de Masséna.)

Gênes, 24 floréal an 8 (14 mai 1800).

Votre malheur (*) m'a fait la plus vive sensation, mon cher camarade; vous connaissez mon attachement pour vous; il vous sera aisé de juger de tout ce qui s'est passé dans mon cœur. Fermeté et constance, mon ami; soignez votre santé et ne doutez jamais de l'amitié de votre ami.

Je vous envoie votre domestique avec 50 louis en or. Dès que vous aurez besoin de nouveaux fonds écrivez-moi. Donnez-moi de vos nouvelles.

XXIIIe LETTRE.

(Lettre particulière.)

Gênes, 7 prairial an 8 (27 mai 1800).

J'ai reçu, mon cher camarade, votre lettre avec toutes celles y incluses, que j'ai fait remettre de suite à leur adresse.

Dès qu'il sera permis de faire passer des lettres en France avec sûreté, votre épouse recevra la lettre de change que vous désirez que je lui fasse parvenir.

Soyez sans inquiétude, mon ami, sur vos effets et

(*) Le lieutenant-général Soult avait été blessé et fait prisonnier la veille. (V. 1er vol., p. 274.)

sur toutes les personnes qui vous étaient attachées; je les ai prises près de moi et j'en aurai le plus grand soin.

Adieu, mon camarade; ayez soin de votre santé; donnez-moi aussi souvent que vous le pourrez de vos nouvelles, et ne doutez jamais de ma constante amitié pour vous.

Bien des choses à votre frère.

XXIVe LETTRE.

(Lettre particulière de la main de Masséna.)

Milan, 6 messidor an 8 (28 juin 1800).

J'ai reçu, mon ami, votre lettre que j'ai de suite communiquée au premier Consul. Votre échange est arrêté; vous le serez contre le général Sporck fait prisonnier au Rhin; ainsi, soyez tranquille. Vous êtes aussi conservé à l'armée d'Italie comme lieutenant-général; vous toucherez vos appointements et rations.

Je vous fais passer 600 fr. en attendant mieux.

Adieu, mon cher Soult; ménagez votre santé pour être bientôt à même de venir me rejoindre et me procurer le plaisir de vous serrer dans mes bras. Bien des choses à votre frère. Je vous embrasse.

Je soussigné certifie avoir exactement copié les vingt-quatre lettres ci-dessus, sur les originaux confiés par M. le maréchal Soult à mon père.

Ce 27 janvier 1828.

A. Thiébault.

Collationnées par moi sur les originaux.

Signé, le général Thiébault.

N° V.

ARMÉE D'ITALIE.

(AILE DROITE.)

Au quartier-général à Gênes, le 16 floréal an 8 de la république française.

RAPPORT DES AFFAIRES QUI ONT EU LIEU A L'AILE DROITE DE L'ARMÉE D'ITALIE, DEPUIS LE 15 JUSQU'AU 30 GERMINAL (*).

Avant d'entrer dans le détail des opérations qui ont eu lieu à l'aîle droite, depuis le 15 germinal, il est nécessaire de faire connaître sa position et sa force, les dispositions que fit l'ennemi pour lui couper la communication avec le centre de l'armée et l'obliger à se renfermer dans les places de Gênes, Savone et Gavi.

Au 15 germinal, l'aile droite, formée en trois divisions, avait à peine 15,000 hommes présents sous les armes, (**) et avec ce peu de troupes occupait les positions de Rhua, Monte-Cornua, Torriglia, Buzalla, la

(*) Ce rapport est de M. le lieutenant-général Soult.

(**) Des *présents* aux *combattants*, la différence est généralement d'un cinquième. Elle était plus forte à Gênes.

Bochetta (d'où elle se liait par une avant-garde avec le fort de Gavi), Cabanes de Marcarolo, Campo-Freddo; Stella, Monte-Nesino et Cadibona; fournissait des garnisons aux forts de Savone, de Gavi, dans la place de Gênes, et devait encore se garder sur la côte, pour la préserver de toute invasion ennemie et faciliter l'arrivage des subsistances à Gênes.

Un développement aussi considérable, pris sur une ligne de plus de soixante milles d'étendue, ne pouvait cependant pas être resserré; il fallait garder tous les débouchés qui viennent de la Toscane, du Plaisantin, de la Lombardie et du Piémont, et conserver nos communications avec le restant de l'armée. Nous avions partout du monde, mais nous n'étions forts en aucun endroit. L'ennemi instruit de notre faiblesse, et connaissant les difficultés que nous avions pour vivre, leva ses quartiers dans les premiers jours de germinal, rassembla ses troupes sur les principaux points de ses opérations, et se prépara pour entrer en campagne.

Le général Ott, fort de 8 à 9,000 hommes, et commandant la gauche de l'armée autrichienne, prit la ligne de Novi à Chiavari; ses principales forces se réunirent en avant de Bobbio, d'où il devait, en remontant la Trebia, se porter sur Torriglia et Buzalla, soutenir l'attaque que sa gauche ferait sur Rhua et Recco, et se faire joindre par tous les révoltés de la vallée de Fontana-Bona. Ce corps de troupes devait se porter sur Gênes, tandis que quelques bataillons autrichiens, auxquels était joint un régiment piémontais, devaient, en partant de Novi, venir bloquer Gavi, attaquer la Bochetta, et descendre dans la Polcevera pour se réunir aux troupes qui auraient débouché de Buzalla.

Telles étaient les dispositions que l'ennemi prenait à notre droite, tandis que Mélas rassemblait à Acqui ses principales forces pour agir sur notre gauche. 25,000 hommes y furent réunis, et en partirent le 13 pour se porter sur Savone en passant par Spigno, Cairo, Carcare et Altare.

L'escadre anglaise devait seconder ce mouvement; le 15, elle parut dans le golfe, et nous coupa dès ce jour toute communication par mer.

Le même jour, l'ennemi porta une reconnaissance générale sur toute notre ligne, nos postes de Rhua furent forcés; le soir on les reprit, et on fit cent prisonniers à l'ennemi.

Sur les hauteurs de Cadibona, il y eut aussi une affaire, mais nous conservâmes la position.

Le 16, l'attaque fut générale. A Monte-Cornua l'ennemi déboucha sur trois colonnes; deux bataillons de la 74e qui défendaient cette position furent forcés à l'abandonner, et se retirèrent l'un sur Nervi et l'autre sur Monte-Faccio. Dans l'après-midi, cette dernière position fut encore forcée, et malgré ses efforts, le général Darnaud ne put parvenir à la reprendre; il fit occuper à ses troupes les positions du bas de la montagne. Dans une de ces attaques le citoyen Dupeliet, chef de bataillon dans la 106e, fut blessé de cinq coups de feu. Nous fîmes une centaine de prisonniers.

A Torriglia, Scofera et Saint-Alberto, l'attaque fut aussi vive. Le général Petitot, qui y commandait, défendit ses positions avec autant d'intelligence que de bravoure; mais le Monte-Cornua étant emporté, cette brigade forte de mille combattants était compromise; elle dut opérer sa retraite sur Prato, dans le Bisagno. Le général Petitot fut blessé et avec lui le citoyen Guimont, lieutenant des grenadiers dans la 24e de ligne, duquel le général se loue beaucoup.

A la 2e division, l'attaque fut moins vive. Cependant nos postes de Cazella, Savignone, Pianone, Castagno et Ronco, attaqués par des forces très-supérieures, durent se replier. Le général Gazan leur fit prendre position derrière la Scrivia, et retira sur les Molini les troupes qu'il avait à Voltagio et qui, par Pianone et Castagno, auraient pu être enlevées. Nos postes des cabanes de Marcarolo, de Rossiglione et de Monte-Calvo furent également forcés; mais le lendemain nous les reprîmes. La 2e de ligne se distingua le 16, elle fit 60 prisonniers.

Pendant que cela se passait à la droite, la 3e division soutenait en avant de Cadibona un combat des plus vifs. Des 25,000 hommes que l'ennemi avait réunis à Acqui, 15,000 furent portés vers Savone; Mélas les commandait en personne. A 7 heures du matin, il commença son attaque; nos troupes firent des prodiges en se défendant; mais accablées par le nombre (nous n'avions pu réunir que 2,500 hommes dans cette partie), elles durent se retirer des ouvrages de Torre, pour se rallier à Cadibona. L'ennemi, poursuivant son premier succès, pressait vivement nos troupes; elles abandonnèrent le village, et furent pendant quelque temps en désordre. Le lieutenant-général Soult, parti pendant la nuit des attaques de droite, arrivait dans cet instant à la troisième division; il voit le danger qui la menaçait, s'élance au milieu des rangs, saisit un drapeau et le porte à l'endroit où les Autrichiens faisaient le plus de progrès. Cet exemple d'audace stimule les troupes; elles se rallient et parviennent à arrêter l'ennemi. Le général Soult leur fit prendre la position de Monte-Moro. L'adjudant-général Mathis, attaché au général Soult, fut blessé dans cette affaire.

L'attaque se ralentit pendant quelques heures; mais l'ennemi faisait toujours marcher ses troupes, et cherchait à déborder celles qui lui défendaient avec tant de vigueur l'approche de Savone. Une de ses colonnes, partie des hauteurs d'Altare, était près d'arriver à Vado; une autre attaquait les redoutes de Monte-Nesino, tandis que quelques bataillons, partis de Sassello, se portaient sur Stella, et menaçaient d'arriver avant nous à Albisola. Notre position était critique; mais il fallait tenir et gagner la nuit, afin de pouvoir pendant ce temps jeter quelques subsistances dans le fort de Savone, que dans notre disette nous n'avions pu approvisionner. Le général Soult fit faire plusieurs mouvements, arrêta l'ennemi, couvrit les débouchés, et parvint à gagner du temps. A trois heures, l'attaque recommença à Monte-Moro; nous étions presque tournés, la retraite fut ordonnée; l'ennemi entra en même temps que nous dans les faubourgs de Savone; on l'en chassa, et nous gardâmes la ville pendant la nuit, temps précieux qui permit au général Soult de jeter dans le fort la distribution d'un jour de la 3e division; c'est tout ce qu'il put faire; il priva la troupe de ses subsistances, mais il donna au fort de quoi tenir pendant quelques jours. Il laissa, pour y commander, le général de brigade Buget, et lui donna, pour se défendre, 600 hommes de garnison. A 3 heures, la ville fut évacuée, et la 3e division opéra sa retraite sur les hauteurs en arrière d'Albisola. L'ennemi, qui avait débouché jusqu'à ce village, fut rejeté sur les hauteurs de Stella.

Le général Gardanne, qui avait pris le commandement de la division, se distingua dans cette journée; il reçut ordre de continuer sa retraite jusque sur les hauteurs de Varaggio, en couvrant Ciampani par un fort poste.

L'ennemi éprouva une grande perte en tués et blessés; on se battit à coups de crosse et à coups de pierre aux retranchements de Torre. Nous lui fîmes quelques prisonniers; mais nous eûmes beaucoup de blessés et plusieurs tués.

Par suite des succès que l'ennemi avait obtenus le 16 sur la 1re division, il avait porté des troupes jusqu'auprès de Gênes. Le général en chef ordonna qu'il fût attaqué le 17 au matin, et, pour cet effet, fit avancer la 25e demi-brigade d'infanterie légère. Trois colonnes furent dirigées sur le Monte-Faccio : le général de division Miollis commandait celle du centre;

(NON) ! Le général de brigade Darnaud, la droite, et l'adjudant-général Hector, la gauche (NON) ! La position fut emportée au pas de charge ; on reprit le Monte-Cornua et Scofera ; partout l'ennemi fut mis en déroute ; le colonel baron d'Aspres et 1,500 hommes restèrent en notre pouvoir. La nuit fit cesser le combat et la poursuite qu'on faisait à l'ennemi.

Les 25e légère et 106e de bataille se distinguèrent particulièrement dans cette journée, ainsi que les officiers d'état major du général Miollis. Il se loue beaucoup du chef de bataillon Lacroix, qui lui est attaché. Nous eûmes plusieurs blessés, parmi lesquels le citoyen Devilliers, chef de bataillon dans la 25e, officier d'un mérite distingué.

La deuxième division fut inquiétée pendant toute la journée ; le général Poinsot reprit Borgo-di-Fornari, Cazella et Savignone, mais il n'y eut pas d'affaire sérieuse.

La 3e division rectifia sa ligne de Varaggio à Ciampani, et n'eut rien de nouveau pendant la journée.

Il devenait indispensable de prendre d'autres mesures. Notre communication était coupée avec le centre de l'armée ; il fallait la rétablir. Le fort de Savone était bloqué et n'avait que pour peu de jours de subsistances ; il fallait aller à son secours, et, pour cet effet, marcher à l'ennemi, le combattre et arrêter sa marche sur Gênes. Dans la journée du 18, le général en chef en arrêta les dispositions, chargea le lieutenant-général Soult de rassembler à Voltri un corps de 5,000 hommes, et, avec ces troupes, de se diriger sur

Sassello, tandis que lui, en personne, prendrait le commandement de la 3e division et la dirigerait sur Savone par Varaggio et Albisola, suivant la marine.

Pendant la journée les troupes furent mises en mouvement. La 1re division, trop affaiblie pour pouvoir conserver sa ligne de Monte-Cornua, eut ordre de se concentrer derrière la Sturla; elle se replia également dans le Bisagno; la Bochetta fut attaquée, et les troupes de la 2e division qui la défendaient, durent se retirer sur Ponte-Decimo.

L'ennemi avait toujours filé par la crête des montagnes, et déjà il avait débordé la 3e division, quand le général Gardanne, qui la commandait, fut sommé par le général Autrichien de mettre bas les armes avec toute sa troupe. Le général Gardanne répondit qu'en campagne on ne connaissait que d'être tué ou prisonnier de guerre sur le champ de bataille, et qu'il fallait se battre. Sa position était mauvaise; il eut ordre de se retirer derrière le Torrent qui passe à *Cogaretto* (Cogoletto), et de garder toujours Ciampani.

Les troupes qu'on avait portées sur Voltri y étaient arrivées, et le lieutenant-général Soult, ayant avec lui le général de divison Gazan, se disposait à partir pendant la nuit pour Sassello, quand on lui rendit compte que l'ennemi ayant forcé les postes des cabanes de Marcarolo, s'était avancé jusqu'à Aqua-Santa, à trois milles de Voltri. Il n'y avait pas de temps à perdre, sans quoi l'ennemi, maître de ce débouché, nous eût obligés à faire notre retraite sur Gênes, et eût rendu très difficile celle de la 3e division. L'attaque fut ordonnée.

Le général de division Gazan partit le 19, à trois heures du matin, avec la 25ᵉ légère et la 3ᵉ de bataille, et se dirigea, par Aqua-Santa, sur Marcarolo où l'ennemi s'était retiré à notre approche. Les dispositions prises, il fut chargé à la bayonnette et mis en déroute : 600 prisonniers et deux pièces de canon restèrent en notre pouvoir ; la troisième de bataille se distingua ; elle avait à sa tête le citoyen Mouton son chef de brigade. L'ennemi ayant été rejeté jusqu'au delà de Lerma, notre marche devenait assurée. Le général Gazan reçut ordre de porter de suite sa colonne à Campo-Freddo, pour y joindre celle que le général de brigade Poinsot y avait amenée, et avec laquelle il avait repoussé l'ennemi jusqu'au delà de Rossiglione, en lui faisant 40 prisonniers. Ce mouvement s'exécuta et les troupes prirent position.

Le 20, à 4 heures du matin, la division fut mise en marche et dirigée, par Aqua-Bianca, St-Martino et St-Pietro-del-Orba, sur Sassello. En arrivant à un mille de Pallo, le général Soult fut instruit que depuis le matin l'ennemi occupait la Verreria avec quatre régiments formant 8,000 hommes, et qu'il se disposait à attaquer le lendemain le détachement que nous avions à Ciampani, pour ensuite se porter sur Voltri et couper la retraite à la colonne que commandait le général en chef sur la marine. Le général Gazan reçut ordre de prendre position avec une partie de la troupe, à gauche de Pallo, sur le chemin qui conduit de la Verreria à Pouzonne ; et avec la 25ᵉ légère et la 92ᵉ de bataille, le général Poinsot marcha sur Sassello, pour y attaquer une arrière-garde ennemie qui se portait à la Verreria. Ce mouvement s'exécuta avec intrépidité ; il fait honneur à la 25e légère.

La ville fut emportée ainsi que les hauteurs à gauche qui la dominent, et l'ennemi, continuant son mouvement, rejoignit à la Verreria le gros de sa troupe. 600 prisonniers, trois pièces de canon et 200,000 cartouches restèrent en notre pouvoir. Nous perdîmes quelques braves de la 25e ; le citoyen Gavaret, lieutenant de carabiniers, fut tué. Cet officier recommandable fut regretté de tout son corps.

Par la position que nous prîmes autour de la Verreria, il ne restait à l'ennemi, pour se retirer, que le chemin qui conduit à Ponte-Ivrea par la Moglia, et celui de Monte-Notte par Stella. Il craignit pour le premier de ces débouchés; pendant la nuit il y porta des troupes, et ne conserva que trois régiments à la Verreria. Le géneral Soult ordonna que le 21, à 4 heures du matin, ils y fussent attaqués. Le général Gazan, ayant avec lui la 25e légère, les grenadiers de la 2e et les 3e et 92e de bataille, fut chargé de cette opération. Le général Poinsot resta avec la 78e en réserve sur le chemin de Pouzonne et Sassello. La défense fut opiniâtre; mais pressé de tous côtés par l'extraordinaire bravoure de nos soldats, l'ennemi commença sa retraite; ce mouvement fut saisi, les efforts redoublèrent, et partie de la colonne fut coupée; 2,000 prisonniers, parmi lesquels se trouva le régiment de Deutschmeister dans son entier, sept drapeaux et beaucoup d'officiers restèrent en notre pouvoir; l'ennemi eut en outre une infinité de tués, la terre en était jonchée sur l'espace de plus d'une lieue; ses blessés, qui étaient en très grand nombre, eurent le temps de se retirer.

Dans cette action qui fait le plus grand honneur au général Gazan, et dans laquelle l'adjudant-général Gauthrin, chef de l'état major de l'aîle droite, se distingua, le généneral Soult remarqua plusieurs officiers et des soldats qui faisaient des prodiges de valeur; il en est plusieurs pour lesquels il demandera de l'avancement; la conduite du chef de brigade Mouton mérite des éloges.

Ce qui s'échappa d'ennemis dans cette affaire fut se rallier aux troupes qui, pendant la nuit, avaient pris position à la Moglia et à la Galera. On ne chercha pas à les poursuivre; au contraire, l'ordre fut donné au général Gazan de rallier ses troupes sur la hauteur dite Gros-Pasto, position importante, de laquelle on domine toutes celles que nous venions de parcourir, et parallèle à la montagne de l'Hermette. Notre mouvement commençait à s'exécuter, quand l'ennemi, débouchant sur deux colonnes fortes à peu près de 5,000 hommes, vint prendre position à l'Hermette et chercha de suite à déborder notre gauche. Si cette manœuvre avait été exécutée deux heures plus tôt, notre situation eût été embarrassante; mais la rapidité de notre marche, nos succès, et les dispositions de l'ennemi prévues, nous mirent à même de faire échouer ses desseins. L'attaque de l'Hermette fut ordonnée; nos soldats déployèrent la plus grande valeur; la gauche obtenait de nouveaux succès, mais la droite était repoussée; quelques troupes que l'ennemi avait portées pour la déborder, commençaient à tirailler sur nos derrières; nous manquions de pain et de cartouches; le soldat était harassé par la fatigue (c'était notre troisième combat de la journée), la nuit approchait, quelques compagnies fléchirent, on parvint à les rallier. Dans cette circonstance, le chef de brigade Godinot se couvrit de gloire : il venait d'être blessé à l'attaque de l'Hermette; il oublie qu'il souffre pour ne s'occuper que de ses soldats et les ramener à la victoire; il y parvint, et dans cet instant arrivèrent à notre gauche les 3e légère, 62e et 63e de bataille, conduites par le général de Brigade Fressinet (*), que le général en chef avait fait partir de sa colonne pour se joindre à nous et établir la communication.

Cette jonction infiniment heureuse s'opéra sur l'Hermette, position de l'ennemi d'où il fut obligé de se retirer après y avoir perdu considérablement de

(*) « Le général Soult commet ci-contre une grande erreur, qu'il est important de rectifier, en faisant arriver après la victoire les troupes conduites par le général Fressinet. Ce général déboucha au moment même où les troupes du général Soult étaient repoussées, cernées et enveloppées de toutes parts. Une preuve que le général Fressinet eut à combattre pour parvenir au général Soult, c'est que la terre fut couverte de morts et de mourants, que nous perdîmes l'un des plus valeureux chefs de l'armée française, le citoyen Villaret, commandant la brave 63e, qui fut tué à la tête de son corps, et qu'il fit à l'ennemi 600 prisonniers dont 40 officiers. » *Lisez le rapport du général*, *signé* Fressinet.

blessés et de tués, et nous y avoir abandonné quelques centaines de prisonniers. Nous ne pûmes le poursuivre; il y avait deux heures qu'il était nuit, notre feu seul éclairait la marche ; les soldats étaient dispersés, et on se battait encore sur la droite. Pour ne rien compromettre, l'ordre fut donné de se rallier à Gros-Pasto et de conserver l'Hermette par des postes. Ainsi finit cette journée, l'une des plus glorieuses et des plus pénibles de notre marche, et pendant laquelle l'ennemi éprouva une perte d'au moins 4,000 hommes, dont la moitié prisonniers. Nous eûmes à regretter plusieurs braves, et à admirer le courage héroïque de la 25e légère, des 3e et 78e de bataille, et des grenadiers de la 2e ; plusieurs militaires se signalèrent par des actions d'éclat ; l'état en sera remis au général en chef.

Pendant la nuit, l'ennemi s'empara de nouveau de l'Hermette et y porta 5,000 hommes ; il importait de l'en chasser. Le 22, à 10 heures du matin, l'attaque fut ordonnée, et le général Soult défendit sous peine de mort de tirer un seul coup de fusil : marcher à la bayonnette et au pas de charge était notre seule ressource ; nos munitions tiraient à leur fin. Cet ordre fut scrupuleusement suivi, la position fut emportée, et l'ennemi dut aller en déroute se rallier à ses réserves sur les hauteurs qui dominent le désert de Varaggio. 200 prisonniers et le colonel du régiment de Keith restèrent en notre pouvoir.

Nous dûmes nous borner à ce succès pour la journée, nos troupes étant épuisées de fatigues et de faim, et d'ailleurs les nouvelles positions que l'ennemi avait prises étant tellement escarpées et d'un accès si difficile, qu'il eût été imprudent d'entreprendre de l'y forcer. On entretint cependant un *tiraillement*, afin de couvrir quelques mouvements de troupes. Le soir nous prîmes position à l'Hermette, occupant toujours Gros-Pasto. Le 23 nous ne fîmes aucun mouvement et observâmes l'ennemi; les troupes étaient en présence.

Le 24 au matin, l'ennemi évacua ses positions, se retira derrière le torrent de Stella, sur les hauteurs de Monte-Notte, et renforça son camp de la Moglia et de la Galera. On suivit sa marche, et le soir une forte reconnaissance fut portée sur ce point.

Le 25, nos besoins devinrent pressants; nous manquions de pain depuis deux jours, nos munitions touchaient à leur fin, et l'ennemi, faisant un mouvement sur notre droite, s'emparait de Sassello, que nous avions abandonné, et se retranchait à la Moglia. Il fallait l'aller combattre, prévenir ses desseins, et faciliter à la colonne de gauche son arrivée sur Savone; ce parti fut pris. En ce jour, on obtint la mesure de ce que peuvent des troupes françaises, car nos soldats ne pouvant se tenir de fatigues et de faim, ayant à peine des cartouches pour trois heures de combat, marchèrent à l'ennemi avec un courage indicible. Ayant peu de munitions, il fallait commencer tard. A quatre heures du soir, le *lieutenant-général* ordonna l'attaque, et pour cet effet *chargea le général Gazan, qui avec sa colonne avait repris Sassello, d'attaquer la gauche du camp ennemi en gagnant la crête des mon-*

tagnes. Le général Poinsot, avec la 25e, forma l'attaque du centre sur la Galera, tandis que le chef de brigade Cassagne, avec la 3e légère, débouchant par St-Giustiani, attaqua la droite. Tout ce peuvent l'honneur et l'intrépidité fut déployé dans cette action, une des plus meurtrières qu'on ait vues : deux fois nous parvînmes sur la crête des hauteurs de Ponte-Ivrea, et deux fois 10,000 hommes et du canon nous en firent descendre ; malgré tant de résistance de la part des ennemis, malgré leurs abattis et leurs retranchements, nous l'aurions emporté ; la victoire pendant long-temps sembla être pour nous ; mais le général Mélas, à la tête d'une réserve de 5,000 combattants, survint, et tous nos efforts alors ne servirent plus qu'à illustrer cette poignée de 5,000 braves contre 15,000 Autrichiens. La nuit mit fin à ce combat terrible, et nous conservâmes la position d'attaque. L'ennemi éprouva une perte considérable en tués et blessés ; il eut des corps qui eurent la moitié de leur monde détruit. Nous perdîmes aussi beaucoup : six officiers et quatre-vingts soldats furent tués, quarante officiers et trois cent cinquante soldats blessés, point de prisonniers. Le général Fressinet fut du nombre des blessés : il reçut deux coups de feu au commencement de l'affaire (*). L'adju-

(*) « Le général Fressinet fut blessé, il est vrai, de deux coups de feu ; mais le général Soult aurait dû dire qu'ayant reçu premièrement une balle dans la cuisse, le général Fressinet continua de combattre encore plus de trois quarts d'heure, après lesquels il

dant-général Gauthrin, chef de l'état major de l'aîle droite, le remplaça avec beaucoup de distinction dans le commandement de sa brigade. Toutes les troupes se battirent avec un courage extraordinaire, mais particulièrement la 25e légère, les 3e et 62e de bataille, et les grenadiers de la 2e : il n'est pas possible d'être plus brave.

Toujours pour attirer l'ennemi, et faciliter à la colonne de gauche d'arriver à Savone, le lieutenant-général faisait des mouvements ; il ne restait d'ailleurs que des manœuvres à faire, les munitions étaient usées. A minuit la troupe reçut ordre de se reporter sur Sassello ; ce mouvement s'exécuta avec calme, et nous prîmes position de manière à annoncer une marche vers Cairo ou Dego.

Enfin nous reçûmes un peu de pain ; la demi-ration fut donnée. Sans ce secours il eût été impossible d'avancer ; depuis trois jours nous étions sans vivres, et toujours en marche et à combattre.

La distribution finissait à peine que nous fûmes attaqués, et pendant que nous nous retirions sur la Verreria et que l'ennemi pressait vivement notre arrière-garde, une forte colonne des siens, après avoir repoussé l'infanterie légère qui était restée en observation à la Galèra et sur les hauteurs de St-Giustiani, se portait sur l'Hermette et nous coupait de nouveau la communica-

---

en reçut une à la tête qui l'obligea à se retirer.» (*Cette note est de l'écriture du général Fressinet.*)

tion avec la gauche. Nous accélérâmes notre marche, et sur les hauteurs de Gros-Pasto nous rejoignîmes l'infanterie légère.

Nous n'étions pas encore formés, et notre arrière-garde se battait encore à la Verreria, que le général autrichien de Bellegarde, maître de l'Hermette, et comptant sur l'effet d'une colonne qu'il faisait filer sur nos derrières par les déserts de Varaggio, nous fit sommer par son chef d'état major de mettre bas les armes, exposant qu'étant cernés par des forces très supérieures, notre défense était inutile. La position était critique ; nous n'avions pas deux coups à tirer par homme, mais il nous restait des bayonnettes ; le lieutenant-général Soult fit répondre que nous savions nous en servir. Cette fermeté maintint l'ennemi, qui, quoïque autour de nous, n'avait pas encore commencé son attaque ; il était même si confiant en ses forces qu'il fit la faute de ne pas occuper la position à droite de l'Hermette, dont s'empara à l'instant le lieutenant-général avec une partie de sa troupe, et où, favorisé par un brouillard très épais, il eut le temps de faire ses dispositions. Elles étaient finies que le brouillard tomba, et l'ennemi nous vit en bataille sur deux lignes débordant sa droite, et par cette disposition couvrant notre retraite sur Voltri. Il n'était encore que 6 heures du soir ; le combat paraissait inévitable, mais il ne fut pas engagé ; les troupes restèrent sous les armes et en présence jusqu'à dix heures : l'on prit position.

Notre situation, quoique meilleure, n'était cependant pas rassurante. Le soldat harassé de fatigues, n'ayant depuis trois jours mangé qu'une demi-ration de pain, était encore sans cartouches. Une colonne ennemie filait par le désert de Varaggio pour nous prévenir sur Cogoletto, tandis qu'une autre, débouchant de la Verreria par Ciampani, se portait sur Voltri. Une affaire sérieuse était inévitable pour le 27; nos moyens ne nous permettant pas de la soutenir sans tout compromettre et nous exposer à une défaite, il eût été imprudent de l'*hazarder* ; d'ailleurs la colonne de gauche opérait sa retraite, la nôtre devenait indispensable. A trois heures du matin, le lieutenant général donna ordre au général de division Gazan de mettre les troupes en marche, et de les diriger sur Voltri par Arenzano et Lerca; elles joignirent celles de gauche où se trouvait le général en chef.

La réunion étant opérée, la retraite sur Voltri fut continuée, et le soir nous prîmes position sur les hauteurs qui dominent cette ville. Des vivres et des munitions furent donnés à la troupe.

Il eût sans doute été préférable de continuer la retraite sur Gênes sans s'arrêter à Voltri, où les positions ne sont susceptibles d'aucune défense avantageuse. L'ennemi était maître des montagnes, il avait porté une colonne sur la Madona de Sestri, s'était emparé de Rivarolo et pouvait nous couper à Sestri ou Cornégliano; mais il fallait évacuer tout ce que nous pouvions avoir à Voltri, et tenir autant que possible les moulins de cette ville, qui fournissaient à Gênes une partie des farines nécessaires à la consommation de la troupe et de l'habitant.

Le 28, à quatre heures du soir, l'ennemi étant en

mesure attaqua nos troupes sur les hauteurs de Voltri, en même temps qu'une forte colonne, suivant la marine, repoussa celles qui défendaient la route de Savone. La résistance fut un instant terrible, on se battit à coups de bayonnettes et à coups de crosses ; mais la colonne qui depuis la veille s'était portée sur la Madona de Sestri descendait, il fallut se retirer ; on la rencontra même sur la route au milieu de laquelle on se fraya un passage pour arriver à Cornégliano ; nos troupes prirent position à la hauteur du fort Saint-André, occupant Sestri par des avant postes ; et le 29 au matin, elles eurent ordre de passer sur la rive gauche de la Polcevera, d'où partie fut destinée à entrer dans la place de Gênes pour en défendre les ouvrages, et le restant à garder Saint-Pierre d'Arena et à se lier par des postes avec ceux dépendant de la position des deux Frères, entre les forts L'éperon et Diamant.

Pendant que tous ces mouvements s'exécutaient à la gauche, le général de division Miollis, qui avait reçu du général en chef le commandement de la place de Gênes et des troupes des 1e et 2e divisions, qui étaient restées pour conserver les positions en avant de cette ville, soutenait différents combats qui tous tournèrent à notre avantage ; l'ennemi ne put jamais lui prendre de terrain ; et le 29 il reçut également ordre de se concentrer de manière à garder la Sturla, couvrir par des postes le fort Richelieu, garder le Monte-Venti, et lier sa défense avec le fort L'éperon.

Le 30, les positions furent rectifiées, et l'ennemi forma le blocus de la place.

Tel est le précis des mouvements que l'aîle droite a faits pendant ces premiers quinze jours de campagne. Attaquée par des forces plus que doubles sur une étendue aussi grande, elle s'est ralliée, et quoiqu'elle fût dénuée de tout, même de nourriture, elle a pris l'offensive, a attaqué l'ennemi, lui a fait éprouver une perte d'au moins 9,000 hommes, dont 5,000 prisonniers, pris sept drapeaux, cinq pièces de canons, a arrêté sa marche ; et quand, par épuisement et manque de moyens pour tenir la campagne, elle s'est vue obligée de se renfermer dans Gênes, elle s'est préparé de nouveaux triomphes et s'est ménagé une des plus belles défenses qu'on ait jamais vues.

Notre perte dans tous ces mouvements, et dans les différentes affaires qui ont eu lieu depuis l'ouverture de la campagne jusqu'au 1er floréal, est de 328 tués, 1,710 blessés et 928 prisonniers de guerre ; dans ce nombre se trouvent 240 officiers mis hors de combat. Elle est immense cette perte, en considérant que ce sont des Français qui nous manquent et des braves que nous avons à regretter ; mais on la trouvera petite si on considère le nombre des troupes que nous avons eues à combattre, les difficultés que nous avons eues à surmonter, la perte que nous avons fait éprouver à l'ennemi, le retard que nous avons apporté à ses opérations, et la diversion puissante que cette défensive a procurée à l'armée de réserve pour entrer en Italie et venir à notre secours.

Entreprendre de citer tous les braves qui se sont distingués serait une tâche difficile ; il faudrait appeler tous ceux qui ont combattu : on rivalisait de gloire ; généraux, officiers d'état-major et de troupes, tous ont parfaitement fait leur devoir. Le lieutenant-général Soult en a déjà rendu compte au général en chef : incessamment il lui présentera le tableau de ceux qui, par des actions d'éclat, se sont particulièrement fait remarquer.

Le lieutenant-général commandant l'aîle droite.

Signé, SOULT.

N° VI.

EXAMEN

D'UNE PARTIE DES REMARQUES FAITES SUR MON JOURNAL DES SIÉGE ET BLOCUS DE GÊNES, PAR M. LE LIEUTENANT-GÉNÉRAL SOULT.

Immédiatement après la publication de la première édition de mon journal des siége et blocus de Gênes, M. le lieutenant-général Soult envoya ou remit au premier Consul, trente-deux remarques critiques, en apparence contre cet ouvrage, en réalité contre le général en chef Masséna et contre moi, et, en résultat, pour s'attribuer la principale gloire de ce fait d'armes.

On comprend que de suite j'aie rédigé la réfutation de ces remarques. Placer ici ce travail en son entier, me semble dépasser la place que je crois devoir consacrer dans cette édition à cette réfutation. Je me bornerai donc à rappeler ce qui me paraîtra avoir le plus d'importance, supprimant ou du moins ajournant presque tout ce qui, par exemple, n'est à mon égard que personnel.

Dans l'espèce d'avant-propos qui précède les remarques, M. le lieutenant-général Soult dit (outre beaucoup de choses qu'à regret je passe sous silence) : « En

» laissant aux militaires sous les ordres du général Mas-» séna la portion de gloire qui leur appartient, nous ren-» drons justice au général en chef lui-même d'avoir su » se choisir d'aussi bons compagnons d'armes. »

Ainsi, et d'après l'inconcevable tournure de cette phrase, n'est-on pas comme provoqué à admettre que pendant cet immortel blocus, le général Masséna n'eut d'autre mérite que celui d'*avoir su choisir d'aussi bons compagnons d'armes*, et que le choix qu'il a fait de M. le général Soult *en est la preuve !*

Comment ne pas être bouleversé de cette manière de dénaturer les faits, d'intervertir les rôles, de faire du lieutenant le véritable capitaine, et du chef de l'armée, *du général Masséna*, le lieutenant de son subordonné, et d'un subordonné n'accordant pas, à un mot près, le moindre éloge à son général, à un général auquel il avait de si hautes obligations!

Citations, Remarques et Observations.

TEXTE DE LA 1re ÉDITION DE MON JOURNAL, CITÉ PAR M. LIEUT.-GÉNÉRAL SOULT.	REMARQUES DE M. LE LIEUTENANT-GÉNÉRAL.
Page 81, 2e *paragraphe.*	*Deuxième remarque.*
D'après le plan arrêté, le général Soult devait être le même soir à Sasscllo; mais un des mouvements de l'ennemi retarda le sien par la nécessité de s'assurer ses communications avec Gênes.	Il eût été plus exact de dire que c'était non seulement pour assurer ses derrières, mais aussi ceux de la 3e division, qui devait agir avec le général en chef.

Observation.

Cela pouvait être plus *complet*, mais cela n'eût pas été plus *exact*. Et de fait, conserver ses communications avec Gênes, c'était, à bien plus forte raison, assurer les derrières de la 3e division, puisqu'on ne pouvait couper la retraite à cette division qu'après avoir coupé la retraite au corps du lieutenant-général. Dire l'un, c'était dire l'autre; cependant cette remarque a été utilisée.

Page 82 de la 1re édition du Journal, 4e paragraphe.

Cette victoire remportée à Marcarolo, assura le mouvement et les derrières de la division Gazan; mais la nécessité de ce combat n'en produisit pas moins le mal inévitable de mettre les troupes du général Soult hors d'état de concourir aux opérations que le général en chef avait arrêtées pour le lendemain.

Quatrième et cinquième remarques de M. le lieutenant-général.

Il est de principe à la guerre de prévoir tous les cas. Si on eût considéré qu'on ne pouvait en un jour se porter de Voltri à Sassello, on n'eût pas arrêté une opération pour le lendemain, et surtout imposé au général Soult l'obligation d'y concourir avec ses troupes. Pourquoi attaqua-t-on le 20?... *On connaissait* les obstacles que le général Soult avait rencontrés, et *la nécessité absolue de combattre* pour rejeter l'ennemi au-delà de l'Erma, assurer les derrières non seulement des troupes qui devaient se porter sur Sassello, mais encore de celles qui devaient opérer sur la marine.

Les rapports que le général Soult fit de Campo-Freddo, les 19 au soir et 20 au matin, le prouvent assez.

Observations.

J'ignore dans quelles circonstances, dans quelle position, il n'est pas de principe, non *de tout prévoir*, ce qui, presque toujours impossible, ne peut jamais se prescrire, mais de prévoir le plus de choses possibles : vérité que, dans sa 28e remarque, M. le lieutenant-général Soult établit lui-même, en la faisant servir à sa propre justification.

Ensuite, quel rapport y a-t-il entre *se tromper sur une distance* et *prévoir un cas?*.. L'un, en effet, résulte d'une opération intellectuelle, l'autre, d'un fait matériel, ce qui est sans identité.

Remarquons également que quand M. le lieutenant-général Soult reproche au général en chef Masséna d'avoir arrêté pour le lendemain, non *une opération*, ce qui est trop vague, mais l'*attaque de Monte-Notte*, ce qui est plus précis, et surtout de lui avoir prescrit *d'y concourir avec ses troupes*, (comme s'il pouvait y concourir avec autre chose), c'est parce que, selon lui, il est impossible, *même sans combat*, de se rendre *en un jour de Voltri à Sassello*. J'avoue que cela me paraît mal aisé à admettre. A vol d'oiseau, il y a 9,000 *toises* ; maintenant que les sinuosités, les escarpements et autres difficultés des chemins fassent équivaloir ces 9,000 toises à 12,000, à 15,000, cela ne ferait encore que sept lieues et demie *de poste*. Or, combien de fois nos troupes n'ont-elles pas franchi plus de deux fois de telles distances? et si quinze lieues à faire en une journée eussent été impossibles aux troupes de l'aîle droite de l'armée d'Italie, *sept lieues et demie*, à cette époque, ne l'étaient pas pour des troupes qui n'avaient encore soutenu aucune fatigue. Faut-il ajouter qu'après les inutiles combats de Campo-Freddo et des Cabanes, (ce qui n'est pas plus d'accord avec *l'absolue nécessité de combattre* que *rencontrer des obstacles* n'est synonyme de la nécessité de les vaincre), ce n'était plus de *Voltri* qu'il fallait partir, mais *de Campo-Freddo*, qui est de 2,000 *toises* moins loin de Sassello que Voltri, et, de plus, que si le 19, au lieu de poursuivre sans résultat la division autrichienne qu'il chassa d'Aqua-Santa, il s'était arrêté là, il aurait encore pu, ce jour-là, aller jusqu'à Campanola et Orba, et il restait en mesure de seconder le 20, les efforts du général en chef, ainsi que si formellement il avait l'ordre de le faire?

En ce qui tient au plan général du mouvement, et comme le prouvent deux lettres du général Masséna (voir mes observations sur la sixième remarque), il fut *concerté et convenu* avec le lieutenant-général Soult avant qu'il ne quittât Gênes, ce qui ne laisse de justesse ni à ce mot *imposé*, ni à l'objection de la distance, puisque, si cette objection avait été fondée, c'est à Gênes qu'elle aurait dû être et qu'elle aurait été faite. Mais les derniers ordres du général en chef reçus, comment dans une situation aussi grave, ne l'informa-t-il pas *immédiatement*, au besoin par des messages, que les distances, ou telle autre circonstance imprévue, rendaient, pour le 29, sa coopération impossible? — Il dit, à la vérité, : *on connaissait les obstacles!* — Mais cette nouvelle assertion accusatrice, qui substitue le mot *obstacle* au mot *distance*, n'est pas de nature à être soutenue; car, alors même que cette partie des localités aurait été parfaitement connue du général en chef, ce qui ne pouvait pas être, les événemeuts du 19 ne l'étaient pas du tout. Enfin, fût-ce de nuit, *et par Voltri*, il ne fallait pas quatre heures, à un homme à cheval, pour se rendre de Campo-Freddo à Cogoletto, que le général en chef ne quitta que le 20, au matin, ce qui prouve que, même après le combat des Cabanes, M. le lieutenant-général était encore en mesure de prévenir à temps le général en chef de retards qui me semblent *injustifiables*. Quant au devoir et à l'urgence de donner un tel avis, ne devenaient-ils pas évidents par ce fait seul, qu'avant de quitter Gênes, et pour ne pas perdre un moment, pour ne négliger aucun moyen d'assurer la ponctuelle exécution de ses ordres, le général en chef avait encore expédié, pour M. le lieutenant-général Soult, une dépêche par laquelle, confirmant ses ordres précédents, il lui répétait qu'*il s'agissait d'une affaire décisive*. Or, n'ayant reçu de lui *aucune observation, aucun mot, ni à Gênes, ni à Voltri, ni à Cogoletto*, demanderai-je s'il dut compter sur l'exécution littérale de ses ordres!

J'arrive à cette question : — *Pourquoi attaqua-t-on le* 20? — En premier lieu, c'est au général Mélas qu'il aurait fallu la faire cette question, *car c'est lui qui attaqua*. Mais, indépendamment de ce fait, que pense-t-on que ce feld-maréchal, commandant sur ce point la droite et le centre de son armée, aurait fait, si le général Masséna était resté dans l'inaction? Certes, il ne peut y avoir de doute; il aurait continué son offensive. On n'y aurait donc gagné que de commencer à combattre à quelques lieues plus près de Gênes, d'avoir 24 heures de moins pour défendre la position de Cogoletto, de compromettre les troupes du lieutenant-général, et peut-être de leur faire couper la retraite; car il faut ne pas encore perdre de vue que le combat de Varaggio empêcha le mouvement d'une forte colonne autrichienne, en marche pour renforcer les troupes que combattait le lieutenant-général Soult, de la colonne qui le lendemain exécuta le même mouvement, et qui, sans les troupes commandées par le général Fressinet, accablait notre seconde division, et pouvait arriver à Voltri avant même que la colonne de gauche y fût. La guerre, en effet, est féconde en événements qu'il est hors de la puissance des hommes de disputer à la fortune; d'où il résulte que, sans même partir de données ou d'assertions inexactes, rien n'est plus hypothétique, plus arbitraire, que de raisonner d'après des résultats que la moindre circonstance pouvait entièrement changer, et qui, en ce qui tient à la guerre des montagnes surtout, ne rentrent plus dans l'ordre des chances possibles que comme des probabilités souvent incalculables.

Non plus comme *accusation* mais comme *condamnation surabondante du général Masséna*, M. le lieutenant-général cite le contenu des lettres que de Campo-Freddo il lui écrivit *le* 19 *au soir* et *le* 20 *au matin*, lettres que l'on peut d'autant plus considérer comme expédiées le *matin seulement*, qu'elles parvinrent toutes ensemble au général en chef *pendant le combat de Varaggio*, c'est-à-dire, quand elles n'avaient plus aucun objet. On comprend tout ce qu'il y a d'extraordinaire dans de telles mentions de la part de qui, malgré l'injonction la plus impérative, les considérations les plus puissantes, et les 4 heures qui suffisaient pour donner de ses nouvelles, n'a pas, avec 4 ou 5 fois le temps nécessaire (*), fait arriver à temps un avis de toute importance! Mais encore combien ne serait-il pas facile aujourd'hui d'arguer à cet égard, de raisons, de motifs, de faits que personne au monde ne pourrait plus vérifier!

Page 87 *de la* 1re *édition du Journal*, 1er *paragraphe.*

. . . Que ni le bataillon de grenadiers, ni la colonne de droite, ni le général Soult n'avaient paru.

Sixième remarque de M. le lieutenant-général.

Vous vous trompez, *citoyen Thiébault* : vous avez dit plus haut que le général Soult devait se porter sur Sasselio. De ce point à Varaggio, il y a neuf grandes lieues et la chaîne des Apennins à traverser. Il n'y avait point de communications établies, *et il ne peut pas y en avoir*, *quand même* le général Soult n'eût pas été obligé de combattre. Les deux colonnes d'ailleurs devaient agir

(*) Est-il *concevable* qu'au moment où M. le lieutenant-général se décida à poursuivre au-delà d'Aqua-Santa, il n'ait pas, et par plusieurs messages, prévenu le général en chef du retard qu'il n'était plus possible que son mouvement n'éprouvât pas? C'est comme à Waterloo!...

séparément et ne se réunir qu'à Monte-Notte : ainsi le prescrivait l'ordre du général Masséna. Que l'on consulte la carte : on jugera des distances et de la possibilité de faire paraître le général et ses troupes à Varaggio !

Observations.

Rien ne conduit à la conviction comme le raisonnement ; rien ne la rend plus rebelle que le sarcasme.

Résultant de la supériorité de position, le sarcasme amène un caractère de dédain qui achève de le rendre offensant au point de provoquer à des représailles. Mais que dire des motifs du sarcasme, lorsque secrètement on l'emploie au tribunal de l'arbitre de la destinée de qui en est l'objet.

Au surplus, si l'égalité se trouve sur le terrain du raisonnement par la force des choses, elle se trouve sur le terrain du sarcasme par l'abus de trop de choses, et avec des inconvénients tels qu'un chef militaire qui se respecte, n'apostrophera *ironiquement*, ni un *officier général* par le titre de *citoyen* (*), ni un *garde national* par celui de *guerrier*.

Quoiqu'il en soit, cette remarque (que par suite d'un *quand même*, je ne suis pas sûr de bien comprendre), ne porte que sur la supposition que M. le lieutenant-

(*) Quand M. le lieutenant-général Soult écrivit ses remarques, il y avait six mois que l'adjudant-général Thiébault était général de brigade.

général devait paraître à *Varaggio.* Or, *je ne l'ai pas dit*, et quelqu'insuffisante que soit la rédaction de la partie citée de ma phrase, elle ne pouvait signifier qu'une chose, c'est que les troupes de M. le lieutenant-général n'avaient pas paru en vue *du champ de bataille de Varaggio*, champ de bataille fort en avant de ce village sur la route de la Stella. Mais encore, cela eût été inexact ou du moins insuffisant; car ce qui frappa le général en chef, et lui démontra que tout était manqué, fut de ne pas entendre le feu des troupes du lieutenant-général qui, de sa personne et nous le rappelons encore, devait se rendre à la Stella où le général Masséna *devait donner ses derniers ordres* pour l'attaque de Monte-Notte!.. Détails dans lesquels j'ai cru devoir rentrer, encore que les changements faits au texte de cette 3e édition aient pu les faire considérer comme superflus!

Au reste, et sans m'arrêter à la crête *des Monts Liguriens*, ou si l'on veut à *la crête des Apennins*, (*) que d'après des documents irrécusables on veuille se mettre à même de juger tout ce qui, dans cette expé-

(*) Les Apennins, proprement dits, sont la chaîne de montagnes qui, depuis le Pô, au fond du royaume de Naples, partagent l'Italie du nord au midi; tandis que les monts Liguriens, qui vont de l'est à l'ouest, sont une de ces ramifications des Alpes auxquelles on a donné différents noms, et que cependant quelques géographes (à tort selon d'autres) ont comprises dans la première de ces dénominations.

dition, se rattacha au but et aux moyens, on les trouvera dans la correspondance du général en chef.

En effet, le 19 germinal, il écrivait de Gênes au lieutenant-général Soult... « Je pars à midi, pour me « rendre à Voltri. C'est là que vous me donnerez de « vos nouvelles. Je pense que la petite affaire que vous « devez avoir aujourd'hui ne retardera pas celle qui « doit avoir lieu demain, et qui décidera du sort de « l'armée de la Ligurie... Vous descendrez, comme « nous en sommes convenus, de Sassello sur Montenotte. J'attendrai votre attaque pour commencer la « mienne... Ayez soin de marcher en masse et de « vous emparer des hauteurs !..» — Et le soir du même jour, arrivant à Cogoletto, il fit partir pour lui une seconde lettre portant : « Je vous attendrai, mon cher « général, à la Stella : c'est là que je déciderai la « route que je dois tenir. Ayez soin de vous mettre « en marche le plus à bonne heure que vous pourrez, « et dirigez-vous toujours sur Montenotte ainsi que « nous en sommes convenus. »

De ces fragments de lettres, des lacunes qui s'y trouvent, il résulte « que tous les détails de cette expédi« tion avaient été arrêtés par le général en chef et « communiqués au lieutenant-général, avant que ce « dernier ne quittât Gênes, » et que ces lettres (remarquables par la fermeté du commandement, par les ordres qu'elles renferment et qui seraient par trop extraordinaires de la part de qui n'avait d'autre mérite que celui d'*avoir su se choisir de bons compagnons d'armes*), n'eurent pour objet que de rappeler tout ce qui, à Gênes, avait été *convenu* entre eux, et de *renouveler* les principaux ordres donnés.

Ainsi, et quant au combat du 19, manifestation de la volonté que ce ne soit qu'*une petite affaire* et que l'on se borne à éloigner l'ennemi, mais en s'abstenant de le *poursuivre* ; calcul qu'il ne fallait pas tromper, surtout *sans en prévenir*, et à plus forte raison lorsqu'on avait l'*ordre* de donner *à Voltri de ses nouvelles au général en chef* !.. Quant aux troupes de la colonne du lieutenant-général, *direction sur Montenotte*; mais quant à sa personne, *injonction de passer à la Stella*, pour y recevoir *les derniers ordres du général en chef* sur le point comme sur les dispositions de l'attaque, et de plus, *ordre de marcher en masse en tenant les hauteurs*... Enfin, ces mots : *J'attendrai votre attaque pour commencer la mienne* , renferment la prévision de toutes les éventualités, et achèvent d'anéantir le reproche fait au général Masséna d'avoir commencé le feu. Indépendamment de ce fait que ce fut l'ennemi qui, dans le but d'arrêter la continuation de son mouvement sur la Stella, dirigea une attaque contre le général en chef, qui dut se mettre en mesure de la repousser pour ne pas être pris en flanc et pour empêcher que l'ennemi ne portât de nouveaux corps contre les troupes du lieutenant-général, les neuf grandes lieues qui séparent Sassello de Varaggio, (ou qui ne les en séparent pas, car il n'y a à vol d'oiseau que 5,000 toises d'un de ces points à l'autre), n'ont donc rien à faire là, et la seule distance à calculer était celle des quatre lieues qui séparent Sassello de la

Stella, *d'où l'on pouvait parfaitement se rendre à Varaggio*; ce qui établit encore que non-seulement il pouvait y avoir des communications entre Sassello et Varaggio, mais que même *il y en avait*.

Page 89 de la Ire édition du journal, note 54.

. . . *La mort, Thiébault, n'a donc pas voulu de nous!... Comment, pas une balle pour moi!*

Huitième remarque de M. le lieutenant-général.

Pour l'honneur du général Masséna, on aime à croire qu'il n'a pas appelé la mort à son secours, désespérant du salut des troupes qu'il commandait!

Observations.

Qu'on *aime à le croire*, ou qu'on ne l'aime pas, le doute ici n'était pas à émettre, pas même à indiquer. Ces exclamations, littéralement rapportées, sont d'ailleurs devenues historiques! Elles peignent une situation cruelle et l'âme de Masséna, *non pas appelant la mort à son secours*, mais préférant la mort au désespoir d'être témoin des succès des ennemis de la France, ce qui est sans identité!.. Il n'y a donc pas plus de raison de supprimer ces exclamations qu'il n'y en avait de ne pas les citer!.. L'Europe, de plus, a été de cet avis; et dans deux éditions consécutives, le général Masséna les a avouées en approuvant leur publication... Une juste sollicitude a donc été mal comprise, dans ce cas, en ce qui tient, non à l'*honneur*, mais à *la gloire* du général Masséna!.. Il en est, au surplus, de *son honneur* comme de *sa gloire* : c'est un compte qui n'est soumis à l'apurement de personne, et qui, par d'immenses faits d'armes, est depuis cinquante ans arrêté pour la postérité!..

Page 98 de la 1re édition du Journal.

. . . Le pas de charge, dans cette occasion importante, et qui décidait en partie du sort des troupes du lieutenant-général Soult...

Onzième remarque de M. le lieutenant-général.

La jonction fut effectivement heureuse ; mais les troupes du général Soult n'étaient pas à un tel point d'extrémité qu'il n'y eût plus de salut à espérer pour elles. La position de Gros-Pasto était en leur pouvoir, et tous les efforts de l'ennemi avaient échoué contre l'opiniâtreté qu'elles mirent à la défendre. Le lieutenant-général Soult se disposant à y passer la nuit, faisait pour cela rallier les demi-brigades et porter un corps à la Verrerie, lorsque le feu du général Fressinet lui annonça l'approche de sa colonne. Il *saisit* cette circonstance *pour ordonner de nouveau l'attaque de l'Hermette.* Ce mouvement s'exécuta avec audace ; les deux colonnes agirent en même temps, et ce fut sur cette position que leur jonction s'opéra.

Un historien doit être vrai et ne jamais altérer les faits.

Deux colonnes qui agissent sur un point donné se protègent réciproquement : si l'une est battue, l'autre est compromise. C'est l'ensemble des opérations qui fait la victoire ; et quand cet ensemble manque, c'est toujours le corps le plus faible qui risque d'être sacrifié. *Aussi le général Soult ordonna-t-il pour la troisième fois l'attaque de l'Hermette, lorsqu'il vit paraître les troupes du général Fressinet*, se proposant le double avantage *de s'emparer de la position et de sou-*

tenir la colonne qui arrivait. Ce projet réussit : les corps agirent en même temps, et l'Hermette fut enlevé !

Observations.

Sauf les mille et une exceptions et modifications qui, à la guerre, se rattachent à tout, rien n'est certainement plus vrai que les principes rappelés dans la première moitié du dernier alinéa de cette remarque ; mais, heureusement, ils sont à la portée et à la connaissance de chacun. Quant au contenu du premier alinéa, il n'est, il faut bien le dire, d'accord ni avec le rapport que, de Gênes, *M. le lieutenant-général lui-même* adressa, le 16 floréal an VIII, au général en chef, et que l'on vient de lire, ni avec les annotations que, il y a 44 ans, le général Fressinet a faites à ce rapport, ni avec ce que m'ont dit des officiers qui ont combattu sur ce point. Et en effet, il résulterait de la remarque que j'examine, que *M. le lieutenant-général ne réattaqua la position de l'Hermette que pour soutenir le général Fressinet, presque pour le sauver;* tandis que ce général arriva pendant l'action et *au moment où les troupes du lieutenant-général Soult étaient débordées sur leur gauche, repoussées et en partie enveloppées*, et que ce fut son arrivée *qui décida de la victoire*, c'est-à-dire *de leur salut* et de la prise de l'Hermette... Ce passage, au reste, avait déjà subi les rectifications dont il était susceptible. J'ajouterai même, et je crois me le rappeler, que parmi les papiers que M. le maréchal m'avait confiés, se trouvait un travail dans lequel sont détaillées toutes les actions de guerre auxquelles il a eu part, et que dans ce travail, rédigé à une autre époque et dans un autre but, les faits sont rétablis, par *lui-même*, tels que le général Fressinet les a présentés... Je n'en étais donc pas à savoir *qu'un historien ne doit jamais altérer la vérité;* mais je ne m'attendais pas que ce serait pour avoir dit *la vérité*, qu'au tribunal du premier Consul, moi, qui n'ai jamais prétendu *au titre d'historien*, titre qui d'ailleurs ne m'est qu'ironiquement donné ici, je serais accusé *d'avoir altéré la vérité.*

Page 103 de la 1re édition du Journal, 3e paragraphe.

On voit par le tableau des événements de cette journée, que le but du général en chef fut cependant rempli, puisque la diversion qu'il parvint à opérer, par l'effet de sa présence, assura les avantages si importants du général Soult, qui avait non-seulement les quatre cinquièmes des troupes, mais tous les généraux.

Treizième remarque de M. le lieutenant-général.

La *diversion* que le général en chef opéra ne retira pas *un homme* de devant le général Soult, dont les troupes, quoiqu'elles fussent bonnes, ne devaient pas plus être appelées *l'élite de l'armée que la brave* 100e et le bataillon de grenadiers qu'avait le général en chef. La différence n'en était pas non plus de 4 à 1, comme le prétend l'auteur du Journal.

Nota. Voyez pour cela, quelques pages plus haut, la situation des troupes qui agissaient vers la marine, et vous vous convaincrez aussi que tous les généraux n'étaient pas du même côté.

Observations.

Comment M. le lieutenant-général n'a-t-il pas considéré qu'il y avait, ainsi que je crois l'avoir déjà dit, deux manières de faire *diversion* en sa faveur : la première, en diminuant les forces ennemies qui lui étaient opposées ; la seconde, en empêchant que de nouvelles troupes ne les renforçassent !.. Or, je n'ai pas dit *un mot* qui indiquât *qu'un seul homme* ait été retiré de devant lui, et dès lors comment le supposait-il?.. J'ai dit que le général en chef empêcha que les troupes qu'il combattait ne fussent renforcées autant que, sans lui, elles l'auraient été ; et comment nier ce qui, à ce point, est évident et constaté !

Pour prouver qu'il n'avait pas l'*élite* des troupes, il dit que le général en chef avait avec lui *la brave* 106e : mais, comme le journal du Blocus de Gênes suffisait pour l'apprendre, cette demi-brigade se *trouvait à Gênes*, sous les ordres directs du général Miollis. Il cite *le bataillon de grenadiers* qui, par la réunion des deux bataillons en un seul, était environ de 500 hommes; mais, du moins, et à propos de troupes d'élite, ne nomme-t-il pas la 97e qui, ainsi qu'on l'a vu, se sauva à toutes jambes, ce qui cependant n'empêcha pas qu'elle ne fût très brave en d'autres circonstances ; mais certainement on ne put la faire figurer comme troupe d'élite.

Il dit encore que la différence des forces n'était pas de 4 à 1, et en cela il a raison, car elle était plus forte. En effet, et à défaut de celles du jour, prenant les situations du 15 germinal pour base proportionnelle, M. le lieutenant-général avait le 21 germinal sous ses ordres :

1° *Division Gazan.*

25ᵉ légère.	1,700 h.	4,800 h.	7,700 c. à d. 6,500 environ.
3ᵉ de ligne.	1,300		
78ᵉ *idem.*	1,300		
92ᵉ *idem.*	500		
2ᵉ. *Brigade Fressinet.*			
3ᵉ légère.	900	2,900	
62ᵉ de ligne.	1,500		
63ᵉ *idem.*	500		

Et le général en chef était resté à Cogoletto, ayant avec lui :

La 97ᵉ (pʳ mémoire)	1,300	1,800 c.-à-d. 1,500
Le bat. de grenad.	500	

Que l'on calcule, sans même considérer que, par la fuite de la 97ᵉ, la différence finit par être d'un à 12 ou à 15.

Enfin M. le lieutenant-général dit : — *Tous les généraux n'étaient pas du même côté*, c'est-à-dire du sien !.. — Qu'il nomme *ceux*, ou ce qui est plus positif, *celui* qui, à l'exception du général en chef, resta au corps de gauche, après le départ du général Fressinet et jusqu'à l'arrivée de M. le général de division Oudinot, qui, après midi, rejoignit le général en chef, non comme *commandant de troupes*, mais en sa qualité de *chef de l'état-major général de l'armée* !

Page 110 de la 1ʳᵉ édition du journal, note 67.

La fortune du général Masséna.

. . . .

Il était perdu par l'effet du mou-

18ᵉ *Remarque de M. le lieutenant-général.*

Pourquoi le général en chef aurait-il été perdu, s'il fût resté en position sur les hauteurs en

vement de l'ennemi et de celui du général Soult.

arrière d'Albisola? et comment le mouvement du général Soult aurait-il contribué à sa perte? Ce général occupa Sassello *toute la journée du 26, jusqu'à deux heures après midi*, et la Verreria, ainsi que la position de Gros-Pasto, jusqu'au 27. Les troupes du général en chef n'avaient donc rien à craindre pour leurs derrières, puisque celles du général Soult ne se retirèrent que 18 *heures après celles-là*. Au contraire, celles-ci *obligèrent* la retraite des autres, en découvrant leur gauche et donnant à l'ennemi la facilité de les tourner.

(Voyez le rapport du général Soult au général en chef.)

Observations (*).

J'ai dit : — *S'il eût battu l'ennemi, et s'il l'eût*

(*) A la suite de cette dix-huitième remarque se trouvent des observations qui n'y sont pas relatives et que suivent la vingtième citation et la vingtième remarque.

Il est donc évident qu'en copiant ce travail, mes observations sur la dix-huitième remarque, ainsi que la dix-neuvième citation et la dix-neuvième remarque, n'ont pas été copiées; et comme cette copie n'a pas été collationnée et que les minutes sur lesquelles elle a été faite ont été brûlées, il en résulte qu'il se trouve trois lacunes dans ce travail.

J'ai tâché de suppléer à la première. Je pense avoir suppléé à la seconde. Quant à la troisième, elle reste forcément entière. Néanmoins les observations que j'avais faites sur le contenu de cette dix-neuvième remarque relatant ses principaux passages, il est à peu près certain qu'elles peuvent en tenir lieu.

poursuivi, il eût été perdu; et cela est aussi différent de l'assertion du lieutenant-général qu'incontestable!.. J'ajoute, à la vérité : *ou si seulement il fût resté dans ses positions*... Mais cette extension de la proposition avait surtout pour objet de rendre l'évidence plus frappante ; et pourtant, aux prises avec des forces totalement supérieures, sa retraite à Albisola n'en eût pas moins été compromise!

Comment se pourrait-il que, sans avoir pu se concerter à cet égard, les troupes de M. le lieutenant-général fussent arrivées *en même temps* que celles de la colonne de gauche à Arenzano, si la retraite de ces dernières avait précédé de 18 heures celle de la colonne de droite?

Je comprends mal comment l'occupation de Gros-Pasto et de la Verreria, et à plus forte raison celle de Sassello, pouvaient empêcher l'ennemi d'arriver par la Stella, par Taglia et Arpazela, c'est-à-dire par la vallée de Varaggio, sur les derrières d'Albisola, et de couper la retraite à la faible colonne avec laquelle le général en chef s'était à ce point aventuré. Je comprends moins encore comment occuper une position *jusqu'à deux heures de l'après-midi*, soit l'occuper *toute la journée*. Enfin, je ne comprends pas du tout comment ce serait le mouvement rétrograde du général en chef qui aurait *obligé la retraite* des troupes du lieutenant-général Soult, quand il a *dit, écrit et signé*, que ce qui l'avait décidé à se reployer, c'était *le manque total de vivres et de munitions, la disproportion des forces, et l'évidence que le but de cette opération ne pouvait plus être atteint*!..

Renvoyé par M. le lieutenant-général lui-même à son rapport au général en chef, j'ai eu recours à cette pièce pour vérifier le fait *des 18 heures* et cette assertion *que la retraite du général en chef nécessita celle de son lieutenant* : il ne s'y trouve rien qui ait rapport ni à l'un ni à l'autre !

Page 111 et 112 de la 1re édition du journal, dernier alinéa.	19e *Remarque de M. le lieutenant-général.*
Dans cette journée, la victoire ne couronna nulle part nos efforts; car, pendant que la colonne, conduite par le général en chef, avait fait sur Savone un effort inutile, les troupes du général Soult cédaient de même à une supériorité trop disproportionnée. Différents motifs, qui résultaient de sa position et des mouvements de l'ennemi, avaient déterminé ce général à risquer une affaire. . L'ennemi se retranchait à la Moglia et s'était emparé de Sassello, d'où il menaçait les derrières du général Soult. Pour prévenir ses desseins, que ce mouvement découvrait, il fallait combattre. et ce parti, dicté par la nécessité, fut pris.	(Voir la note, p. 185.)

Observations.

Je ne puis pas plus admettre les motifs et les insinuations de la 19e remarque, que les assertions qu'elle contient et ses conséquences.

M. le lieutenant-général prétend que, dans cette circonstance, je le fais agir *légèrement*, et je déclare ne pas comprendre que ce soit agir *légèrement* que de déterminer une attaque d'après la position, les forces et les mouvements de l'ennemi, d'après les nécessités d'une opération combinée.

Il dit qu'il avait *l'ordre impératif d'attaquer*. Ma mémoire, à cet égard, ne me rappelle rien ; et quoique je possède toute la correspondance du général en chef et de son lieutenant, je n'en sais encore que ce qui en est dit dans cette remarque.

M. le lieutenant-général affirme cependant que je devais d'autant mieux le savoir, que *je tenais alors la correspondance du général en chef*... Je déclare que cela n'est pas. Me trouvant, de ses quatre adjudants-généraux, le seul que le général en chef eût auprès de lui à Cogoletto, j'ai fait ou écrit, sous sa dictée, une partie des lettres expédiées de ce lieu ; j'ai pu, encore que je ne m'en souvienne pas, en faire quelques autres pendant nos deux mouvements sur Savone ; mais à Gênes, cette correspondance, d'ailleurs peu considérable, depuis le blocus surtout, se faisait tout entière dans le cabinet du général en chef, où je ne suis *jamais entré* que pour lui faire des rapports, pour recevoir des ordres, ou pour lui soumettre quelques passages de mon journal... A l'exception de la présidence d'une commission pour juger de la validité des prises faites par nos corsaires, du visa des passeports pour ceux qui entreprenaient de faire arriver des grains à Gênes, de la réception quotidienne des rapports des corps sur les distributions qui leur étaient faites, et de la rédaction de ce journal ·

je n'eus pas d'autres occupations, je ne fis pas d'autres fonctions, pendant le blocus, que les adjudants-généraux Reille, Gauthier et Campana, comme moi employés en cette qualité auprès du général en chef. Ce n'est en effet qu'à Milan, où l'on ne guerroyait plus, que sa correspondance fut répartie entre M. Morin et moi, lui chargé de tout ce qui était administration, et moi de tout ce qui était militaire.

M. le lieutenant-général parle de la *défaite et des suites fâcheuses* qu'éprouvèrent *les troupes commandées en personne par le général Masséna*... Or, invoquant à ce sujet les souvenirs de M. le maréchal duc de Reggio, sous les ordres duquel l'adjudant-général Gauthier et moi, à la fin, nous combattîmes dans cette occasion, j'oserai en appeler à lui sur ce fait, qu'indépendamment de ce que *le général Masséna ne commandait pas en personne* les troupes qui attaquèrent l'ennemi, il n'y eut là ni *défaite* ni *suites fâcheuses*! Ces mots : *commandées*, EN PERSONNE, *par le général Masséna*, achèvent d'ailleurs de révéler une malveillance que prouve également cette manière de faire une *défaite* de l'insuccès d'une tentative n'ayant d'autre motif que de connaître les forces de l'ennemi, et de l'empêcher d'en détacher de nouvelles contre notre corps de droite ; et cela quand, et à l'exception de l'attaque de la Moglia, les insuccès de M. le lieutenant-général ont à peine été des reconnaissances sous sa plume, et n'ont jamais été des défaites sous la plume du général Masséna !

Il dit encore qu'on lui aurait imputé *cette défaite*,

s'il n'avait pas attaqué. Mais, d'une part, sans qualifier une assertion aussi gratuite, cette prétendue défaite d'une poignée d'hommes (*) ne pouvait être imputée qu'à la disproportion des forces; et de l'autre, ne savait-il pas que la bienveillance du général Masséna lui était garantie par un attachement incontestable, et prouvée par l'élévation qu'il lui devait, par les faits que je révèle et par tant d'autres!

Enfin, et selon lui encore, la retraite du général en chef aurait compromis les troupes qu'il commandait : assertion qui stupéfie, mais que j'ai suffisamment réfutée.

Quand on accuse ainsi, quand on impute à des intentions trop gratuitement supposées, ce qui n'a résulté que de la non connaissance de faits dont seul on pouvait instruire, la moindre chose serait d'être plus exact; mais il est facile de voir que la rédaction et la remise *secrète* de ces remarques n'ont eu pour but que de faire conclure que si lui, général Soult, avait commandé à Gênes, cette place n'eût pas été évacuée alors qu'elle le fut, ce qui encore est cent fois inadmissible, et ce qui, d'ailleurs, eût été le comble du malheur;

(1) La 73e, moins de 400 hommes; le bataillon de grenadiers, plus faible qu'elle. Quant au second et au troisième bataillon de la 106e, ils ne donnèrent que pour ralentir la retraite. Ainsi, les troupes d'attaque que M. le lieutenant-général fait commander *en personne* par le général en chef, *qui ne les commanda pas*, ne formaient pas 800 *hommes*.

car, et pour la première fois ce double fait me frappe, *sans la défense de Gênes, la campagne de Marengo eût été impossible, et sans l'évacuation de Gênes, la bataille de Marengo n'eût pas été gagnée!..*

Page 117 de la 1re édition du journal, 1er paragraphe.	21e *Remarque de M. le lieutenant-général.*
.... Les horreurs de la famine étaient telles, qu'elles pouvaient porter à tous les excès.	Ces excès affreux arrivèrent! Un *cadavre autrichien* fut mangé par nos soldats! Depuis trois jours, ils n'avaient rien reçu! On ne fera jamais le tableau de la cruelle situation où se trouvèrent les troupes du général Soult, pendant cette marche *glorieuse*, au milieu de toutes les horreurs de la guerre et de la famine.

Observations.

Ces *excès affreux n'arrivèrent* pas seulement pour les troupes du lieutenant-général, quoiqu'il semble insinuer qu'elles furent plus malheureuses que les autres corps employés à cette expédition. Les troupes, formant la colonne de gauche, auraient pu fournir de hideux pendants au tableau dont il s'agit! Ces horreurs, non de *la guerre*, mais *de la famine*, furent égales pour toutes les troupes d'expédition. A en juger par les résultats, les souffrances auraient même été plus atroces à la gauche qu'à la droite; car si *un cadavre* (qui n'ayant plus de patrie, ne pouvait plus appartenir à aucun peuple) fut mangé dans les montagnes, plusieurs le furent sur la marine!.. Le dégoût, l'horreur, avec lesquels, après 46 ans, je parle de ce fait, m'empêchèrent de le révéler dans les premières éditions de cet ouvrage.

Page 152 *de la* 1re *édition du journal, dernière ligne.*

. . . .

23e *Remarque.*

Le désir qu'a l'auteur de flatter telle ou telle personne ne devait pas lui faire omettre ce qu'il y avait à dire de *telle ou telle autre*, à moins qu'il ne prétende *attribuer à celui-là l'action de celui-ci!*... Pourquoi passe-t-il sous silence la conduite du *chef de bataillon Donnadieu*, qui commandait au fort de Richelieu, la sortie, à propos faite par ce commandant, qui contribua, plus que les *efforts de quelques autres personnes*, à la retraite de l'ennemi et à la prise d'un grand nombre des siens?.... Pourquoi ne parle-t-il pas de l'adjudant-général Andrieux, qui, en cette journée, prit une *part des plus actives* aux succès que nous obtînmes?.. Il cite des faits remarquables, il est vrai, mais il en omet qui sont *plus grands encore*... Que ne rapporte-t-il *cette belle menace* du général Masséna, qui, voyant revenir nos troupes, *en désordre* d'Albaro, *leur dit qu'il ferait casser la tête au premier qui ferait un pas en arrière;* cette réponse *rassurante* qu'il fit à quelques personnes *timides* qui lui représentaient le danger de notre situation, lorsque l'ennemi faisait plier nos troupes, se rendait maître du fort Venti, et s'yr etranchait! ***Je suis ici,*** dit le général Masséna ; ***le géneral Soult est aux Deux-Frères, et la victoire nous restera!*** Cette prédiction s'accomplit.

Encore un reproche à l'auteur du journal. Pourquoi, en le lisant, est-on tenté de se demander ce qu'a fait le général Soult depuis la retraite de Voltri jusqu'au 10 floréal?... Le général Soult ne commandait-il pas l'aile droite, et conséquemment toutes les troupes qui étaient dans Gênes?... Ne dirigeait-il pas toutes les ***opérations?***... ne se trouvait-il pas partout où ***elles donnaient?***... Il n'est pas pardonnable ***à un historien*** de faire des fautes ***aussi grossières.*** Il n'y a pas de raisons qui puissent les autoriser!

Observations.

L'introduction aux remarques de M. le lieutenant-général Soult porte que *mon journal omettant beaucoup de choses, ces remarques ont été entreprises pour avoir le plaisir de ne pas oublier les faits remarquables qui, pendant cette courte et pénible campagne, se sont passés à l'aile droite de l'armée d'Italie, et pour laisser aux militaires sous les ordres du général Masséna la portion de gloire qui leur appartient!..* On devait donc s'attendre à voir évoquer des faits mémorables, méchamment tus par moi, et une foule de héros tirés de l'oubli où je les avais plongés!.. Or, sous le premier de ces rapports, et jusqu'à la 23e *remarque sur* 32, M. le lieutenant-général n'a rien appris ou rectifié qui méritât de l'être ; sous le second, et à l'exception de quelques mentions en partie moins honorables que les miennes, il n'a encore parlé que de lui !

Mais, bornant le mérite du général Masséna à celui *d'avoir su se choisir d'aussi bons compagnons d'armes*, il fallait bien incriminer celui qui avait payé à ce grand homme de guerre un trop juste tribut ; et ce n'est que dans ce but qu'a pu être écrite la première phrase de cette remarque, phrase que, pour ne pas en dire plus, je déclare *récuser* aux titres de l'intention, des termes, et du fait !

Admirateur des hautes capacités, des grands services, des nobles qualités, j'ai pu, en parlant de chefs comme Championnet (tomes 3 et 4 de mes mémoires), comme Masséna, surtout, ne pas me défendre de quelque enthousiasme, et loin de m'en excuser, je m'en honore ! Mais ai-je donc hésité, en fait de tributs, lorsqu'il a été question de M. le lieutenant-général Soult?.. J'en appelle aux premières éditions de cet ouvrage, et spécialement aux phrases de son propre rapport, phrases refaites dans l'intention de leur donner plus de saillie, et avec bonheur sans doute, puisqu'il ne m'en a pas fait un crime(*) ! Je dois même ajouter que la dernière fois que je relus

(*) Comparer, comme exemple, le passage où je parle de la sommation du général de Bellegarde.

le manuscrit du *Journal du blocus de Gênes* au général Masséna, à Milan, et que, sous sa dictée, j'en rectifiai quelques passages ; ce général, tout bon, tout loyal, me fit deux fois renchérir sur ce que je disais de son lieutenant, alors prisonnier de guerre, et il me répétait : *Il faut qu'il voie qu'on le regrette* (*)*!.. Il faut qu'il lise ce journal avec plaisir!..* Je me rappelle même que, quelques années après, me promenant avec M. le maréchal Masséna dans son parc de Ruel, je ne pus m'empêcher de sourire en rappelant l'espoir qu'il avait eu que M. le général Soult *lirait cet ouvrage avec plaisir* ; souvenir qui me conduisit à cette question : — *Mais qu'aurait-il donc fallu faire pour que ce journal ne me fît pas encourir la haine de M. le maréchal Soult?.. — Ce qu'il aurait fallu faire*, répliqua le maréchal Masséna avec véhémence!.. *Il aurait fallu ne pas me nommer dans votre ouvrage!..* Mot qui révèle tout, et que 500 *fois j'ai cité!*

Je reviens au contenu de cette remarque destinée à venger l'élite de l'armée de mes dénis de justice!... Et, en effet, c'est avec une sorte de scandale que M. le

---

(*) Voici deux membres de phrase que, de cette sorte, j'avais ajoutés à mon texte, et qu'il n'est resté aucun motif de conserver dans cette édition, mais qui, aux yeux de M. le lieutenant-général, et comme plus *apologétiques* qu'exacts, devaient m'éviter le reproche que j'examine :

Fort auprès de lui (général Masséna) *de tous les titres de l'amitié et de la victoire!...*

Il suivit une route constamment éclairée par la gloire.

lieutenant-général me reproche d'avoir gardé le silence sur les 400 prisonniers faits par les 50 *hommes* avec lesquels le *chef de bataillon* Donnadieu sortit du fort de Richelieu qu'il commandait, et sur la part *la plus active* que l'adjudant-général Andrieux a prise aux succès de cette journée (10 floréal). Examinons ces deux inculpations!

Quant *au chef d'escadron* (et non *de bataillon*) Donnadieu, je n'ai pas gardé, sur le fait d'armes qui le concerne, le silence qui m'est reproché; mais, faute de renseignements, j'en ai parlé avec trop de laconisme. Quant à M. le lieutenant-général, à qui il était impossible que les renseignements manquassent, il aurait pu, ce me semble, en parler d'une manière à la fois plus exacte et plus complète : plus exacte, puisque c'est avec 100 *hommes*, et non avec 50, que le chef d'escadron Donnadieu sortit du fort de Richelieu; plus complète, puisque, sans cesser de combattre, il reçut *deux blessures*, dont M. le lieutenant-général ne parle pas plus que de *la lettre* si honorable que, sur sa conduite, le général en chef lui adressa, le 11 floréal; ce qui prouve qu'avec les meilleures intentions du monde, on peut commettre des omissions et des erreurs... Quant à l'assertion que cette affaire *a contribué à la retraite de l'ennemi, plus que les efforts de quelques autres personnes*, (au nombre desquelles un général en chef, un général de division, deux généraux de brigade, trois adjudants-généraux et plusieurs chefs de corps commandant 4 à 5000 hommes), il l'aurait rendue moins absolue sans l'intention de la rendre moins offensante;

de même qu'il aurait trouvé qu'il y avait eu, de la part de tant de chefs, plus que *des efforts*, s'il avait commandé la principale attaque!.. Au reste, les faits se trouvant maintenant rapportés avec leurs principales circonstances, le lecteur en jugera.

En ce qui concerne l'adjudant-général Andrieux, officier brave, mais de plus de jactance et d'adresse que de capacité, il ne parut devant l'ennemi, durant tout le blocus de Gènes, que dans cette journée, et cela, au moment de l'assaut du fort de Quezzi et d'une charge exécutée par le général Poinsot sur le Monte-Rati!.. Encore faut-il bien le dire : *la part des plus actives, prise par Andrieux aux succès de cette magnifique journée*, se borna : 1° au Monte-Rati, à suivre le général Poinsot au moment d'une charge qu'il exécuta, fait insignifiant, que je n'ai connu que par lui, et dont je n'ai parlé dans mon journal que parce que, pour obtenir cette misérable mention, Andrieux m'a obsédé à Milan ; et 2° à l'assaut du fort de Quezzi, à se tenir, ainsi qu'il le devait du reste, à la tête des quatre compagnies de renfort qu'en personne le général en chef m'avait conduites, en se faisant jour à travers l'ennemi qui m'avait enveloppé. Mais quoique, de cette sorte, Andrieux se trouvât et restât à cent pas en arrière de moi, il mit son chapeau bordé au bout de son sabre, non qu'à la distance où il était cela pût être bon à quelque chose, mais *pour pouvoir dire qu'il l'y avait mis!* Il cria même : *en avant!*.. ce qui était fort inutile, puisque cent voix le criaient en avant de lui, et qu'au bruit des tambours quatre compagnies le précédaient au pas de charge !.. Enfin, et à satiété, il se vanta de ces deux circonstances ; mais n'y ayant pas gagné ce qu'il ne devait pas y gagner, il ne le pardonna pas au général en chef ! Tout cela, sans doute, pouvait former un titre, mais ce titre était-il de nature à transformer en *apologiste* d'un simple officier supérieur, et pour choses d'un si faible calibre, un lieutenant-général d'armée, acharné contre les *apologistes*, au point d'en voir même où il n'y en avait pas !

Andrieux, au surplus, ne s'en tint pas là ; il écrivit une histoire du blocus de Gênes, qui, d'après ce qui m'a été dit, n'était pas mal *apologétique !..* Ce travail terminé, il le communiqua à un homme de forte capacité, de qui je tiens ce fait et ces détails, et cela dans le double motif de savoir ce qu'il pensait de l'ouvrage et du projet de le publier ; mais mon journal avait paru depuis six mois, et tout ce qu'il put avoir de cet arbitre se borna à ces mots : *Quand on veut recommencer une chose faite, il faut faire mieux que ce qui existe ; or, ce qui existe vaut mieux que ce que vous avez fait !..* Et voilà ce que l'on me force de substituer à un silence, ou du moins à un laconisme, qui était préférable à ces révélations ; mais comme le dit le proverbe... *mieux vaut un sage ennemi, qu'un imprudent ami !*

Le premier des deux mots cités comme dits par le général Masséna, que dans cette journée je n'ai quitté que pour reprendre le fort de Quezzi, et précédemment pour aider le général Darnaud à reformer ses bataillons et à arrêter l'ennemi ; ce mot, que l'on me reproche d'avoir omis, a été relaté par moi dans la seconde édition de cet ouvrage, vingt-sept ans avant que je connusse ces *remarques*, mais sans une emphase qu'il ne méritait pas ! Au reste, et en dépit du singulier accouplement de ces deux mots : *Belle menace*, à propos d'une menace de mort, cette citation ne semble-t-elle pas avoir eu pour motif de ne pas se borner à mentionner un éloge de lui-même (général Soult), et en admirant ce qui ne valait pas la peine de l'être, de faire croire à la propension d'admirer *quelque chose* ayant émané du général Masséna ! Mais encore, cette citation pouvait-elle avoir pour objet de rappeler que deux fois pendant l'expédition du Ponant, et de plus vers la fin de cette même journée *du 10 floréal*, cette *belle menace* avait été faite par lui, général Soult, *et dans les mêmes termes*. Quant au second mot cité, mot omis par oubli, mot que *la timidité de personne* n'a provoqué, parce qu'il n'est *personne* au monde qui, *devant l'ennemi*, aurait eu l'*audace* de faire confidence *de sa timidité* au général Masséna, il est vrai, et j'en ai fait usage en l'expliquant, c'est-à-dire, comme moyen de ranimer l'espoir du succès dans un moment critique, mais en le transcrivant tel qu'il a été dit et *entendu par moi* : — *Je suis ici, Soult est aux Deux-Frères, et la victoire nous restera !*

Au lieu de me reprocher de ne pas avoir parlé de ce qu'il a fait d'historique pendant les onze jours écoulés depuis la malheureuse *et trop heureuse* retraite de Voltri, jusqu'au 10 floréal, M. le lieutenant-général aurait mieux fait de me l'apprendre !.. Et que se passat-il pendant ce temps qui pût intéresser sa gloire?..— *La reprise du Monte-Rati* par le 1er bataillon de la 78e de ligne?.. Mais cette réoccupation qui ne fit pas même nommer l'officier qui l'exécuta, pouvait-elle faire citer un lieutenant-général d'armée qui n'y était pas!..—*L'attaque infructueuse des Deux-Frères par un bataillon des chasseurs d'Aspres?..* Mais, c'est un de ces faits que l'on ne relate que pour ne pas paraître les avoir ignorés!..— *Le combat de Saint-Pierre d'Aréna?..* Mais ce ne fut qu'une courte échauffourée dans laquelle un capitaine joua le premier rôle, et dont le général en chef et le lieutenant-général apprirent presqu'en même temps la nouvelle et le résultat!..— *Quelques reconnaissances* qui, dans le Levant, et notamment, le 6, sur Ponte-Décimo, furent faites par le général de division Miollis, et d'après les ordres du général en chef?.. Mais n'ayant rien révélé qui eût quelque intérêt, quels rapports eurent-elles avec le rôle d'un lieutenant-général?.. — Enfin, la *reconnaissance que le général Cassagne exécuta le 7 floréal, au-dessus de Cornigliano?..* Mais encore que le général en chef, accompagné du lieutenant-général, l'ait suivie, fallait-il dire : *Le général en chef l'ordonna au lieutenant-général Soult, lequel l'ordonna au général de division Gazan, lequel en transmit l'ordre au général de brigade Cassagne?...* N'était-il pas évident que Cassagne, qui l'avait exécutée d'après le choix que le général en chef avait fait de lui, n'avait pu agir de son chef, là où il était sous les ordres d'un général de division, d'un lieutenant-général et d'un général en chef!..

J'arrive à une apostrophe qui requiert explication... *Le général Soult*, dit M. le lieutenant-général en parlant de lui-même, *ne commandait-il pas l'aile droite, et conséquemment toutes les troupes qui étaient dans Gênes?* Sans doute, il commandait l'aile droite, et *de droit* toutes les troupes qui étaient dans Gênes et de plus autour de Gênes : mais *en fait, le général en chef présent*, il ne pouvait disposer et ne disposait, sans ordre, d'aucune de ces troupes ni de lui-même ; tout ce qui était organisation, répartition, comme ce qui était emploi des troupes et des chefs, était également en dehors des attributions et pouvoirs que la présence du général en chef laissait à son lieutenant... Comment nier que le général en chef ne pût changer à son gré la composition, la force et l'emplacement de chacun des trois corps de son armée? Et pour ne parler que de l'organisation de l'aile droite, elle forma d'abord trois divisions actives, divisions que, pendant l'expédition du Ponant, le général en chef porta à quatre, et que, immédiatement après, et par suite de la mort du général Marbot, il réduisit à deux et à une réserve!.. Enfin, et pendant la durée de cette expédition, M. le lieutenant-général fut sans aucune autorité sur les deux divisions restées à Gênes et sur celle qui opérait sous les ordres directs du général en chef, et même fut sans rapport avec elles, au point d'ignorer que la 106e *fût laissée à Gênes*, ce que même il ignorait encore lorsque bien plus tard il écrivit les *remarques* que j'examine!.. M. le maréchal Soult nous dirait-il si, devenu général en chef et commandant trois corps d'armée, il laissait à ses lieutenants un rôle comparable à celui qu'il veut paraître avoir joué, en cette qualité, sous les ordres *d'un Masséna*, le moins orgueilleux, mais le plus impératif de tous les chefs?

Reparlerai-je de cette épithète d'*historien*, ironiquement jointe à celle d'*apologiste*?.. Il le faut bien, ne fût-ce que pour observer à l'auteur de cette masse d'interprétations et d'inculpations, qu'une *relation* n'est pas une *histoire*, qu'un *journal* n'est pas même une *relation*, et pour déclarer que je n'accepte pas la responsabilité d'un titre à l'honneur duquel je n'ai jamais prétendu, encore que, sous le rapport de la *véracité*, je n'entende le céder *à aucun historien!*

J'observerai même de plus que ce qui est *faute*, ne peut jamais être *autorisé*; *qu'intentionnellement*, je n'ai *flatté* personne; que volontairement, je n'ai rien *omis* de ce qu'il y avait d'honorable à dire sur qui que ce pût être; que j'ai le droit de repousser et que je repousse, ainsi que je le dois, les insinuations comprises dans ces membres de phrases: —*Le désir qu'a l'auteur de flatter telle ou telle personne... —A moins qu'il ne prétende attribuer à celui-là l'action de celui-ci!..*

Enfin, et quant à cette expression de *fautes aussi grossières*, sans à propos quant au fait, c'est-à-dire, sans justification quant à moi, elle se réfute par elle-même de manière à rendre inutile que je m'y arrête davantage.

Et voilà ce qu'a nécessité la réfutation de quelques lignes! Mais en fait d'inculpations un mot suffit, parce qu'il plaît et persuade à proportion qu'il est plus fait pour blesser ou *pour nuire*, tandis que, dès qu'il s'agit de justification, il faut des pages qui, généralement ennuient et fatiguent à proportion que les raisons et les preuves s'accumulent; et c'est ce qui fait, a fait et fera le salut, l'impunité, les succès d'un trop grand nombre d'accusateurs et de calomniateurs!

Page 167 de la 1re édition du journal, 3e paragraphe.

Pendant ce trajet, le général Darnaud avait battu l'ennemi à différentes reprises et lui avait déjà fait plus de 600 prisonniers.

Vingt-huitième remarque de M. le lieutenant-général.

Pendant tout ce trajet, jusqu'aux hauteurs dites *Il Becco,* entre le Monte-Cornua et le Monte-Faccio, on ne fit à l'ennemi que trente prisonniers, parmi lesquels un officier. Le passage du ravin sur une échelle est vrai; la plus grande partie de la colonne du général Soult y passa, *non sous un feu meurtrier, car l'ennemi n'était plus là, mais sans être inquiétée.* Il est fort inutile d'ajouter ce qui n'est pas, quand ce qui s'est passé *est assez beau à décrire.* Nous allons en parler.

On a vu, page 166, *que la colonne que commandait le général en chef,* et qui devait attaquer le Monte-Parisone et ensuite le Monte-Faccio, *avait été repoussée avec perte et rejetée sur la rive droite de la Sturla.* Tandis que cela se passait, les troupes du général Soult coupaient la ligne ennemie, et se portaient sur ses derrières pour tourner le camp du Monte-Faccio et *venir* lui enlever les troupes qui l'occupaient.

Une réserve, placée au pont du Cassolo, les y maintenait.

Du Monte-Faccio, l'ennemi *saisit* le but de ces *dispositions*, et du moment où il vit les troupes du général Soult quitter, à Cassolo, le chemin de Torriglia, pour se diriger, par Vignone et Térasco, sur les hauteurs dites *Il Becco*, il fit partir deux bataillons d'infanterie qu'il dirigea sur Monte-Cornua, afin de couvrir ses derrières, s'emparer des hauteurs dites *Il Becco*, et empêcher le général Soult de déboucher. Ce calcul aurait été bon, si l'ennemi eût exécuté plus tôt son mouvement, ce qu'il pouvait faire, malgré les succès qu'avait obtenus l'adjudant général Gauthier au camp de Bavari; mais, confiants dans leurs forces, les Autrichiens, énorgueillis des avantages qu'ils avaient eus le matin au Monte-Parisone, ne reconnurent que trop tard le danger qui les menaçait. La faute de leur part fut d'autant plus grande que, pour nous prévenir, l'ennemi n'avait à faire que deux heures de marche, par un chemin très praticable, en suivant toujours la crête des hauteurs, tandis que le chemin que *la colonne du général Soult* avait à faire était affreux : *il y avait* à gravir, pendant trois heures, une montagne escarpée et couverte de roches; il fallait passer le ravin sur une échelle et vaincre toutes ces difficultés avec des soldats mangeant à peine pour se soutenir!.... L'entreprise était peut-être téméraire, mais les obstacles *irritent l'amour-propre; l'amour-propre augmente le courage, et la confiance le maintient...* Cette journée justifie cet *axiome... Nous arrivâmes* à Il Becco assez à temps pour empêcher l'ennemi de s'en emparer.

Le général Darnaud, qui tenait la tête avec la 24ᵉ de ligne, commençait à déboucher lorsque l'ennemi l'attaqua. Sa résistance donna le temps à la 25ᵉ légère d'arriver; le général Darnaud s'en servit à propos, ordonna la charge, l'ennemi fut repoussé avec perte de 400 prisonniers et un grand nombre de morts.

Maître de Il Becco, le général Soult ordonna au général Darnaud d'arrêter la poursuite, de rallier ses troupes, et y joignit la 2ᵉ de ligne commandée par le général Poinsot. Une courte halte donna aux soldats le temps de reprendre haleine, au brouillard, qui nous dérobait la vue de l'ennemi, de se dissiper, et au général Soult celui d'arrêter les dispositions qui devaient assurer le succès de la journée.

L'ennemi, repoussé à Il Becco, après avoir rassemblé ses troupes, s'était fait joindre par celles du Monte-Faccio. Croyant marcher à une victoire certaine, il fit la faute de descendre le revers de cette montagne pour venir à notre rencontre. Il chercha à couper notre communication avec nos troupes restées à Cassolo, et se prépara à nous attaquer de front avec toutes ses forces réunies.

Telles étaient les dispositions de part et d'autre.

Le général Soult donna ordre au chef de brigade Godinot d'aller sommer l'ennemi de mettre bas les armes, en lui observant qu'ayant sa retraite coupée, un refus de sa part l'exposerait à une perte certaine.

Aveuglé encore sur le danger de sa situation, l'ennemi répondit par des menaces, et ne donna pas même le temps au chef de brigade Godinot de revenir; il commença le combat. Tout était préparé, non-seulement pour le bien recevoir, mais aussi pour assurer la victoire. Les troupes, formées en colonne serrée, et disposées *sur trois lignes*, avaient ordre de s'ébranler et, battant la charge, de joindre l'ennemi. Le choc fut terrible, et de la mêlée qui eut lieu, il résulta une déroute complète. En vain les leurs voulurent faire avancer leur réserve, qui gardait le camp de Monte-Faccio; fuyant de tous côtés, ils abandonnèrent leurs armes, et nous prîmes, avec cette dernière réserve, une partie des troupesque nous venions de combattre.

Cette action, infiniment meurtrière, outre 2,000 prisonniers, une grande quantité de morts et de blessés, coûta à l'ennemi la perte de son camp et plus de 3,000 fusils. Nous perdîmes quelques braves, mais au total la perte, dans cette marche extraordinaire, ne s'éleva pas à plus de 80 hommes; le chef d'escadron

Lavillette et le sous-lieutenant Mamard furent blessés.

Du Monte-Faccio, le général Soult dirigea sur Nervi le général Darnaud avec la 25e et un bataillon de la 2e de ligne, afin d'enlever toutes les troupes ennemies qui pouvaient se trouver sur la marine entre Nervi et Gênes; la 24e fut envoyée sur le Monte-Parisone, et les deux bataillons de la 2e restèrent sur le Monte-Faccio pour y rassembler les prisonniers et conserver la position.

Le général Darnaud s'empara de Nervi sans difficulté; l'ennemi venait de l'évacuer; nous y prîmes deux pièces de canon. *Peu après, la 8e légère, venue par la marine du faubourg d'Albaro, joignit le général Darnaud.* Vers la nuit, la 24e fut rappelée sur le Monte-Faccio pour y garder la position; la 25e légère reçut ordre de se rendre sur les glacis de la porte Romaine, et la 2e de ligne conduisit les prisonniers à Gênes.

La 8e légère resta en possession de Nervi jusqu'au lendemain.

L'obscurité de la nuit, la fatigue des troupes et la difficulté des chemins furent cause qu'un grand nombre de prisonniers s'échappèrent (comme en avant de Cogoletto); 1600 seulement, parmi lesquels étaient un colonel, un lieutenant-colonel, deux majors et 105 autres officiers, parvinrent à Gênes. La perte que l'ennemi fit dans cette journée n'en doit pas moins être évaluée à 3,500 sans exagération. Il échappa peu de blessés ; plusieurs même de ceux qui ne l'étaient pas furent précipités dans des abîmes par la déroute.

Aux obstacles qu'il fallut surmonter pour obtenir un résultat aussi satisfaisant, se joignait encore l'épuisement des troupes. Heureusement qu'en passant dans le Bisagno, la prise du camp des paysans armés, dispersés ou tués, nous procura quelques centaines de rations de pain, et qu'au camp de Monte-Faccio, nous trouvâmes un peu de vin.

Faire l'éloge des braves qui se signalèrent dans cette journée serait une tâche difficile. Jamais officiers ni soldats ne montrèrent plus de courage. Que de droits à la reconnaissance et à l'admiration ils acquirent ! Le général Darnaud surtout se couvrit de gloire ; les chefs de brigade Godinot, de la 25e légère, et Perin, de la 2e de ligne, Lavillette, chef d'escadron, Soult, chef d'escadron, aide-de-camp du général de ce nom, Brousse, adjoint à l'état-major, et tant d'autres qui, avec eux, se distinguèrent, contribuèrent également à ce succès éclatant.

« Voilà des détails vrais, nous « les devons à la vérité, à l'in- « trépidité des troupes et à l'hon- « neur du général Soult qui les ob- « tint par ses savantes disposi- « tions. »

L'auteur du journal se rappellera sans doute que les succès les plus brillants de ceux qui furent remportés pendant le blocus de Gênes sont d'autant plus à remarquer, que lorsqu'ils eurent lieu.... (*le copiste a passé là quelques mots ou quelques lignes dont la teneur est facile à deviner*), et quand le général Soult eut coupé la ligne ennemie et se fut porté sur les derrières des Autrichiens, on publiait à Gênes qu'il était pris avec toute sa colonne, que les troupes qui, le matin, avaient été battues à l'attaque de Monte-Parisone, s'étaient repliées sur la rive droite de la Sturla, et qu'enfin « le général « en chef, regardant la perte du « général Soult tellement cer« taine, était rentré en ville, car « ce fut à son dîner qu'il apprit, « par un billet du général Miol« lis, qu'on entendait un grand « feu de mousqueterie entre le « Monte-Faccio et le Monte-Cor« nua, qui était celui du général « Soult. »

L'enthousiasme des habitants et des troupes fut grand, il est vrai; *celui qui avait commandé les succès de la journée*, à sa rentrée à Gênes, en eut des preuves *bien touchantes*.

Ces détails peuvent paraître longs à quelques personnes, mais il ne le seront pas pour les militaires qui aiment la vérité, ni pour ceux qui désireront voir rendre justice à celui qui l'a méritée; d'ailleurs « l'impression « défavorable que la lecture de « la défense de Gênes, par l'ad« judant-général Thiébault, peut

« avoir produite sur le compte du « général Soult, doit être détruite. Le rapport de l'affaire de « Monte-Faccio et les remarques qui vont suivre sur la bataille de Monte-Creto donneront au lecteur le degré de confiance qu'on doit avoir pour le « journal du citoyen Thiébault.»

Dans les pages 172, 173, 174 et 175, l'auteur du journal fait connaître les motifs qui devaient déterminer l'attaque du Monte-Creto. Les raisons qu'il donne sont militaires, c'étaient les seules alors admissibles, celles enfin qui prévalurent. Mais dans sa note 98, il en fait la critique et les présente sous un autre jour : il rappelle l'expédition projetée sur Porto-Fino, que le *bon sens seul* aurait rejetée, quand bien même les raisons qu'on va donner n'auraient pas forcé d'y renoncer. « Il « veut justifier le général Masséna « et faire le procès au général « Soult, parce que l'expédition « proposée par ce dernier n'a pas « eu un résultat plus heureux. « Il ne sait donc pas qu'une opération bien calculée et la seule « convenable en certain cas, ne « peut cesser de faire honneur à « celui qui l'a proposée, quoique « l'effet que l'on en attendait ne « couronne pas l'entreprise. » Combien de fois n'a-t-on pas vu, dans le courant de cette guerre, les plus belles dispositions, celles qui avaient l'assentiment général, échouer par telle ou telle cause impossible à mettre dans la classe des choses à prévoir : comme la mort ou la prise d'un chef, l'arrivée d'un orage qui, en grossissant les torrents en peu d'heures, arrête la marche des troupes, le retard d'une colonne qui doit agir à point nommé, une augmentation de moyens défensifs que l'ennemi se sera procurée, et tant d'autres causes qu'il serait trop long de citer, qui toutes, en formant de nouveaux obstacles, concourent à faire manquer le projet le plus sagement combiné! Bien convaincu de cela, on jugera le général Soult d'après l'exposé suivant :

Le 22 floréal, le général en chef donna ordre au général Soult de partir avec trois demi-brigades d'infanterie formant entre elles à peu près 2,000 hommes, pour se porter sur Rapallo et Porto-Fino, et s'en emparer, à l'effet d'y enlever le blé qui *pourrait s'y trouver*. 4 ou 500 marins ou portefaix (dit le général en chef dans son ordre) suivront votre mouvement et vous serviront aux évacuations. Voici la lettre que le général Soult écrivit au général en chef à propos de ce mouvement :

« Suivant vos désirs, je ne prendrai que les 8e légère, 74e et « 62e de ligne ; avec ces troupes, « je ferai tout ce qui sera humainement possible, mais je ne « pourrai, en supposant même « des succès, aller jusqu'à Rapallo.

« Je donne ordre à la 2e d'être

« à 2 heures sur les glacis de la « porte Romaine.

« Sibille m'a dit qu'il ne pour- « rait amener que 30 marins.

« Si l'ennemi a occupé le vil- « lage de Begallo, il se propose « de nous attaquer, afin de nous « forcer à rappeler les troupes que « nous pourrions avoir sur le Mon- « te-Faccio, et reprendre sa li- « gne. J'en préviens le général « Gazan.

« Je ne crois pas que la garni- « son du Diamant soit au-delà de « 100 hommes; je vais cependant « m'assurer et en faire retirer le « surplus, s'il y en a.

« Le mouvement que vous de- « mandez de la 3ᵉ légère sera long « et ne pourra être fini avant le « jour; d'ailleurs cela vous don- « nera peu de chose. La 3ᵉ de li- « gne est en ville; ne pourrait- « elle remplir votre but? Je vous « prie de me dire si votre première « disposition est maintenue.

« *P. S.* Un officier que j'avais « envoyé au général Darnaud ren- « tre à l'instant, et me rapporte « que ce général s'est battu ce soir « à Nervi: il a emporté le village « à la baïonnette; il avait 2,000 « hommes à combattre. »

Le général en chef, persistant dans ses premières dispositions, obligea le lieutenant-général Soult, qui savait les mouvements de l'ennemi, à faire de nouvelles observations au général en chef; son honneur, celui du général Masséna et le salut des troupes nécessitaient cette démarche. A 11 heures du soir, la lettre suivante lui fut remise :

« Je me permets quelques ré-
« flexions et je vous les présente.

« Les mouvements que l'enne-
« mi fait sont de nature à arrêter
« notre marche sur Rapallo, et à
« nous forcer même à revenir sur
« nos pas sans avoir rempli le but
« proposé. Le projet suivant eût
« été peut-être préférable :

« Ne laisser que 800 hommes
« sur la marine vers Nervi, autant
« sur le Monte-Faccio, pour gar-
« der toutes ces montagnes et le
« revers de Bisagno. Avec le res-
« tant des troupes dont nous pour-
« rions disposer, et qui, par cette
« disposition, formerait une masse
« imposante, attaquer demain
« Monte-Creto, par le Bisagno
« et le front du Diamant; on pour-
« rait espérer du succès et atten-
« dre que l'ennemi se rejetât sur
« Buzalla, et le restant sur Campo-
« Marone; après demain, ce serait
« le tour de ces derniers.

« Si cette manœuvre réussit,
« l'ennemi doit lever le blocus,
« ou il se laisse détruire. Dans
« ses quartiers, nous trouverions
« de quoi nourrir la troupe pen-
« dant quelques jours, et ensuite
« nous reviendrions à l'expédition
« du Levant : alors elle serait
« sûre, au lieu que, dans ce mo-
« ment, elle est hasardée et ne
« nous procurera pas grand'chose.

« Ceci mérite considération et
« une détermination prompte :
« d'elle dépend peut-être notre
« salut futur.

« *P. S.* Si vous croyez devoir
« arrêter la marche sur Rapallo,
« je vous demande d'autres ordres.

« ou d'être appelé près de vous « pour concerter un autre mou- « vement. »

Frappé de ces observations, le général en chef voulut s'entretenir avec le général Soult plus au long, et pour cet effet, il le fit appeler. En présence de l'adjudant-général Andrieux, voici ce que dit au général Masséna le général Soult :

« Le projet sur Rapallo me paraît inexécutable :

« 1° Parce que les troupes que l'ennemi a à Sori s'élèvent à 2,000 : ne pouvant lui en opposer qu'un nombre égal, il sera presque impossible de le repousser jusqu'à Rapallo, surtout ayant à combattre sur un terrain couvert de difficultés. (De Sori jusqu'à Rapallo, le chemin, extrêmement *désagréable*, pratiqué sur le revers de la montagne, n'a que six pieds de largeur; *des murailles de six à huit pieds de hauteur le bornent* dans toute son étendue ; des jardins d'oliviers également murés s'élèvent en amphithéâtre et forment des retranchements à l'ennemi, impossibles à tourner);

« 2° Admettant qu'on parvienne à s'emparer de Rapallo, après avoir pris les positions importantes de Rhua, on ne pourra faire évacuer ce que l'on trouvera, et dans ce premier endroit et à Porto-Fino, avant la nuit suivante, ce qui fait une absence *de plus de 48 heures* aux troupes agissantes, temps suffisant à l'ennemi pour descendre par le Monte-

Cornua sur Nervi et Recco, afin de couper la retraite à la colonne qui serait à Rappelo ;

« 3° Ne pouvant se servir de la mer, puisque les chaloupes canonnières napolitaines sont embossées à la côte, et n'ayant que 4 à 500 portefaix pour les évacuations, cela ne produira au plus que 500 quintaux, d'autant mieux qu'on ne peut pas prétendre à plus d'un voyage. Cette quantité ne donnera à la garnison et aux habitants qu'une demi-journée de subsistances, et encore, pour l'avoir, faut-il supposer que nous battrons l'ennemi, que nous nous emparerons de Rapallo et de Porto-Fino, que nous y trouverons du blé, que nous pourrons y rester le temps nécessaire, et que l'ennemi ne s'y opposera pas ;

« 4° Enfin, il ne convient nullement, toute chance calculée, d'aller exposer des troupes à une défaite pour des avantages aussi légers qu'incertains ; il vaut mieux adopter le projet sur Monte-Creto ; ce mouvement réussissant tournera tout à notre avantage, en obligeant l'ennemi à se retirer par Monte-Croce, sur Campo-Marone ; la prise du Monte-Creto l'obligera de plus à s'éloigner de Gênes, à abandonner Sestri et Porto-Fino.

Maîtres du Levant, nous le serons aussi de Cornigliano et Sestri du Ponant ; nous enlèverons son artillerie, et là on trouvera quelques magasins.

Le général en chef, ensuite de

ces observations qu'il reconnut vraies, renonça au projet sur Rapallo, le jugeant inexécutable, adopta celui sur Monte-Creto, et invita le général Soult à en régler les dispositions. »

Voilà la discussion qui eut lieu entre le général Masséna et le général Soult, que l'auteur du journal, avec trop de légèreté, appelle *fatigante !* Sans doute, lorsqu'il s'agit d'assurer, par quelques opérations militaires, des succès d'une ville assiégée et manquant de tout, il faut que tous les moyens soient bien calculés, pour que le résultat, s'il n'est pas des plus avantageux, au moins ne soit pas *défavorable*, et l'on ne saurait trop mettre de chaleur à combattre un plan qui n'assure pas un avantage *certain*. Celui sur Rapallo était de ce nombre; il n'était d'ailleurs pas l'ouvrage du général en chef: il avait pour auteur un homme qui, certainement, ne devait pas concourir à son invention. Que celui qu'on adopta en place n'ait pas obtenu les plus heureux succès, il n'en est pas moins préférable, tout militaire en jugera. Voilà ce que nous voulions faire connaître pour rendre justice à la vérité et *pour la rendre au général Soult*. Les raisons qui déterminèrent l'exécution du projet sur Monte-Creto sont connues; passons au fait.

Le général Masséna ordonna donc au général Soult de prendre en personne le commandement de la colonne qui devait attaquer de front Monte-Creto, et de donner les instructions nécessaires à celle qui agirait en avant *du fort Diamant, commandé par le général Gazan.* D'après cet ordre, l'instruction suivante fut adressée par le général Soult au général Gazan.

« Je vous préviens, mon cher camarade, que le mouvement que je devais faire ce matin sur Rapallo vient d'être contremandé, et que les dispositions suivantes auront lieu :

« Aujourd'hui vers les 5 heures du matin, je partirai avec 4 demi-brigades pour me porter sur Monte-Creto, où j'attaquerai l'ennemi sur son flanc gauche et ses derrières, et l'obligerai à abandonner les positions et retranchements qu'il occupe dans cette partie.

« Pendant que j'exécuterai ce mouvement, et sitôt que vous me verrez engagé, ou que mon feu vous annoncera que je suis aux prises avec l'ennemi, vous l'attaquerez avec vigueur en avant du fort Diamant; vous ferez en sorte de le culbuter et, dans sa retraite, de lui enlever le plus de monde possible.

« Il est vraisemblable que l'ennemi, en se retirant, se rejettera, partie sur Buzalla, et le restant sur Campo-Marone. Surveillez ceux qui prendront cette dernière route. Je me charge des autres.

« Notre jonction devra s'opérer sur les hauteurs de Monte-Creto et vers les retranchements de l'ennemi. Faites en sorte qu'elle soit prompte; elle décidera nos succès ultérieurs.

« Je vous renvoie à mon instruction d'hier au soir, pour ce qui concerne le front de Begallo et Saint-Pierre-d'Aréna.

« Vous pourrez, pour faire votre mouvement, disposer de toute la 106e, de la 92e et de la 97e de ligne.

« Je vous préviens que le général en chef se rendra près de vous *dans la journée*. »

A la tête des 3e légère, 2e, 3e, 24e et 62e de bataille, le général Soult se remit en marche pour exécuter le mouvement. La 24e fut laissée entre les Quatre-As et le Bisagno, pour garder les derrières et empêcher que l'ennemi ne puisse venir les inquiéter.

Les 3e légère et 62e de ligne, sous les ordres de l'adjudant-général Gauthier, formaient l'avant-garde, et les 2e et 3e de ligne, aux ordres du général Poinsot, formaient le corps de bataille.

Après avoir repoussé tous les postes ennemis, l'adjudant-général Gauthier parvint à s'établir sur la première hauteur du Monte-Creto; deux charges, qu'il exécuta avec succès, rejetèrent les Autrichiens dans leurs retranchements et nous menèrent sur le plateau de cette montagne escarpée.

La pluie qui tombait par torrents, et une fusillade qu'engagea la 24e en s'établissant sur les revers gauches des Quatre-As, retardèrent la marche du général

Poinsot, qui crut que la 24e avait besoin de secours, et l'empêchèrent de prendre part aux deux combats qui nous mirent en possession de Monte-Creto; il vint s'y établir peu après; son arrivée fut le signal de l'attaque, et malgré l'orage, les premières redoutes furent enlevées.

L'ennemi ayant, à la faveur de ce même orage, rallié ses troupes, nous attaqua dans les ouvrages que nous venions d'emporter; la résistance fut terrible, mais il fallut céder, se réunir et réattaquer. On se battit corps à corps, on se battit à outrance; aussi les premières redoutes furent reprises et, avec elles, nous enlevâmes la seconde ligne de retranchement, 150 prisonniers dont un colonel; nous dépassâmes le camp de Monte-Creto et enclouâmes toutes les pièces d'artillerie que l'ennemi y avait. C'est en cet instant que fut blessé l'*infiniment brave adjudant-général Gauthier. Cet officier du plus rare mérite se surpassa lui-même en cette journée.*

La brigade du général Poinsot avait, peu auparavant, relevé celle d'avant-garde. Le général Soult, à la tête de cette dernière qu'il avait ralliée, marchait au soutien du général Poinsot, que l'ennemi réattaquait avec toutes ses forces réunies; ce dernier effort de part et d'autre allait décider du sort de cette journée, et la victoire semblait être à nous quand une balle atteignit le général Soult et lui fracassa la jambe droite. Ce malheur changea de face nos affaires : les troupes s'apercevant de la perte qu'elles viennent de faire, chancellent, plient et sont repoussées: en vain le général Poinsot, l'adjudant-général Gauthier, et le brave chef de brigade Perrin, qui succomba une demi-heure après, font leurs efforts pour les retenir dans les retranchements que nous avions pris; tout fut inutile; elles descendirent dans le Bisagno et rejoignirent la 24e.

Ainsi la perte d'un seul homme entraîna celle de la bataille. Victorieux jusqu'à cet accident, nous allions recueillir, par nos avantages, le fruit de tant de persévérance, de tant de peines, de tant d'actions d'éclat; mais *le général Soult tombe*, et *tous nos succès s'évanouissent.*

Laissé sur le champ de bataille, le général Soult *fut cru mort*; quelques braves voulurent s'en [illegible] et retourner à lui *afin de le sauver*; mais la vue de son chapeau dans les mains d'un soldat accréditant cette fatale nouvelle, découragea les troupes, elles s'enfuirent et laissèrent leur chef étendu, *presque sans mouvement*, sur le même sol où, suivant ses pas un instant avant, elles renversaient tout.

Plaçons ici le récit d'un trait qui n'aurait pas dû échapper à l'auteur du journal.

Au moment où le général Soult fut blessé, le chef d'escadron Benoist Soult, son aide-de-camp et son frère, ainsi que le lieutenant Hulot, officier d'ordonnance, se trouvant près de lui l'un et l'autre, d'abord *pour le sauver*, ensuite pour lui donner les secours nécessaires à sa situation, restèrent à ses côtés. Chargés du fardeau honorable de leur général, ils essayèrent *de le sauver* des mains de l'ennemi; mais leurs généreux efforts furent impuissants et ne servirent qu'à donner la preuve de leur attachement et d'un dévoûment extraordinaire. Accablés de fatigue, et perdant l'espérance *de sauver leur général*, ils attendent que l'ennemi s'empare d'eux; mais, par fatalité, les Autrichiens ne distinguent pas le général blessé et continuent leur feu sur ce groupe de trois amis; l'aide-de-camp Soult alors se précipite dans leurs rangs, son chapeau et ses habits sont criblés de balles; il arrive, se fait connaître, et demande des secours pour son frère. Le général autrichien Hohenzollern, aussi loyal que bon militaire, envoie au général Soult tout ce que les circonstances permettent d'offrir.

Un trait de cette nature ne devait pas être oublié; il fait trop honneur à l'humanité pour ne pas intéresser l'histoire.

Observations.

M. le lieutenant-général a compris dans cette remarque les opérations des 21 et 23 floréal. Ces deux opérations sont complètement étrangères l'une à l'autre; il est donc indispensable de séparer ce qui concerne chacune d'elles.

21 FLORÉAL.

J'ai sur les faits de cette journée, et indépendamment de mon journal, mes propres notes et mes souvenirs, les pensées du général en chef, une note écrite du général Reille, les rapports des chefs de corps, les remarques du lieutenant-général Soult, et la copie des mémoires du général Darnaud, en ce qui le concerne pendant le blocus de Gênes; et je dois ajouter que plusieurs fois, la plume à la main et la carte sous les yeux, j'ai discuté et rectifié ce qui a spécialement rapport à cette affaire du 21 floréal, avec ce général qui, toujours en première ligne et seul pendant plusieurs heures, a si brillamment combattu durant cette glorieuse lutte; qui, par conséquent, n'a pu se tromper ni être trompé sur aucun des faits principaux de cette journée. Ajouterai-je qu'il est impossible d'avoir connu le général Darnaud sans avoir acquis la conviction qu'il était aussi simple, aussi franc, aussi loyal qu'intrépide... Or, il s'en faut que le contenu des remarques de M. le lieutenant-général sur le combat d'Il Becco, soit d'accord avec ce que le général Darnaud a écrit et avec ce qu'il m'a dit. En effet :

Selon M. le lieutenant-général, il n'aurait pas quitté son avant-garde et aurait tout vu, tout ordonné, tout fait. Selon le général Darnaud, M. le lieutenant-général n'aurait pas quitté sa réserve, et puis deVignano, lui, général Darnaud, aurait opéré seul jusqu'à la sommité d'Il Becco, où le lieutenant-général Soult le rejoignit.

Selon le lieutenant-général, le passage du ravin se serait fait sans coup férir, ce qui est vrai pour les troupes qui marchaient directement sous ses ordres. Selon le général Darnaud, et ce qui, pour les troupes qu'il commandait, est tout aussi certain, le passage de ce ravin fut exécuté malgré le feu d'un détachement autrichien.

Selon le lieutenant-général, on n'aurait pas fait de prisonniers par suite du passage de ce ravin. Selon le général Darnaud, on aurait fait, presque immédiatement après ce passage, cinquante prisonniers.

Selon le lieutenant-général, c'est lui qui aurait fait enlever les premières hauteurs d'Il Becco et aurait fait là plus de 400 prisonniers. Selon le général Darnaud, cette attaque appartiendrait en entier à ce dernier, mais ne lui aurait fait faire que cent prisonniers, dont un colonel, un lieutenant-colonel et deux majors.

Selon le lieutenant-général, c'est lui qui aurait envoyé le chef de brigade Godinot en parlementaire. Selon le général Darnaud, c'est lui qui, dans ce moment désespéré, aurait eu recours à ce moyen, à cette ruse, grâce à laquelle il laissa à M. le lieutenant-général la possibilité d'arriver à temps, etc.; et c'est un fait que le général Darnaud était aussi incapable qu'aucun autre de s'attribuer à tort, surtout contradictoirement à son chef et au lieutenant-général Soult.

On le voit, trop de faits avancés dans ces remarques

sont contredits ; mais il faut considérer que lorsqu'elles furent rédigées et remises au premier consul, ce dernier avait autre chose à faire qu'à vérifier ce qui, pour lui, n'était d'ailleurs que des minuties ; et en effet, il s'agissait de produire une impression dont on pût profiter et non de preuves juridiques ou même historiques ; aussi ai-je adopté le dire du général Darnaud dans la conviction que j'ai dû le faire.

Je reprends le thème de M. le lieutenant-général, c'est-à-dire, la première partie de cette vingt-huitième remarque.

« On a vu, dit-il, que la colonne que commandait « le général en chef avait été repoussée avec perte et « rejetée sur la droite de la Sturla, tandis que les « troupes du général Soult coupaient la ligne enne- « mie... » Assertions, tournures, contrastes, expressions, tout dans ce peu de mots est au même degré hostile et inexact.

La colonne que commandait le général en chef !.. — Le général en chef, dont son lieutenant fait ici *un commandant de colonne*, ne commandait *aucune colonne*, car il les commandait *toutes ;* mais, subordonnément à lui, agissaient cinq colonnes, deux aux ordres de M. le lieutenant-général, trois aux ordres du général de division Miollis, y compris celle de l'adjudant-général Gauthier, encore qu'elle fût détachée des deux autres... Or, les deux commandées et conduites par le général Miollis furent repoussées et non rejetées sur la Sturla, d'où les ordres du général en chef leur firent reprendre l'offensive après une indispensable halte d'environ deux heures!

Les Autrichiens, énorgueillis des succès qu'ils avaient eus à Monte-Parisone !.. manière d'achever de se glorifier de succès dont les deux tiers furent obtenus par le général Darnaud, mais qui auraient pu se changer en un grand désastre, si le rôle des troupes du Général Miollis avait été aussi nul que M. le lieutenant-général veut bien le dire!.. Le général comte Reille, embrassant ce qui appartenait au rôle de l'avant-garde et à celui de la réserve du lieutenant-général, c'est-à-dire au général Darnaud et à lui, écrivait le 28 février 1828 : « Le général Soult fit certainement, pour « tourner et enlever le Monte-Faccio, une des marches « les plus difficiles et des attaques les plus brillantes et « les plus glorieuses ; mais quoique l'attaque du général Miollis ne réussit pas, elle n'en contribua pas « moins au succès, parce que, faite avec vigueur et « par le brouillard, elle attira fortement l'attention « de l'ennemi qui, pour la repousser, fit marcher des « réserves qui, ayant suivi nos troupes *jusque sur la* « *Sturla*, ne purent retourner à temps sur le Monte-« Faccio, pour concourir, avec celles qui s'y trouvaient « déjà, à sa défense contre les belles attaques de « la colonne que commandait le général Soult... » Tout, dans ces lignes, est évident et sans ambiguité, modéré, mais ferme, et coïncide d'ailleurs avec l'ensemble des faits et des détails!..

L'ennemi s'était fait rejoindre par celles du Monte-

Faccio !.. — Par ce qui restait alors de troupes sur le Monte-Faccio !

Le général Soult donna ordre au chef de brigade Godinot !.. Non : c'est par le général Darnaud que cette ruse fut conçue, que cet ordre fut donné.

Tout était préparé pour le bien recevoir et pour assurer la victoire : les troupes en colonnes serrées, et sur trois lignes !.. — Lorsque le chef de brigade Godinot fut envoyé en parlementaire par le général Darnaud, rien n'était et ne pouvait être prêt, même pour résister à l'ennemi. Mais encore, avec quoi le général Darnaud eût-il formé *trois lignes de troupes, en colonnes*, quand, en présence d'un ennemi si supérieur, il se trouvait avoir à peine de quoi former *une ligne*, qui d'abord, et toujours d'après lui, n'eût pu avoir partout *trois hommes* de profondeur ?

Ce rapprochement du général Masséna, *rentrant à Gênes* lorsqu'il *regardait la perte du général Soult et de ses troupes comme certaine, et apprenant, pendant son dîner, que l'on entendait un grand feu*, est encore une de ces conceptions qui bouleversent !.. Quant aux faits, les voici....

Le général en chef, après avoir arrêté la retraite des 8e légère, 62e et 74e de ligne, les avoir remises en bataille et les avoir haranguées, après avoir infligé des châtiments et ordonné des distributions auxquelles une heure devait à peine suffire, rentra chez lui pour l'expédition de quelques ordres !.. Maintenant, et pendant des moments que *rien au monde ne réclamait*, a-t-il pris quelque aliment?.. Mais, à cheval depuis la pointe du jour, qu'y aurait-il d'extraordinaire?.. Je vais plus loin!.... Eussions-nous subi un malheur effroyable, auquel on n'a jamais cru *et jamais dû croire*, parce que d'aussi bonnes troupes, sous un chef vigoureux, et secondé comme il l'était, se frayent toujours un passage; enfin, ce malheur consommé, eût-ce été un motif pour que le général en chef se condamnât à mourir de faim? mais ne pas en mourir de faim n'aurait pas empêché d'en éprouver un désespoir auquel son attachement pour le général Soult, et le sentiment de pertes irréparables, eussent mis le comble! En résultat, ce qui achève de prouver à quel point tout est hostile dans cette pièce, et combien l'usage que l'on fera incontestablement de son contenu sera digne de l'usage qu'on en a fait, et pour lequel elle a été rédigée, c'est qu'après avoir dit que, *le croyant perdu, le général Masséna était allé se mettre à table*, il ne dit rien de l'offensive qui, d'après des ordres *de suite donnés*, fut reprise par le général Miollis, du moment où elle fut possible, le général en chef présent; mais de plus, bornant à des inculpations toutes les mentions qu'il fait du général Masséna, il passe immédiatement à l'enthousiasme que cette victoire fit éclater à Gênes, enthousiasme dont il s'attribue tout l'honneur, mais dont, grâce au jugement des Gènois, le général en chef eut toute la part qui lui appartenait, attendu que, sans la conception de cette attaque, ce beau fait d'armes n'eût pas eu lieu, et que, s'il ne réalisa pas tout ce qu'il avait fait espérer, cela ne résulta que d'un insuccès partiel dont le général en chef diminua la gravité, mais qu'il fut hors de sa puissance d'empêcher !

L'impression défavorable que la lecture de la défense de Gênes, par l'adjudant-général Thiébault, peut avoir produite sur le compte du général Soult, doit être détruite!.. — Une *impression* de cette nature, n'ayant été et n'ayant pu être *produite* sur personne, n'était pas à *détruire;* et cependant, pour espérer faire croire que jusqu'à *mes exagérations louangeuses ou apologétiques*, tout, pour lui, était déni de justice; pour renouveler à propos de gloire la fable du Lion chasseur, au prix de quelques éloges donnés à un chef d'escadron qui les méritait, et à un adjudant-général qui ne les méritait pas, il fallait bien supposer ce qui n'était pas!..

Voilà, continue M. le lieutenant-général, *des détails vrais : nous les devons à la vérité, à l'intrépidité des troupes et à l'honneur du général Soult, qui les obtint par ses savantes dispositions!..* En dépit de ces *détails dus à l'honneur du général Soult*, et *obtenus* par *ses savantes dispositions*, je n'en répèterai pas moins que non-seulement je n'ai donné à aucune mention l'attention que j'ai donnée à celles concernant M. le lieutenant-général Soult, mais, de plus, que sans en rien omettre j'ai tâché de rendre plus saillantes quelques parties du seul rapport qu'il a adressé au général en chef; et comme surcroît de preuves de l'injustice de toutes ses incriminations, je renverrai encore à la réponse que me fit le maréchal Masséna, lorsque je lui demandai ce qu'il aurait fallu faire pour que cet ouvrage ne me fît pas encourir la haine de M. le maréchal Soult, et je conclurai que ces imputations d'intention et de fait ne m'inculpent en aucune manière.

En résumé, s'il y avait quelque chose à rectifier, à ajouter à ce que contenait mon ouvrage, cela ne requérait certes pas un *factum*, dont au reste le but apparent n'était que le prétexte; mais surtout, et ainsi que cette série *d'observations* le consacre, rien ne pouvait justifier cette conclusion : *que les rapports des affaires du Monte-Faccio et de la bataille de Monte-Creto* (c'est-à-dire de ces deux combats), *donnent la mesure de la confiance qu'on doit avoir pour le journal du citoyen Thiébault*!.. Conclusion qui ne peut *donner d'autre mesure* que celle de sentiments malveillants!

Mais encore, si M. le lieutenant-général m'avait adressé les remarques qu'il se serait cru fondé à faire sur le contenu de ma première édition, je serais responsable des erreurs et omissions qui auraient pu rester même dans la seconde; mais comme ces rectifications se seraient bornées à fort peu de chose, cela ne remplissait ni le but principal ni le but secondaire. Toujours est-il, d'une part, que par un chef, alors en faveur, j'ai été attaqué auprès de celui dans les mains duquel était ma destinée, et cela, je le répète, par des incriminations d'intention et de fait, incriminations injustes et sur lesquelles j'ai été mis *hors d'état de me défendre*; de l'autre, que, quant à ma rédaction, je n'ai pu écrire mon journal *en* 1800, ni le réimprimer *en* 1801, d'après des remarques *secrètement remises en* 1800 contre le général Masséna et contre moi, d'après les vagues reproches qui m'ont été faits *en* 1805 et *en* 1828, et d'après ce qui, à tort, a été dit *en* 1841 à la tribune de la chambre des députés.

23 FLORÉAL. — BATAILLE DE MONTE-CRETO.

Qu'est-ce qu'une bataille ?.. Lutte de deux armées ou de la majeure partie de deux armées, sous les ordres directs de leurs généraux en chef ou de leurs suppléants !.. Or, à Monte-Creto, deux divisions autrichiennes, successivement renforcées par quelques régiments ou bataillons, combattirent, sous les ordres d'un des lieutenants du feld-maréchal de Mélas, huit faibles demi-brigades françaises, commandées par un des lieutenants du général en chef Masséna : d'où il résulte que la lutte dont il sagit, et qui ne fut ni une affaire d'armée, ni même une affaire de corps d'armée, fut un *combat*, non une *bataille !..* Maintenant, M. le lieutenant-général Soult ignorait-il ce que c'est qu'une *bataille*, au point de croire que parce que le général Masséna *n'avait voulu prendre part ni aux dispositions ni à l'exécution de cette fatale attaque*, il le remplaçait de fait, et que commander *seul* une partie de la droite de l'armée, équivalait à la commander *en chef* tout entière ; ou bien se persuadait-il qu'il était au-dessous de lui d'avoir été blessé, battu et pris, dans une autre action de guerre que dans *une bataille* ?.. Je l'ignore ?.. Mais comment n'avait-il pas considéré que l'affaire du 10 floréal, par exemple, où le général en chef avait commandé *en personne*, où toutes les troupes de l'aile droite avaient donné, que même cette affaire, où il avait combattu contre le feld-maréchal de Mélas *également en personne*, mais dans laquelle furent engagées de trop faibles parties de leurs armées, n'avait jamais été et n'avait jamais dû être désignée que comme un *combat*!

Quoi qu'il en soit de ces distinctions ou définitions, et ainsi qu'on l'a vu, cette seconde partie de la 28e remarque est consacrée à justifier la déplorable victoire que, dans cette occasion, M. le lieutenant-général Soult remporta sur le général Masséna, en obtenant de substituer l'attaque de Monte-Creto à l'expédition de Porto-Fino, plaidoyer dont la longueur pourrait suffire pour prouver les difficultés de la thèse ; car, en fait d'opérations de guerre surtout, ce qui ne se justifie pas de soi-même, ce qui a été condamné par le résultat, est injustifiable !.. M. le lieutenant-général dit, à la vérité : *L'auteur du journal ne sait donc pas qu'une opération, bien calculée, et la seule convenable en certain cas, ne peut cesser de faire honneur à celui qui l'a proposée, quoique l'effet que l'on en attendait n'ait pas couronné l'entreprise ! Combien de fois, n'a-t-on pas vu les plus belles dispositions échouer par telle ou telle cause impossible à mettre dans la classe des choses à prévoir !..*—*L'auteur du journal* n'en était certes pas à ignorer de telles choses ; il savait même, et tout aussi bien, qu'il est peu de thèses qui n'aient un sens vrai, et peu d'assertions qui n'aient une explication possible. Mais quant aux cas fortuits, comment M. le lieutenant-général ignorait-il que *si la fatalité* *peut jouer un rôle dans les revers, la fortune en joue toujours un dans les succès* (*) ; que, malgré cela, on ne blâmera jamais quiconque a réussi dans une noble entreprise, comme, et à moins de circonstances au dernier point extraordinaires, on n'approuvera jamais quiconque aura échoué.

Mais encore, et quelque chose que l'on puisse imaginer et dire pour se glorifier d'une défaite, cela eût été d'autant plus difficile dans la circonstance dont il s'agit, qu'il y eut à la fois *du mal jugé* et *du mal joué : du mal jugé*, cette attaque du Monte-Creto n'ayant pas dû être faite et, bien moins encore, préférée à l'expédition que le général en chef avait ordonnée ; *du mal joué*, attendu que la pluie étant survenue, et cette pluie, devenue en un instant une pluie de déluge, n'ayant permis à personne de combattre pendant deux grandes heures, il était évident qu'il n'y avait plus rien d'utile à tenter!.. Et en effet, si, comme le dit M. le lieutenant-général lui-même, *il est de principe à la guerre de prévoir tous les cas*, qu'y avait-il de plus facile au monde que de prévoir qu'indépendamment de ce que le terrain était détrempé de manière à doubler les difficultés de l'attaque, les vallées étant restées praticables pendant que les troupes avaient été forcées de rester inactives sur le sommet du Monte-Creto, l'ennemi qui, combattant sur son terrain, en connaissait les moindres accidents, n'avait pu manquer

(*) Recueil de pensées du général Thiébault, liv. II.

de profiter de cette halte de deux heures pour reformer et sustenter ses corps, rectifier ses positions, ajouter aux moyens d'action des uns, de résistance des autres, et faire arriver de nouvelles troupes, ce que nous n'avions pas les moyens de faire ! Et certes, c'était plus qu'il n'en fallait pour devoir faire considérer l'enlèvement et à plus forte raison la conservation du Monte-Creto comme impossibles, quand même, au moment de l'attaque, un premier succès aurait pu paraître certain... On ne saurait donc comment justifier M. le lieutenant-général d'avoir continué à jouer, sur une telle carte, la réussite d'une entreprise devenue un dernier espoir, ni comment laisser d'application à ce vague subterfuge *d'opération bien calculée*, *et la seule convenable en certain cas*!..

Selon lui, au surplus, sa blessure seule a empêché l'*effet de couronner l'entreprise*, c'est-à-dire, a causé la défaite que nos troupes ont subie ! Quiconque, en fait d'opérations de guerre, ne sera pas en mesure de faire face à des contre-temps, résultant de circonstances imprévues ou d'accidents, souvent même d'ordres *inexécutés*, ou mal exécutés, ne sera jamais un général de bataille (*)! Je sais que, dans ce cas, la pluie et la blessure de M. le lieutenant-général firent jouer un double rôle à la fatalité ; mais, quant à la pluie, le temps l'annonçait, et quant à la blessure du lieutenant-général, il n'y a pas de doute qu'elle n'ait puissamment servi l'ennemi.

(*) Voir mon Recueil de pensées.

Mais a-t-elle décidé de tout? Le général Masséna n'a jamais pensé qu'elle ait fait autre chose que hâter la retraite à laquelle nous auraient toujours forcés les renforts que l'ennemi recevait et au besoin aurait continué à recevoir; considérations et faits d'après lesquels on est amené à conclure que, loin d'être *bien calculée*, cette opération était *la moins convenable*, la plus fâcheuse que l'on pût exécuter dans notre situation... Sous le triple rapport de la disproportion des forces, des cas fortuits et des retranchements dont les escarpements de cette montagne étaient hérissés, c'était, dans toute la force du terme, attaquer *le taureau par les cornes*. L'ennemi, en effet, pouvait impunément être forcé partout, excepté au Monte-Creto, centre et clef de toutes ses positions autour de Gênes!.. Et, d'ailleurs, ne savions nous pas que trois jours après l'affaire du 10 floréal, il avait renforcé par 2,000 hommes les troupes qui déjà occupaient ce camp.

Je passe sur le reste du préambule, et notamment sur *les dispositions qui échouent et sur des causes à mettre dans la classe des choses à prévoir*, pour ne m'occuper que du contenu des quatre propositions suivantes, présentées par M. le lieutenant-général lui-même, comme résumant les raisons qui prouvent que le projet sur Porto-Fino était inexécutable, et que, comme *conception*, l'attaque de Monte-Creto ne pouvait que lui faire honneur.

Première proposition. — *Il sera presque impossible de repousser l'ennemi jusqu'à Rapallo, attendu qu'il a 2,000 hommes à Sori, et qu'on ne pourra l'attaquer qu'avec des forces égales!..* Et, l'avant-veille, 3 *à* 400 *hommes*, sous les ordres du général Darnaud, avaient battu des *bataillons entiers!* — *Le chemin de Sori à Rapallo est extrêmement désagréable : il n'a que six pieds de large ; il est bordé par des jardins d'oliviers, en amphithéâtre, fermés par des murailles, et formant des retranchements impossibles à tourner...* Le passage d'*Il Becco* et les défilés de ce groupe de montagnes étaient-ils plus faciles et plus *agréables?* et les approches de la Verreria, où l'on ne pouvait arriver que par un sentier étroit et sinueux, n'étaient-elles pas couvertes de murs, de jardins, et défendues par des forces bien supérieures à celles avec lesquelles M. le lieutenant-général les fit attaquer?.. Mais, de plus, comment admettre que par Saint-Michel, Sori ne pût être tourné et que, tourné, les 2,000 *hommes* que *l'on disait l'occuper* n'auraient pas dépassé Rapallo à toutes jambes!.. Je sais que dans un autre endroit M. le lieutenant-général dit *que, depuis la veille, les Autrichiens n'avaient fait que renforcer leur gauche!* Mais, dans la soirée même du 22, le général en chef, mieux placé pour être bien instruit, lui répondit : « Par les renseignements que je viens de recevoir, je ne crois pas, mon cher Soult, que vous ayez beaucoup de troupes à combattre...» Et en effet, l'attaque de Nervi, que le général Godesheim venait d'enlever à la 8e légère, attaque qui ne put avoir d'autre motif que de rendre quelque confiance à ses troupes, fut à peu près exécutée par tout ce qu'il avait de forces dans ces parages;

et ce que l'on en trouva le lendemain au Monte-Creto acheva de prouver que les Autrichiens n'avaient pas réparé leurs pertes dans le Levant, ce qui, du reste, était d'autant plus à présumer que, quelques avantages que nous puissions avoir de ce côté, ce n'était pas par là qu'il était supposable que nous pourrions tenter de leur échapper... Ainsi, opérant dans le Levant, terre amie de nos armes, et, pour l'ennemi, si féconde en précédents faits pour le décourager, le succès eût été d'autant plus certain et, par ses résultats, d'autant plus décisif, que *notre infériorité numérique eût été moindre que dans aucun des autres combats soutenus ou livrés depuis le commencement du blocus* !

Il faut le dire cependant, les premiers ordres donnés pour cette expédition provoquaient des rectifications, non sans doute pour changer de projet, mais pour rendre la réussite plus certaine et plus complète. Et en effet, ces ordres portaient de partir de Gênes *le* 23, *à la pointe du jour*, et c'est à ce moment qu'il fallait partir de Quarto, où le 22, à la nuit fermée, on aurait dû réunir les troupes destinées à cette opération... *Trois demi-brigades* étaient données au lieutenant-général, et il aurait dû en avoir *quatre*, dont une pour s'échelonner à Saint-Michel ; et même il aurait dû être suivi par l'élite de la garde nationale, non pour combattre, mais pour accélérer les enlèvements de grains et le retour des porteurs, tant pour l'approvisionnement des troupes que pour celui des habitants, et cela, sans parler du grain que bénévolement ces gardes nationaux auraient rapporté eux-mêmes pour la subsistance de leurs familles... L'ordre chargeait, il est vrai, le général Miollis de couvrir la gauche des troupes d'expédition avec trois demi-brigades, mais encore aurait-il fallu le faire soutenir par une réserve que l'on aurait composée de la 106e par exemple, et de tous les détachements que l'on aurait pu y joindre, et qui eût été commandée par l'adjudant-général Gauthier, le tout subordonnément au général en chef... Tout cela eût été de suite obtenu et assurait le succès ; car il ne faut pas perdre de vue qu'indépendamment de ce que de cette sorte il ne fallait, pour l'expédition de Porto-Fino, que 36 *heures* au lieu de *plus de* 48, on n'aurait pas eu en tête le tiers des forces qui occupaient le Monte-Creto ; que si, pendant l'expédition de Porto-Fino, on pouvait être attaqué par sa gauche, du Monte-Creto, centre des positions de l'ennemi autour de Gênes, on l'aurait été par sa gauche comme on le fut par sa droite, ce qui, forçant de couvrir ses deux flancs, affaiblissait partout ; enfin, que l'ennemi avait deux et trois fois plus de chemin à faire, une vallée profonde et un torrent à franchir, de fortes montagnes à gravir, en combattant la division Miollis et la réserve, pour se porter sur les derrières des corps du lieutenant-général, et pour couper la retraite de ceux qui auraient enlevé et à plus forte raison *dépassé* le Monte-Creto, ce qui, surabondamment, compensait l'inconvénient d'être flanqué par la mer. Et d'ailleurs ne pouvait-on établir des signaux au moyen desquels le lieutenant-général eût été informé que l'ennemi s'avançait pour le prendre à revers ? La nuit, des fusées, le jour, des coups de canon, ou des hommes à cheval, protégés dans leur course par quelques postes établis sur des points culminants, ne suffisaient-ils pas pour que le lieutenant-général, informé presque sans retard, pût se reployer à temps.

Sous quelque rapport que je considère cette éventualité de danger, il m'est impossible de lui trouver une base. Et en effet, il y a 8 à 9 lieues de Gênes à Rapallo; mais il n'y avait guère plus de 5 lieues à faire pour se retrouver sur notre terrain habituel de combat, c'est-à-dire, entre Nervi et le Monte-Faccio, où le lieutenant-général eût été précédé, et par la demi-brigade laissée en observation à Saint-Michel, et par la division Miollis, et par la réserve; le tout commandé par le général en chef.

Seconde proposition.— *Supposant que l'on soit parvenu à Rapallo, il faudra attendre la nuit pour les chargements et évacuations de grains sur Gênes, ce qui fait une absence de plus de 48 heures*!.. D'une part, on n'eût rien attendu, et les nuits, au 13 mai, sont déjà fort courtes; de l'autre, on eût employé la première journée à arriver de *Quarto* à *Porto-Fino* et à *Rapallo*, et le soir et la nuit suivante, à l'enlèvement et à l'évacuation; la seconde journée, à revenir ne fût-ce que jusqu'à Nervi, ce qui paraît à tout, et ce qui fait, ainsi que je l'ai dit, 36 *heures* et non pas *plus de* 48.

Ce temps eût été suffisant pour descendre par le Monte-Cornua, sur Nervi et Recco, et couper la retraite à la colonne qui serait à Rapallo !..... 48 heures eussent été suffisantes, il est vrai, pour descendre du Monte-Cornua sur Nervi, si, pour défendre cette montagne, il n'avait pas fallu commencer par arriver à elle et par la monter; mais, certainement, 36 *heures* eussent été *insuffisantes* pour apprendre notre mouvement, en connaître le but, savoir avec quelles forces nous agissions et quels étaient nos moyens, prendre un parti, se réunir, marcher et agir avec succès!.. Au reste, la réponse à l'assertion que j'examine se trouve dans ce que j'ai dit de l'emploi des forces disponibles et ne faisant pas partie des troupes d'expédition; et de fait, flanquées par le fort de Richelieu, ces troupes auraient évidemment occupé le Monte-Faccio et le Monte-Cornua, après avoir disputé le passage du Bisagno. Or, l'ennemi, forcé d'enlever successivement les contre-forts et les positions dominantes de ces montagnes, n'aurait certainement pas franchi ces distances et vaincu ces obstacles *en un jour*, et il ne fallait pas *cinq heures* aux troupes d'expédition pour se reployer de Rapallo et de Porto-Fino à Nervi, ou sur quelques positions intermédiaires entre Nervi et les montagnes! Mais encore, et alors même que le général Miollis et l'adjudant-général Gauthier ne seraient pas parvenus à empêcher l'ennemi de gagner du terrain, celui-ci eût-il osé leur prêter le flanc droit en même temps qu'il eût prêté le flanc gauche au lieutenant-général, qui, au pis aller, aurait eu l'ordre de se reployer au premier bruit du feu de la mousqueterie? Cela ne serait pas soutenable.

Troisième proposition. — *L'on ne pourrait se servir de la mer, puisque les chaloupes canonnières napolitaines étaient embossées à la côte...* Notre flotille ne pouvait-elle les couler, ou les éloigner du moins pendant la nuit durant laquelle l'évacuation se serait faite ?.. Question dont l'affirmative me paraît évidente, mais qui, encore qu'elle se trouvât résolue par la négative, ne devait pas empêcher l'expédition.

500 *matelots ne pouvaient rapporter que* 500 *quintaux de blés, car on ne pouvait faire plus d'un voyage...* Premièrement, rien n'aurait empêché que les soldats, marchant sans havre-sacs et munis de sacs de toile, n'en rapportassent chacun 50 livres, ce qui faisait 1,000 *quintaux de plus*, et que tous les ânes, chevaux et mulets existant à Gênes ne fussent employés à la même évacuation ; secondement, deux voyages ou évacuations étaient possibles en déposant les premières charges à Nervi, où de nouveaux porteurs auraient pu venir les prendre, ce qui aurait produit 1,000 autres quintaux.

500 *quintaux ne donnaient à la garnison et aux habitants qu'une demi-ration de pain !...* Mais les habitants devant être autorisés à suivre l'expédition et à rapporter des grains pour leur consommation, on n'aurait rien eu à leur donner sur les grains évacués par les porte-faix, à plus forte raison par les troupes, les matelots et les bêtes de somme ; et cependant, 500 quintaux seuls produisant 60,000 livres de pain distribuées par demi-ration, alimentaient la garnison pendant six jours et faisaient lever le blocus ; enfin, la flotille et les barques que l'on aurait trouvées à Porto-

Fino et à Rapallo (*) ayant pu rapporter des quantités de blés centuples de celles dont nous venons de parler; rien de tout cela n'est admissible.

Quatrième proposition!..—*Toute chance calculée, il ne convient pas d'exposer des troupes à une défaite pour des avantages aussi légers qu'incertains, et il vaut mieux adopter le projet sur Monte-Creto*; projet qui, selon M. le lieutenant-général, devait aboutir *à débloquer Gênes* et *à l'approvisionner*, et qui, sans pouvoir réaliser le premier but, a fait manquer le second, a causé la défaite des troupes employées à cette fatale attaque et n'a plus laissé la possibilité de revenir à l'expédition de Porto-Fino!.. Mais ne faut-il pas observer encore qu'eussions-nous enlevé le camp de Monte-Creto, coûte que coûte, nous aurions été hors d'état de nous y maintenir et d'y nourrir les troupes! Comment admettre, de plus, que l'ennemi nous laissât occuper ce camp, seul point de jonction de sa droite et de sa gauche, et que, sans en retirer aucun avantage, abandonnant Gênes à des habitants mourant de faim, à la vue d'une flotte ennemie chargée de vivres, nous laississions 4 à 5,000 hommes aux prises avec 40 bataillons qui, au 15 germinal (5 avril), étaient au com-

(*) Le général en chef écrivait le 22 au lieutenant-général Soult: « Sibille et le capitaine Bavastro auront avec eux 4 à 500 marins « que vous emploierez à faire charger de blé tous les petits bateaux « qui se trouveront à Porto-Fino, etc. »

plet (*), et, à la fin du blocus, formaient encore 30,000 hommes, et cela quand, d'après M. le lieutenant-général lui-même, 2,000 *hommes* supposés à Sori ne pouvaient être attaqués par 2,000 hommes de nos troupes *combattant sous ses ordres*! Mais voici ce qui achève de confondre : c'est après l'enlèvement du camp de Monte-Creto qu'il voulait aller à Porto-Fino. Et que gagnait-on à avoir enlevé ce camp, que de suite il aurait fallu abandonner, si même on n'en avait été chassé, et où l'on ne pouvait aller, sans raison, que pour ne plus laisser de possibilité à la dernière expédition que comportât notre situation et qui pût la changer?

Il ne reste donc aucune échappatoire. Le seul résultat qui, à ce moment encore, pouvait être obtenu, était de se procurer des vivres : or, je le répète, il n'y en avait pas et il ne pouvait pas y en avoir au Monte-Creto, et quoique M. le lieutenant-général dise que *l'on aurait trouvé des vivres dans les quartiers de l'ennemi*, on ne pouvait, hors quelques rations, en trouver qu'à Porto-Fino et à Rapallo; mais pour cela il fallait y arriver, non par le Monte-Creto, mais par le chemin le plus court, par le mouvement le plus brusque, le plus rapide, le moins attendu, ainsi que le

(*) Le lieutenant-général comte Reille, en mission, pendant la suspension d'armes, à Vérone où était le quartier-général du général en chef de l'armée autrichienne, a constaté ce fait sur les états de situation que le général Nieperg lui fit communiquer en août 1800.

voulait le général en chef. Observons même que l'expédition de Porto-Fino ayant eu le moindre succès, les troupes auraient été nourries, et que c'est avec plus d'hommes, et des hommes en meilleur état, que l'on pouvait réattaquer l'ennemi, non à ce moment pour débloquer Gênes, ce qui eût été chimérique, mais, le cas échéant, pour pouvoir le poursuivre vigoureusement, enfin, et conséquemment au plan irrévocablement suivi par le général en chef, pour seconder le premier Consul, en détruisant ou occupant le plus de monde possible à l'ennemi. Cependant, et sans aborder de telles considérations, paraissant même se tromper sur le fait et sur les conséquences, M. le lieutenant-général Soult conclut de l'enlèvement du camp de Monte-Creto, que l'ennemi n'avait plus *qu'à fuir par Buzalla et Campo-Maron*, c'est-à-dire, à *abandonner Sestri et Porto-Fino, Corniigliano et Sestri du Ponant*, et nous gratifier *de l'artillerie et des magasins* qui ne s'y trouvaient pas, ou qu'il n'y aurait pas laissés quand il aurait dû les détruire.

C'est d'après ces raisons, continue-t-il, *que le général en chef reconnut vraies, qu'il renonça au projet sur Rapallo, adopta celui sur Monte-Creto, et invita le général Soult à en régler les dispositions;* fait que, séduit par ce mot *invité*, employé là comme synonime de prière de venir à son secours, M. le lieutenant-général a consigné, mais qu'il aurait pu passer sous silence : car n'est-il pas évident que quand, relativement à une attaque aussi grave, un homme comme *Masséna* ne voulait se mêler d'aucun détail, ne voulait donner aucun ordre, et se bornait à annoncer que dans la journée il se rendrait à la colonne du général Gazan, afin de constater *qu'il ne voulait pas même paraître sur le point de la principale lutte*, mais seulement *être à portée de diminuer un désastre*, il proclamait *qu'il entendait se laver les mains de tout ce qui en arriverait*, et, par ce fait seul, *révélait* tout ce que ce projet avait de menaçant, tout ce que cette discussion avait eu de pénible et de *fatigant* pour lui!.. Et en effet, ce qu'il plaît à M. le lieutenant-général d'appeler *ma légèreté*, est tout simplement une expression dont, de mon chef, je ne me serais pas servi, qui fut écrite sous la dictée du général Masséna, imprimée *par son ordre* dans la première édition, *moi absent*, maintenue *par sa volonté* dans la seconde et dans le manuscrit de celle-ci, et qui, en résumé, n'est qu'une faible et incomplète manifestation de son regret et de prévisions qui, par malheur, furent trop fondées!

Mais, ajoute M. le lieutenant général, *ce projet sur Rapallo avait pour auteur un homme qui, certainement, ne devait pas concourir à son invention!..* Indépendamment de ce que je comprends mal comment on peut concourir à l'invention d'un tel projet et ne pas en être l'auteur, je dirai que cette inculpation semble avoir eu pour objet de montrer le général Masséna dans le servage de son secrétaire intime, et que cette idée d'ailleurs étant bonne, *ainsi qu'elle l'était*, le général Masséna, dans la supposition *gratuite* qu'il ne l'ait pas eue, ne pouvait être trop loué de l'avoir adoptée, de quelque part qu'elle vînt, et elle aurait été d'autant plus digne d'approbation qu'elle fût venue de plus bas! Or, l'homme désigné ici avec une sorte de dédain, était M. Morin (*), et, ce Morin, quoiqu'il ne fût pas militaire, n'en était pas moins, et depuis des années, occupé d'affaires et d'opérations de guerre, et était de force à s'entendre à tout. En fait de capacité, de transcendance, c'était, après le général Masséna, un des premiers hommes de l'armée!.. Cette *Remarque*, au surplus, pouvait avoir plus d'un but; car Morin qui, en 1793, 94 ou 95, avait été, en qualité d'accusateur public, attaché à l'armée d'Italie, avait eu à sévir contre un des frères du premier Consul, et était exécré de toute la famille!.. Mais, pour revenir à ce mot: *ne devait pas concourir à son invention*... (puisque *invention* il y a); sans admettre qu'il y ait *concouru*, sans rappeler le sergent d'artillerie qui fit gagner la bataille de Fontenoy, je citerai l'ordonnateur en chef Daure, qui, au moment de la mort du général Leclerc, commanda en chef l'armée de Saint-Domingue, et la commanda très bien!... Si Morin se fût trouvé dans le cabinet du général en chef lors de la discussion dont il s'agit, toutes les raisons du lieutenant-général Soult n'aurait pas été soutenues; de même que si un homme comme Morin avait été le conseiller de M. le général Soult, ce dernier n'aurait pas argué des faits

---

(*) Auteur d'un fort bon ouvrage sur l'administration militaire, du poème de Gênes sauvée, d'une héroïde sur l'incendie de Copenhague, etc.

qu'il rapporte !.. Cependant, et encore que le général Masséna, homme d'inspiration s'il en fut jamais, ne fût pas un homme de discussion, je suis certain, ainsi que je l'ai déjà observé dans le texte de cet ouvrage, que ce n'est ni à la force des raisons, ni à la *fatigue* seule qu'il a sacrifié sa juste conviction : ce qui a fini par lui arracher un consentement *qu'il a toujours regretté d'avoir donné, c'est d'abord le danger de faire faire à un chef militaire, quel qu'il soit, une opération de guerre qu'il ne voudrait pas faire, tout en l'empêchant d'en exécuter une conçue par lui ;* c'est ensuite, relativement à la première, la possibilité qui eût été laissée ainsi à ce chef, d'imputer l'insuccès, et tout ce qui pouvait en résulter, à qui ne s'était pas rendu à une proposition faite et soutenue par écrit et de vive voix, et, à la fin, avec le concours d'un auxiliaire qui, en l'absence de M. le général de division Oudinot et du général de brigade Franceschi, remplissait les fonctions de chef de l'état-major de l'armée, je veux dire, secondé par l'adjudant-général Andrieux qui lui était dévoué.

Je passe aux derniers reproches auxquels cette *Remarque* est consacrée.

1° Il ne put jamais être question d'élever de doute sur la juste douleur et sur le regret que la blessure et la prise du lieutenant-général Soult ont causés au général en chef (*) et à l'armée. Cela était impossible relati-

(*) Voir les trois dernières lettres du général Masséna au général Soult, n° 4 des pièces de ce volume, p. 143 et 144.

vement à un chef capable et aussi vigoureux! Quant aux conséquences, M. le lieutenant-général les porte trop loin! D'ailleurs, et dans un combat acharné comme le fut le combat de Monte-Creto, comme il dut l'être en raison du choix et de la force des corps que nous eûmes à y combattre, qui peut prévoir ce qui arrivera à moins d'une minute de distance?

2° On ne peut oublier ce qu'on n'a jamais su. J'avais rapporté sur la conduite du frère de M. le lieutenant-général Soult ce que j'en avais appris, et n'ayant revu pendant plusieurs années ni ce général ni son frère, je ne sais qui aurait pu m'en dire davantage. Ne pas avoir deviné le reste ne méritait pas un reproche deux fois répété. La circonstance d'être le frère du lieutenant-général Soult assurait sans doute un intérêt particulier au chef d'escadron Soult, mais ne pouvait en faire un personnage important!... Quant à la manière dont il se dévoua pour son frère, elle ne put certes que lui faire honneur; mais de tels actes de dévoûment sont, Dieu-merci, fréquents chez nous, et ne le fussent-ils pas, comment s'attendre à cette conclusion, « que la conduite du chef d'escadron Benoit Soult fit « trop d'honneur à l'humanité pour ne pas intéresser « l'histoire!... »

N° VII (*).

CHAMBRE DES DÉPUTÉS.

Séance du 22 janvier 1841.

DISCOURS DE M. LE MARÉCHAL SOULT.

NOTA. — Je passe sur les éloges que, dans cette occasion encore, M. le maréchal Soult a cru devoir se redonner à lui-même, et qui, au milieu de quelques rires, ont fait entendre quelques *très bien*, en partie, il faut bien le dire, provoqués par l'ignorance des faits. Mettant ici de côté tout ce qui, dans ce discours, n'a pas rapport au siége de Gênes, j'en viens de suite aux rectifications et justifications qu'il comporte.

1re CITATION.

« J'avais l'honneur (à Gênes) d'y commander toutes « les troupes qui s'y trouvaient *enfermées*. »

(*) C'est par erreur que dans le premier volume, page 92, lignes 4 et 5, on a indiqué seulement les numéros 7 et 9. C'est au numéro 6 qu'il faut d'abord se reporter.

De telles locutions ne s'emploient pas quand on ne commande que subordonnément ; et en effet, le général en chef Masséna pouvait seul les employer, et pour les troupes de l'aîle droite comme pour celles du centre et de la gauche. De plus, les troupes ne furent jamais *renfermées* dans Gênes, et moins encore, *enfermées* à Gênes.

2° CITATION. *Enceintes de Gênes.*

« Il n'est pas exact d'*énoncer* qu'à cette époque, la « ville de Gênes fût couverte par deux enceintes : *il « n'y en avait qu'une* ! »

Il y en avait deux !.. Quoique la première fût en mauvais état, elle existait cependant. Encore qu'il s'y trouvât des crevasses, les parties existantes n'en formaient pas moins des obstacles, n'en diminuaient pas moins le nombre des points à défendre, et même en facilitaient la défense. Les maisons construites dans plusieurs de ces crevasses les bouchaient de manière à devenir des espèces de redoutes, flanquées par des portions de murailles que l'on pouvait créneler et lier par des tranchées ; enfin, et ainsi que l'indique la mauvaise carte de la seconde édition de mon journal, cette enceinte était bastionnée à peu de frais ; chacun de ces bastions pouvait jouer le rôle de fort détaché ; et aujourd'hui encore, un de ces bastions est devenu un jardin, que des curieux visitent, et un autre a été transformé en un fort (Castelletto), d'où 30 ou 40 pièces de fort calibre répondent de la soumission de la ville, et qui formerait au besoin un nouvel obstacle contre un ennemi extérieur. L'assertion de M. le maréchal, complètement inexacte quant au fait, ne permet donc d'en tirer aucune conséquence.

3ᵉ CITATION. *Prisonniers. — Locutions.*

« Ces prisonniers provenaient surtout des *quatre*
» *sorties que j'avais faites*, et dont la première me
» tint *cinq jours sur les derrières de l'ennemi.* »

En premier lieu ces mouvements et opérations stratégiques n'étaient pas des *sorties;* en second lieu, il fallait dire : *que j'avais eu l'ordre de faire* (*). Quant

(*) Cette manière de tout rapporter à lui, et de taire le nom du chef illustre à l'amitié et au choix duquel il devait son rang et son emploi, est grave de la part d'un subordonné parlant des succès qu'il n'a eus qu'en exécutant ses ordres, succès qu'il ne devait rappeler qu'en rendant à César ce qui appartient à César! Et en effet, que le génie des spéculations financières fasse concevoir à quelque banquier une grande opération, qu'il en confie l'exécution à un homme du métier et par devoir d'état à sa disposition, qu'il lui remette les instructions nécessaires, les capitaux dont il peut disposer, et que, l'opération heureusement terminée, cet homme, au lieu de se contenter d'un escompte légitime, s'en attribue tout le profit, que sera cet homme? Il sera en fait d'argent ce que sera en fait de renommée, de gloire, le général qui s'attribuera ce qui, sous ces rapports, appartient à son chef. Mais, il

aux *cinq jours* passés *sur les derrières de l'ennemi*, ce qui aurait mis M. le lieutenant-général Soult à même d'opérer sa jonction avec le lieutenant-général Suchet, je ne sais ce que cela signifie!.. M. le lieutenant-général Soult ne se trouva sur les derrières de l'ennemi que pendant l'opération exécutée dans le Levant, le 21 floréal, et cela, par suite d'un mouvement *ordonné* et pendant quelques heures seulement!..

Dans l'expédition du *Ponant*, et malgré quelques tentatives pour le tourner, M. le lieutenant-général, grâce à ses manœuvres et ainsi qu'avec raison il s'en

---

faut en convenir, pour se faire ainsi d'une portion de gloire une gloire tout entière, la mort est d'autant plus provocatrice que la plupart des contemporains ont disparu, ou sont devenus incapables de faire usage des souvenirs qui leur restent, ou sacrifient la vérité à d'autres intérêts. Et quant aux faits dont il s'agit, qui élèverait la voix si, du sein de la solitude où m'ont placé les ravages du temps, transformant en tribune une pierre sépulcrale, je n'évoquais la vérité du fond de la tombe même du grand homme de guerre dont, à de meilleurs titres, *je ne manquerai pas plus l'occasion de venger la mémoire*, que M. le maréchal Soult, ainsi qu'il s'y est engagé à la tribune de la chambre des députés *de France*, le 22 janvier 1841, ne *manquera l'occasion de faire l'éloge de M. le duc de Wellington!..* A cet égard, la prolongation de la vie m'impose en effet un devoir sacré, et je le remplirai avec d'autant plus de confiance que ma voix, impartiale et libre de tout intérêt personnel, aura un retentissement que n'auront jamais les expressions d'un sentiment spoliateur, ou les phrases des hommes étrangers aux événements que je consacre, ou que je rectifie, comme témoin et comme acteur.

applaudit, n'en a pas eu pour cela l'ennemi sur ses derrières (Voir son propre rapport, pièce n° 5, page 145). Mais encore, comment aurait-il pu se vanter d'avoir assuré les derrières de la 3e *division, agissant sur la marine*, si, pendant *cinq jours*, l'ennemi avait été entre Gênes et lui !.. Et voilà les mystifications auxquelles les députés sont exposés.

4e CITATION. *Nombre des morts. — Résultats.*

« Des 14,000 *hommes* que j'avais *avec moi* (tou-
« jours *moi*), lorsque le siége commença, il n'en sortit
« que 2,100 (sensation), lorsque les troupes de Ma-
« rengo *vinrent leur donner la main*!.. Tout le reste
« *était mort*!.. Mais, pendant deux mois entiers, cette
« poignée de braves avait arrêté une armée de 50,000
hommes et décidé, *enfin*, la victoire de Marengo ! »

Nos pertes, sans doute, furent considérables et douloureuses; mais les chiffres de M. le maréchal Soult sont loin d'en donner une idée. Et en effet, les 14,000 hommes dont il parle, et que, d'après cela, *le général en chef Masséna aurait eus avec lui lorsque le blocus de Gênes commença*, se montaient à 17,000, les malades compris ; et au lieu des 2,100 hommes qui, selon lui, sortirent seuls de Gênes, puisqu'il dit que *tout le reste était mort*, 4,500, grâce à deux distributions de vivres, furent en état de quitter Gênes par terre, sous les ordres de M. le général Gazan, récemment mort pair de

France (*), et 5,000 malades ou blessés, environ, furent évacués par mer !

L'ennemi n'eut jamais plus de 40,000 *hommes* devant Gênes; et pour sa part, M. le lieutenant-général Suchet contribua aussi aux résultats de cette magnifique campagne, pendant laquelle la totalité des corps agissant en Italie rivalisèrent véritablement de gloire!

Les troupes de Marengo ne donnèrent pas la main aux défenseurs de Gênes; ce furent ces derniers qui, ayant opéré leur jonction avec les troupes du centre, *allèrent*, conduits par le général en chef Masséna, *leur donner la main à Alexandrie.*

La prolongation de la résistance de Gênes et les 10,000 hommes d'élite que son évacuation força l'ennemi d'y laisser, décidèrent en effet de la victoire de Marengo, comme la campagne de Marengo sauva ce qui restait des défenseurs de Gênes : mais ce sont des faits auxquels M. le lieutenant-général Soult est totalement étranger, quelle qu'ait été sa part de gloire pendant les 38 premiers jours du blocus; car la bataille de Marengo a été livrée le 24 prairial (14 juin), le traité d'évacuation de Gênes a été ratifié le 15 prairial (5 juin), et le 23 floréal (13 mai), 22 *jours* avant le traité, 31 *jours* avant la bataille, *M. le lieutenant-général Soult avait été fait prisonnier de guerre.*

(*) Napoléon dit, page 225, 9e chapitre, que 8,500 hommes sortirent de Gênes par terre ,et page 255, qu'il en sortit 5,500. Le général Reille dit, comme moi, 4,500.

3ᵉ CITATION. *Enceintes.*

(Chambre des députés. — Séance du 26 janvier.)

« *J'étais au siége de Gênes, et je puis en savoir* « *quelque chose.* .» (on rit, parce qu'en effet on *pourrait en savoir quelque chose* sans y avoir été, et qu'il était impossible de se méprendre sur les motifs de toutes ces locutions) !.. Je continue, au reste, à copier cette improvisation, destinée à vaincre et à convaincre M. Thiers qui, dans une *ignorance* que l'armée, la Ligurie et l'Europe partageaient, et sans doute partagent encore, avait cru pouvoir s'appuyer sur un passage de mon journal du Blocus de Gênes, pour soutenir le système d'une enceinte continue, précédée par des forts !

« J'ai dit *dans mon discours*, continue M. le maré-« chal Soult, qu'il n'y avait qu'une enceinte !.. L'ho-« norable rapporteur a fait de très longs raisonne-« ments pour me *convaincre* qu'il y en avait deux. » « (nouveaux rires) !.. En effet, il y a 150 ans qu'une « muraille fut construite pour couvrir la ville ; mais « cette muraille, au temps du siége de Gênes, où j'é-« tais (on rit encore), ne servait aucunement à la dé-« fense ni même à couvrir la ville ; car des maisons « étaient construites à travers cette enceinte, et dans « l'état où elle se trouvait *alors*, elle ne contribuait « en rien à la défense de Gênes. Elle n'aurait pas « même servi à favoriser la capitulation du général « *enfermé* dans la ville, et elle était hors d'état d'ap-

« puyer aucune défense, d'autant que des maisons se « trouvaient construites dans des brèches de cette en- « ceinte, qui était toute d'intérieur. Aussi, je la mets « hors de cause.»

A cet égard, m'occupant du fond, non de la forme, j'observerai, 1° que comme l'ennemi ne parvint pas à franchir l'enceinte extérieure, il est bien évident que l'enceinte intérieure ne servit pas à la défense de Gênes; 2° que pour qu'il y eût des *brèches dans cette enceinte*, pour que des maisons fussent construites à *travers cette enceinte*, il fallait bien que cette enceinte existât; 3° qu'encore qu'il y eût des brèches, elle n'en réduisait pas moins le nombre des points à défendre; 4° que les maisons construites dans ces brèches formaient des abris et des appuis, et rendaient même ces brèches favorables à la défense ; 5° que cette enceinte intérieure était même si loin d'être *une simple muraille* qu'elle était *bastionnée*; 6° qu'en admettant qu'un général *enfermé* dans Gênes, n'ait pas été plus qu'ailleurs à même de profiter de rien, je n'en pense pas moins que, dans bien des hypothèses, *un général renfermé* dans Gênes aurait pu tirer assez de parti de cette enceinte *intérieure*, pour qu'elle ne méritât pas d'être *mise hors de cause*.

Maintenant, si l'on voulait une autorité antérieure et à M. le maréchal Soult et à moi, qu'on ouvre l'ouvrage intitulé : *Essai historique et politique de l'Etat de Gênes*, et on y trouvera, pages 20 et 21 :

« Cette ville (Gênes) est fermée par deux enceintes de fortifications : l'une, intérieure, occupe la moitié de la montagne sur laquelle Gênes est bâtie ; l'autre, extérieure, renferme la totalité de la montagne qui complète le triangle équilatéral dont la mer est la base. »

Mais, continue M. le maréchal, « *Il y avait une au-* « *tre enceinte extérieure* (ce qui pouvait faire croire « à trois), celle que l'honorable rapporteur a parfaite- « ment décrite, qui avait son sommet au fort de l'Epe- « ron ; il y avait aussi des forts détachés, comme on « pourrait dire à peu près des ouvrages avancés de « l'enceinte de Paris. C'est donc uniquement à l'exté- « rieur que *mon illustre ami, le maréchal Masséna*, et « moi (encore!), nous conçûmes la défense de Gênes. » C'est-à-dire que *cette défense fut conçue par le général en chef Masséna*.

« Il est vrai que l'honorable rapporteur a opposé le « journal du siége de Gênes, ce journal que, il y a « quarante ans, j'ai commenté *moi-même* pour en re- « dresser les erreurs, les inexactitudes, les omissions. « Et j'avais d'autant plus le *droit de le faire* » (mot « ici fort loin d'être synonyme de *moyen*) qu'elles « m'intéressaient *pour la plupart*, et que *moi-même* « aussi (encore!), j'avais fait mon journal. Je l'ai dans « mon portefeuille. Si on était curieux de le voir, on « pourrait le consulter. » (Très bien !)

Presque tout cela a été expliqué ou réfuté et par ce qui précède et par mes observations sur les remarques de M. le lieutenant-général Soult. Quant à son journal, dont j'ai copie, j'ai fait plus que le consulter, je l'ai annoté d'un bout à l'autre; mais comme sa reproduction n'ajouterait rien d'essentiel à ce que j'ai dit; comme j'ai donné à tout cela une extension qui, déjà et de beaucoup, pourrait avoir dépassé les bornes de l'intérêt, tant la conviction doit être entière, je n'ajouterai plus qu'un mot. Le soir même de la séance du 26 janvier 1841, me trouvant au bal chez Sa Majesté la Reine, mes camarades, membres de la chambre des députés, m'informèrent des inculpations publiques dont j'avais été l'objet. Dès le lendemain, je les relevai, et avec quelque véhémence peut-être, car de quatre rédacteurs de journaux auxquels je m'adressai, aucun ne voulut insérer mon factum, d'où il est résulté que cinq ans se sont écoulés entre l'attaque et la défense.

Je vais finir de fatigue, mais fort loin d'avoir tout dit.

N° VIII.

LE GÉNÉRAL DU GÉNIE THOLOZÉ

AU GÉNÉRAL THIÉBAULT.

Lille le 12 ventôse an 10.

CITOYEN GÉNÉRAL,

J'ai lu avec autant d'application que d'admiration le journal des opérations militaires du siége et du blocus de Gênes, que vous m'avez fait l'honneur de m'adresser, et ce dernier sentiment, qui est bien dû à l'armée qui a défendu cette place, a été partagé par le charme du style nerveux et à la fois piquant avec lequel vous avez tracé ses différentes actions mémorables.

J'oserai cependant vous dire, général, qu'entraîné malgré moi à un enthousiasme que tout militaire doit éprouver en lisant votre ouvrage, je me suis senti arrêté aux journées des 26 et 27 germinal, pages 110 et 111, et faits suivants plus rapprochés des murs de Gênes, qui vous ont suggéré des réflexions et en moi des principes qui pourraient non affaiblir le brillant des actions de celles qui les ont suivies, mais ramener à une prudence nécessaire, si des chefs moins habiles et des troupes moins audacieuses se trouvaient dans des circonstances semblables.

Comme ingénieur, ne pouvant considérer la défense que sous deux points de vue ; le premier, défense purement passive ou de pied ferme, à la faveur des obstacles ; le deuxième, passive et active au moyen de ces mêmes obstacles et d'un nombre de troupes supplémentaires à leur résistance, et n'ayant remarqué dans celle de la place de Gênes qu'une guerre offensive, je me suis trouvé jeté, par ce dernier mode de combattre dans votre position, en dehors du cercle des attributions de mon arme, et, dans cette attitude, borné au seul hommage qu'inspirent le beau et le merveilleux des grands événements que chaque jour du siége et du blocus de Gênes a consacrés par des faits étonnants pour nous et la postérité.

Je joins à cet hommage bien senti, citoyen général, les sentiments de reconnaissance du témoignage flatteur de votre confiance par la communication que vous avez bien voulu me faire de votre ouvrage où, comme acteur, vous avez fourni des situations intéressantes, et que vous avez peintes, comme auteur, avec l'énergie qui convient à votre sujet.

J'ai l'honneur de vous saluer, citoyen général.

THOLOZÉ.

J'ai répondu :

« Le général Masséna, chargé de la défense de Gênes, s'est trouvé dans une situation, à ce point exceptionnelle, que la conservation de cette place et même de l'aile droite de l'armée d'Italie, n'était plus que d'un intérêt secondaire. Aussi sa haute pénétration lui a-t-elle de suite révélé que son rôle devait consister à tout faire pour tenir la campagne le plus longtemps possible, et du moment où il connut le rôle qu'une armée de secours allait jouer, à tout tenter pour la préserver de tout revers, pour assurer ses succès, c'est-à-dire la seconde conquête du Piémont et de la Lombardie; enfin, qu'il n'y avait pour lui de véritable gloire et de salut que dans les victoires du premier consul. C'est dans cette conviction que le général Masséna a dû s'arranger et *s'est arrangé* de manière à ce qu'au dernier jour de subsistances il ne restât plus à Gênes ni armée ni munitions, mais à employer l'un et l'autre à faire à l'ennemi le plus de mal possible; conduite par laquelle il laisse à la postérité l'exemple d'une abnégation totale, d'un dévoûment sans borne, et d'un sacrifice d'un genre nouveau et sublime! Et en effet, se borner à une défense de *pied ferme* (ce qui, à la vérité, conservait la garnison à peu près intacte), loin de rien sauver, de rien compenser, faisait tomber Gênes quinze jours plus tôt, mettait le général Masséna et toutes ses troupes à discrétion, causait la défaite de l'armée de réserve et consommait pour la France la perte de toute l'Italie. »

N° IX.

REMARQUES SUR LE CONTENU DU CHAPITRE

DES

MÉMOIRES DE NAPOLÉON

CONCERNANT LE BLOCUS DE GÊNES (*).

Masséna est mort, mais sa gloire est vivante comme elle est nationale, et le devoir de tout Français, notamment de tout officier qui a appartenu à la famille militaire de ce grand capitaine, est de défendre au besoin une gloire si noblement acquise. C'est à ce titre que j'entreprends de relever les graves erreurs que renferment, sur le blocus de Gênes, les Mémoires de Napoléon.

Je ne dissimulerai pas néanmoins ce que me fait éprouver l'accomplissement de ce double devoir. Na-

(*) Lors de la publication du 6e volume de la *Bibliothèque militaire*, j'y lus ce qui a rapport à la défense de Gênes et à la campagne de Marengo. Ces deux morceaux, copiés des Mémoires de Napoléon, n'ont donné lieu à aucune observation nouvelle.

poléon fut le plus grand général des temps modernes, et je vais rectifier ce qu'il dit d'une opération de guerre qu'il devait parfaitement connaître. Non moins prodigieux, comme homme d'État, comme législateur, que comme guerrier, le monde le surnomma justement l'*homme extraordinaire*, et je vais le montrer participant aux humaines faiblesses!... Mais encore, et après avoir réuni tous les genres de gloire, il fut frappé par le malheur; après avoir élevé de ses puissantes mains le premier trône de la terre, il fut précipité du faîte des grandeurs dans les horreurs d'une captivité atroce; après avoir gouverné la moitié de l'Europe, il acheva ses jours sous la tyrannie d'un indigne geôlier; après une existence immense, colossale, il mourut sur un affreux rocher.... Et moi, au lieu de m'arrêter devant une si grande infortune, je vais appeler d'une partie de ses jugements au tribunal de l'Histoire, que cet homme immortel rendra pour ainsi dire fabuleuse, et de la postérité qu'il éblouira de tout l'éclat de sa carrière........
Mais enfin, et quels qu'aient été son génie, sa puissance, ses malheurs; quels que soient ses titres au respect et à l'admiration; quelle que puisse être ma répugnance à attaquer ce dernier monument d'une si grande vie; quelque formidables que soient ses assertions, en matière de guerre surtout, il fut homme; comme homme, il eut des passions; il écrivit, sous leur influence, des mémoires qui semblent des jugements sans appel, et que dans les siècles les plus reculés la postérité lira avec avidité. Ces mémoires défigurent l'un des événements les plus mémorables de nos guerres et la glo-

rieuse conduite d'un de nos plus grands généraux, à une des époques les plus notables de sa vie militaire. Dans cette occurrence, l'histoire réclame ses droits. Muni de tous les matériaux relatifs au blocus de Gênes, je dois rétablir des faits dénaturés, et je le dois à d'autant plus de titres, que ce n'est pas pour moi que j'élève la voix, et que seul, avec succès, je puis l'élever encore.

Ainsi je ne puis être arrêté ni par la grandeur du rôle et de la renommée de Napoléon, ni par le poignant souvenir de ses tortures, ni par mon horreur pour ses bourreaux, ni par l'orgueil d'avoir marché sous ses bannières. Rompant un silence qui serait inexcusable, j'aurai le courage d'obéir à ma conscience; je ne reculerai ni devant l'hommage ni devant la réfutation; et puisque celui qui a recueilli tant de fruit des éminents services de Masséna, l'outrage au lieu de lui payer le tribut qu'il lui devait, puisqu'il semble vouloir punir *cet enfant chéri de la victoire* d'une célébrité qui n'était due ni à son pouvoir ni à ses faveurs, puisqu'il a pu le poursuivre jusque dans la tombe, j'opposerai à ses assertions les faits et l'évidence, et je montrerai dans tout son jour la vérité devant qui s'abaissent et doivent s'anéantir tous les prestiges, toutes les volontés, toutes les puissances humaines.

Fort de ces motifs et de ces sentiments, je me résigne à ce que ma position commande! Pour plus de clarté, je suivrai le texte des Mémoires de Napoléon, en indiquant les pages et les lignes, et je procèderai avec d'autant plus de confiance que, d'avance, mes assertions se trouvent justifiées par les soixante et tant de pièces ou extraits de pièces officielles qui terminent mon premier volume.

Remarques.

Tome premier des Mémoires. — Edition de Paris. 1823. *Page* 199, *lignes* 17 *à* 28, *et page* 200, *lignes* 1 *à* 14.

Ces vingt-six lignes semblent insignifiantes et sont loin de l'être. Elles ne paraissent qu'une exposition et donnent la clé de tout ce morceau. En voici le résumé:

« L'armée voyait avec confiance à sa tête le vainqueur « de Zurich. Elle était sur un terrain où chaque pas lui « retraçait un souvenir de gloire. Il n'y avait pas quatre « ans que, peu nombreuse et suppléant à tout par son cou- « rage et la force de sa volonté, elle avait remporté tant « de victoires!... L'administration était réorganisée.... la « solde était alignée.... l'abondance avait succédé à la di- « sette.... les ports de Marseille, Toulon et Antibes étaient « encore pleins de bâtiments employés à son approvision- « nement.... Cette armée était aussi bien que la pauvreté « du pays pouvait le permettre.... Elle se montait à 40,000 « hommes; elle avait des cadres pour 100,000. La France « était régénérée.... C'était l'Hercule gaulois prêt à ter- « rasser ses ennemis...

Après de telles assertions, comment douter que le général Masséna n'ait eu tort de se plaindre de sa situation? Il n'avait à la vérité, et d'après Napoléon lui-même, que 40,000 hommes à opposer au feld-maréchal de Mélas qui en commandait 135,000; mais une guerre de montagnes compense bien des différences. L'armée d'ailleurs *était dans l'abondance et aussi bien que le pays pouvait le permettre. Les forces réelles de cette armée s'augmentaient de toute la force morale que donne la confiance. Elle était de plus électrisée par les souvenirs de gloire qu'elle trouvait sous chacun de ses pas.* N'avait-elle pas prouvé, *il y avait moins de quatre ans, que, par son courage et la force de sa volonté, elle était capable de suppléer à tout?* — Il n'y avait donc qu'à marcher dans une route tracée, qu'à suivre les exemples donnés, qu'à profiter de si beaux avantages, de leçons si applicables aux circonstances, de précédents qui à eux seuls garantissaient l'avenir; et dans une telle situation, un général d'une rare énergie, le plus grand homme de guerre que la France ait eu après Napoléon, ne paraît plus avoir été qu'une superfluité! Tel est ce que présente le texte, voici les faits:

« Chaque pas lui retraçait un souvenir de gloire. »

En supposant que des soldats soient accessibles à d'autres impressions, à d'autres influences qu'à celles du présent, que même ils puissent échapper à ce présent et s'occuper de la veille, quels souvenirs de gloire pouvaient électriser des hommes presque tous étrangers aux victoires remportées en 1796 et 1797 par l'armée d'Italie; des hommes qui, depuis dix mois, et en batailles rangées, avaient été battus devant Vérone et sur la Peschiera, battus sur l'Adda et sur Tortone, trois jours de suite battus sur la Tidone et sur la Trebia, battus à Novi et à Fossano; des hommes successivement chassés d'Otrante, de Naples, de Rome, de Florence, de Peschiera, de Milan, et vaincus dans vingt places de guerre, et de ce nombre Gäëte, Peschiera, Turin, Mantoue et Alexandrie, c'est-à-dire chassés de 150 lieues de pays; des hommes qui mouraient dévorés par la misère, la famine et les maladies; des hommes enfin qui, sans chaussures, sans pain, sans vêtements, sans abri, au milieu des neiges et des glaces, et qui d'exaspération et de désespoir, de souffrance et de rage (fait sans autre exemple dans les annales du monde) abandonnaient et leurs officiers et les postes confiés à leur défense, et, par bataillons entiers, se réfugiaient en France! Je le répète, quelle influence des phrases et des mots pouvaient-ils avoir sur des hommes en proie à de semblables tortures? Et d'ailleurs, les corps qui avaient pris part aux campagnes immortelles du général Bonaparte et avaient tant de fois vaincu, grâce à Masséna lui-même, étaient rentrés en France, se trouvaient sur les bords du Nil, ou bien avaient été renouvelés en totalité. Ceux qui formaient alors l'armée de Masséna, venus des autres armées de la république, ou composés de recrues, étaient étrangers aux souvenirs de gloire que l'Italie rappelait, et de plus dans un véritable état de dissolution. Ils ne songeaient guère à des victoires remplacées par tant de défaites; et cependant c'était à ces hommes non moins ébranlés au moral que détruits au physique, à ces malheureux si exclusivement occupés des désastres de la précédente campagne et de l'inégalité des chances de celle qui allait s'ouvrir, que sans pouvoir améliorer leur situation et sans espoir de succès, Masséna avait à demander de nouveaux efforts, de nouvelles privations, un nouveau dévoûment et tant de morts nouvelles!... Situation atroce et dans laquelle on ne songeait guère à ces *souvenirs de gloire* que *chaque pas devait retracer*; situation que ceux qui l'ont partagée peuvent seuls évaluer, et si terrible que même ce mot : « L'armée voyait avec confiance « à sa tête le vainqueur de Zurich, » pourrait être considéré comme dérisoire.

« 40,000 hommes!... »

L'armée d'Italie, lors de la reprise des hostilités, était composée de trois corps sous les ordres des lieutenants-généraux Soult, Suchet et Thureau. *La droite* que Napoléon appelle *le centre*, y compris la division Miollis, qu'il appelle *la droite*, était forte de 14,000 hommes en ligne, non compris les garnisons, les hôpitaux, les malades à la chambre et les non combattants. *Le centre*, que Napoléon appelle *la gauche*, avait à peine 5,000 combattants (*).

La division de Nice, forte de 4,000 hommes, étrangère à l'armée et appartenant à la 8e division militaire, non plus que 5 à 6,000 formant la gauche de l'armée et qui, sous les ordres du lieutenant-général Thureau, observaient le Mont-Genèvre et défendaient le Mont-

---

(*) « Il ne me reste que six demi-brigades sur lesquelles je « puisse compter, et elles donnent à peine 5,000 combattants. »
« Signé : Suchet, lieutenant-général. »
(*Rapport du 14 germinal an* VIII, *veille de la reprise des hostilités.*)

Cenis, ne peuvent entrer dans cette évaluation ; et le silence que Napoléon garde sur eux, achève de le prouver. Ainsi, ces 40,000 *hommes* qui, d'après le texte du chapitre que j'examine, ne pouvaient avoir rapport qu'à la droite et au centre de l'armée, se réduisaient à 19,000 combattants (*). Dans des calculs de cette

---

(*) En vingt endroits ce chapitre se réfute par lui-même. En effet, et d'après lui, l'armée était :

Page 200 — de — 40,000 hommes.
201 — de — 34,000 à 35,000.
233 — de — 37,000 à 38,000.
235 — de — 30,000
239 — de { 29,000 / 25,000 / 42,000 } en comptant les pertes énoncées.

D'après le même ouvrage, les troupes sorties de Gênes par terre étaient :

Page 226 — de — 10,000.
237 — de — 8,500.
230 — de — 15,000, y compris 5,000 Italiens,

plus 6,000 dans les hôpitaux ; total 21,000 hommes : d'où il résulterait que chaque homme tué avait renforcé l'armée ; et cependant, au moment de la signature du traité d'évacuation, il ne restait pas un homme en état de combattre.

D'où peuvent donc venir de si notables différences ? D'erreurs !.. Plus on supposait de moyens existants, plus on palliait l'abandon où cette armée avait été laissée ; plus on repoussait de reproches, plus on donnait de poids aux imputations et plus on atténuait la gloire de Masséna ! Ce qui est héroïque avec 13,000 hommes, est ordinaire avec 24,000, misérable avec 40,000. Ce que tout le monde peut faire n'est un mérite pour personne ; mais les preuves de la vérité existent, et ce sont elles que j'exhume.

nature, il ne s'agit, en effet, ni d'un insignifiant effectif ni des hommes indisponibles, attendu qu'ils ne sont qu'un embarras, et que ce ne sont pas les états de situation qui gagnent les batailles! Mais ce qui tient au parallèle des armées opposées est encore plus fait pour abuser que le calcul numérique des forces, du moment où l'on ne compare ni l'état moral des troupes, ni l'état matériel des armées, du moment surtout où, en exagérant *de plus du double* les forces de l'armée française, on réduit celles de l'armée ennemie au nombre *des hommes sous les armes*. (Voyez page 191 des Mémoires, lignes 1 et 2.)

« L'abondance avait succédé à la disette!... »

Jamais pénurie, jamais misère, jamais dénûment ne furent plus tristes et plus affreux! Jamais les épidémies et la famine ne firent plus de victimes et ne produisirent un plus lugubre désespoir; jamais, enfin, calamités ne furent plus connues de la France, de l'Italie, de l'Europe même, et l'allégation contraire ne serait pas à repousser si elle avait une autre source. (Voir au surplus, et à la fin du tome 1er, les extraits des pièces officielles sous le n° 1.)

« Les ports de Marseille, Toulon, Antibes étaient en-
« core pleins de bâtiments employés à l'approvisionnement
« de l'armée... »

De telles assertions confondent!... J'ignore s'il y avait des bâtiments dans ces ports; mais certes, et en temps utile, il n'y eut, en fait de vivres destinés à l'armée, rien qui méritât d'être cité. Tous les rapports le prouvent. Dans les premiers jours de germinal (du 22 au 31 mars), lorsque le général Franceschi fut envoyé à Marseille pour presser l'arrivée des blés et farines attendus, *il ne trouva rien sur aucun point*. Mais encore, quand ces ports eussent regorgé de subsistances, celui de Gênes n'en était pas moins vide comme ses magasins.

« L'administration avait été réorganisée... »

Toutes les places étaient occupées. Il ne manquait pas un ordonnateur, pas un commissaire des guerres, pas un employé. Mais ces fonctionnaires n'ayant ni magasins, ni ressources, ni argent, ni crédit, que pouvaient-ils être, si ce n'est d'inutiles consommateurs? Je ne dis pas, cependant, qu'au milieu de cette horrible détresse, ils ne rendirent pas des services. Plusieurs d'entre eux se dévouèrent, et leur zèle fut aussi louable que leur concours fut utile. Mais j'observe que, en pareil cas, les hommes ne peuvent suppléer aux choses; que, dans aucun cas, on ne peut créer dans le vide, et j'affirme qu'il n'y eut de réel, dans la situation de cette malheureuse armée, que d'insupportables tortures. Indépendamment de la notoriété publique, le nombre des preuves qu'on pourrait donner serait immense, et elles existent dans les archives de l'État et de la guerre, comme dans mes mains et certainement dans quelques autres; mais ce qui est relaté dans la note n° 1 suffit pour ce qui est relatif à l'état physique et moral des troupes, au manque de vivres, de vêtements, de chaussures et d'argent ; la pièce n° 2 a donné une idée de l'état des quartiers, et la pièce n° 3 de celui des hôpitaux.

« La solde était alignée... »

Ce fait est encore inexact. On ne put que donner des à-compte, *et de faibles à-compte* sur un arriéré de sept mois et sur la solde courante. La mort liquida la plus grande partie de cet arriéré. Le reste fut liquidé tant en France qu'à Milan, après la bataille de Marengo.

Je ne m'arrêterai pas d'avantage sur le début de ce chapitre. Ce que j'en ai dit établit qu'il a principalement pour objet de donner plus d'intensité aux reproches qui suivent : « Cette armée peu nombreuse qui, « quatre ans auparavant, et dans le plus grand dé- « nûment, suppléa à tout par son courage et par la « force de sa volonté » (c'est-à-dire de la volonté du général Bonaparte, son chef), ne se trouve là que pour inculper Masséna par un rapprochement dont sa gloire n'a rien à redouter.

Page 201 *des Mémoires, ligne* 2.

« Les quatre divisions du général Suchet étaient de « 12,000 hommes... »

Elles étaient de 5,000 combattants. (Voyez ce qui précède et la pièce n° 1.)

« Le lieutenant-général Soult commandait le centre... »

C'était la droite qu'il commandait.

« La division du général Gardanne... »

Le général de brigade Gardanne commandait la 1re brigade de la division Marbot.

« Le général Marbot commandait la réserve... »

Non.... Il commandait la 3e division de l'aile droite de l'armée.

« Le général Miollis commandait la droite, forte de
« 5,000 hommes... »

Le général Miollis commandait la 1re division de l'aile droite, comme le général Gazan commandait la 2e, ce qui fait une division comptée deux fois. Sa division, au reste, n'était pas de 5,000 hommes; elle était de 4,200, d'après les états, et de 3,360 combattants.

« Une réserve de 5,000 hommes était dans Gênes. »

Au moment de la reprise des hostilités, nous n'avions en réserve que la 92e de ligne, forte de 500 hommes et placée à Saint-Pierre d'Arena, et la 25e légère forte de 1700 hommes et placée à Sestri-du-Ponant et à Cornigliano. Ces troupes sont comprises dans l'évaluation de la force de l'aile droite et font là double emploi. Elles formaient d'ailleurs 2,200 hommes et non 5,000.

« L'armée était de 34 à 36,000 hommes... »

A la page 200 elle est portée à 40,000. On a vu que la droite et le centre, seuls compris dans les calculs de Napoléon, avaient 19,000 combattants. Ce fait est positif, et il sera souvent nécessaire de se le rappeler.

J'aurais pu relever d'autres erreurs dans la page 202, mais elles sont moins importantes.

Page 205 *des Mémoires, lignes dernières.*

« Les approvisionnements étaient en abondance dans les « magasins de Marseille, Toulon, Antibes et Nice. »

Ce n'est pas là, encore une fois, qu'ils pouvaient sauver Gênes. Jusqu'au 15 germinal (5 avril), il n'y eut d'ailleurs rien qui fût comparable à ce qu'il aurait dû y avoir; il y eut même des moments où il ne se trouva rien du tout, et à 4,000 quintaux près, il ne fut expédié pour Gênes et Finale que le grain que le général Masséna arracha par les ressources et les moyens qu'il sut se créer lui-même. Le gouvernement ne fit rien de ce qu'il aurait pu et par conséquent dû faire pour cette méritante et malheureuse armée; il alla même jusqu'à défendre l'extraction de grains qui lui étaient destinés, et jusqu'à laisser impuni l'enlèvement, par des corsaires français, de grains destinés à être transportés à Gênes. Le fameux marché Antonini ne servit qu'à de coupables spéculations, et un tel abandon n'est pas de nature à être justifié.

Page 207 des Mémoires, lignes 1 et 2.

« Les trois forts de Quezzi, de Richelieu et de Saint-« Tecle furent investis. »

Aucun de ces trois forts ne le fut ce jour-là, 17 germinal (7 avril).

Même page, lignes 3 et 4.

« L'ennemi établit le feu de ses bivouacs à portée du « canon de Gênes. »

L'ennemi prit position sur le Monte-Faccio, distant de plus d'une lieue de Gênes.

Même page, lignes 4 et 5.

« L'atmosphère, jusqu'au ciel, était embrasée de ses feux. »

Le fait est tout entier dans ce mot : « L'ennemi allu-« ma sur le Monte-Faccio un grand nombre de feux. »

Même page, ligne 15.

« Il (Masséna) sortit avec la division Miollis et la réserve. »

La division Miollis n'avait pas quitté les hauteurs

d'Albaro. Elle ne fut renforcée pour l'attaque du Monte-Faccio que par les grenadiers des 55e et 73e de ligne que le général en chef tira de Gênes.

Page 209 *des Mémoires, lignes* 11 et 12.

« Masséna, le même jour 9 avril (19 germinal), était à « Varaggio avec la moitié de ses forces. »

Masséna partit de Gênes et vint coucher à Cogoletto. Le général de brigade Gardanne avec la division Marbot (*), c'est-à-dire avec la 3e légère et les 62e, 63e et 97e de ligne, occupait Varaggio. Ces corps formaient alors 3,100 combattants (**). Masséna rejoignit le 20 au matin cette division successivement renforcée par deux faibles bataillons composés des grenadiers des corps laissés à Gênes. Il y a un peu loin de là à la moitié des forces, surtout telles que l'empereur les supposait.

Même page, lignes 13 et 14.

« Suchet, prévenu par moi, sortait des lignes de Bor-« ghetto. »

(*) Le 15 germinal an 8 (5 avril 1800) le général Marbot fut obligé de quitter sa division par suite de la maladie dont ce brave officier mourut. Le général Gardanne la commanda depuis ce jour jusqu'au 20 germinal (10 avril) qu'il fut blessé et mis hors de combat.

(**) Ils avaient laissé 500 hommes (la 93e plus 50 canonniers) à Savone, sous les ordres du général Brunet. Ils avaient perdu 5 à 600 hommes le 16.

Comment Napoléon, *alors à Paris*, put-il prévenir le général Suchet de ce qu'il avait à faire pour seconder des opérations arrêtées *l'avant-veille à Gênes* par le général Masséna, et devant s'exécuter le 20 ? Le général Suchet ne fut donc prévenu et ne put être mis en mouvement que par les ordres du général en chef.

Page 210 *des Mémoires*, *lignes* 17 *et* 18.

« Masséna attendit Soult le 10 (avril); le 11 il marcha « sur Stella. Il fut moins heureux... »

Le général en chef, à son passage à Voltri et même à son départ de Cogoletto, n'avait reçu aucun avis de nature à lui faire supposer que le mouvement du général Soult pût éprouver le moindre retard, et d'après cela, convaincu qu'il était à Sassello, il ne l'attendit pas. L'adjudant-général Saqueleu, commandant les 62e et 97e de ligne, fortes de 2,000 hommes, eut l'ordre de se diriger le 20 germinal au matin, et par la droite de la Resio, sur la Stella. Masséna, qui ne s'était réservé que la 3e légère, la 63e de ligne et les deux faibles bataillons de grenadiers, c'est-à-dire 17 à 1800 combattants, s'avança intermédiairement à la mer et à la Stella. Le premier trouva en position, derrière la Stella, le corps du comte de Palfi formant le centre de l'armée de Mélas, et crut ne pas devoir se commettre avec des forces aussi supérieures aux siennes; le second ne tarda pas à en venir aux mains avec le feld-maréchal, commandant en personne la droite de son armée, aux ordres du général Latermann, et en marche pour se porter contre le lieutenant-général Soult. — *Masséna fut moins heureux*, est loin de faire apprécier une lutte de 12 heures entre 1,400 hommes d'abord, renforcés sur la fin de ce terrible combat par 350 grenadiers environ, et tout un corps d'armée. En général, cette narration ne peut donner aucune idée du blocus de Gênes et des actions qui achevèrent de l'illustrer.

Même page 210, ligne 22.

« Cogareto. »

Cogoletto, patrie de Christophe Colomb.

Page 211 des Mémoires, lignes 15 et 18.

« Le colonel Mouton, depuis comte de Lobau, se couvrit « de gloire. »

Certainement il acquit de la gloire là comme partout où il eut l'occasion de combattre... Il n'en est pas moins vrai, cependant, que deux seules mentions honorables dans tout ce morceau ne peuvent donner une idée de l'importance du combat, et sont un déni de justice envers les autres officiers qui, dans cette journée, se sont recommandés par de brillantes actions!

Même page, ligne 24.

« L'armée de Masséna cessa d'avoir l'attitude d'une ar- « mée en campagne ; elle n'eut plus que celle d'une forte « et courageuse garnison d'une place du premier ordre. »

A l'exception de ce mot *courageuse*, tout ceci est inexact. Gênes, considérée comme place de guerre, n'était pas même une place du second ordre ; et 8 à 9,000 combattants, qui restaient alors, ne formaient *pas une forte garnison* pour une place qui, par la nécessité de défendre ses ouvrages avancés, requiert au moins 20,000 hommes. Enfin, ce qui restait de l'*armée*, ou plutôt de l'aile droite de l'armée, alla encore, et à plusieurs reprises, attaquer et combattre l'ennemi, non par ce que l'on nomme des *sorties*, mais par des mouvements stratégiques, c'est-à-dire, calculés de telle sorte qu'en cas de succès, le général en chef se retrouvât en campagne.

Page 211 *des Mémoires, ligne* 25.

« Masséna confia la garde de la ville à la garde natio-
« nale. »

On conçoit jusqu'où pouvait aller cette confiance. Les Gênois nous aimaient mieux que les Autrichiens ; mais ils étaient dévoués comme des marchands que l'on ruine, comme des étrangers que l'on affame. Ce peuple fut étonnant par sa résignation, mais il ne le fut que par elle. L'événement le prouva. Dès que notre position devint fâcheuse, il n'y eut plus de service à espérer de la garde nationale de Gênes, et il y eut des insurrections à craindre ! Les phrases qui sont de nature à faire croire le contraire n'ont pour effet que d'abuser sur les forces, les ressources et la position de Masséna.

et, par politique, que d'adresser aux Gênois quelques mots flatteurs en retour d'un enthousiasme auquel il est toujours doux de faire croire, même en n'y croyant pas.

Page 212 *des Mémoires, lignes* 1 et 2.

« Peu de positions étaient plus avantageuses que celle « que Masséna occupait. »

Dans l'état affreux où étaient les troupes, il y avait encore des positions momentanément tenables, mais il ne pouvait plus y en avoir d'*avantageuses*. Les plus faibles efforts comme les plus petits trajets étaient d'ailleurs devenus plus pénibles pour nos malheureux soldats, que ne l'était, pour ceux de l'ennemi, de faire les plus longues marches ou de gravir les plus hautes montagnes.

Même page 212, *ligne* 28, *et page* 213, *ligne* 1re.

« Les troupes de Masséna entrèrent (il fallait dire ren- « trèrent) dans le fort de Quezzi. »

La reprise de ce fort, clef de la position qu'il défend, valait peut-être une autre mention; et, en effet, les troupes qui s'en rendirent maîtresses après l'attaque dans laquelle le colonel Mouton avait été repoussé et cruellement blessé, l'enlevèrent à la baïonnette après une lutte acharnée, ce qui n'est pas simplement y *entrer*; et d'ailleurs elles avaient un chef, et il y a de l'affectation à ne pas nommer cet offiicier, alors surtout que cette prise d'assaut, dans son genre la seule du blocus, motiva sa nomination au grade de général de brigade et la confirmation de ce grade par Napoléon lui-même. Un mot peut suffire, néanmoins, pour expliquer ce silence : cet officier est l'auteur du *Journal du Blocus de Gênes!*

Page 220 *des Mémoires, lignes* 5 et 6.

« 15,000 hommes valaient mieux, dans la position de « Masséna, que 30,000 Autrichiens. »

Il ne restait pas 8,000 hommes que l'on pût alors faire sortir de Gênes, et à la première ligne de cette page 220, les forces autrichiennes sont évaluées *de* 30 *à* 35,000 *hommes*, nombre inférieur aux renseignements que nous pûmes obtenir; la question n'est donc pas de savoir si, dans la position de Masséna, 15,000 hommes valaient mieux que 30,000; mais si 8,000 hommes exténués et agonisants valaient mieux que 35,000 hommes dans le meilleur état.

Même page 220, *lignes* 22 *à* 25.

« Quelques bâtiments de Marseille, de Toulon et de « Corse parvinrent à entrer dans Gênes. »

Il en entra deux : le plus fort, venant de Corse, apporta 60 *sacs de blé,* c'est-à-dire des vivres pour *cinq jours au quart de ration*, non pour une population de 50,000 âmes, que 25,000 réfugiés portaient à 75,000; non pour ce qu'il y avait de malheureux soldats à

Gênes, mais seulement pour ce qu'il y restait de troupes dites actives. Il en est de ces bâtiments, arrivés de tous côtés, comme du reste.

Même page, ligne 28.

« On parlait de capituler. »

Il peut y avoir partout des lâches qui en parlent; mais certes ce mot répété avec affectation dans ce chapitre des mémoires de Napoléon, *ne fut jamais prononcé ni écrit au quartier général*, *ni répété comme ayant été prononcé ailleurs*. . Faut-il rappeler que Masséna ne permit pas même qu'il le fût alors que, réduit à la *dernière extrémité*, il fallut bien aborder la question d'évacuer Gênes et s'occuper de la rédaction *du traité d'évacuation*. L'arrivée de Franceschi ne fit rien à cette affaire et ne retarda rien. Ce fut la dernière once de la plus abjecte subsistance qui décida du sort de cette place.

Page 221 *des Mémoires, lignes* 24 *et* 25.

« Un bâtiment entra le 30 mai dans le port. »

Ce bâtiment est un des deux dont il a déjà été question.

Page 222 *des Mémoires, ligne* 8.

« Les magistrats eurent recours aux magasins de cacao. »

Les magistrats de Gênes, qui avaient à sauver les habitants des horreurs de la famine, ne donnèrent pour l'armée que ce qu'on leur arracha. Ce fut l'ordonnateur Aubernon qui, excité par son propre zèle à trouver des ressources, et d'ailleurs pressé nuit et jour par l'infatigable sollicitude du général en chef, découvrit ce cacao. Il reçut aussitôt l'ordre de s'en emparer et de l'employer à sustenter les troupes. Mais on ne s'en tint pas là, et ce que sans doute des magistrats n'eussent pas imaginé, on ne parvint à prolonger la vie des soldats, c'est-à-dire, ce terrible blocus, qu'au moyen, je le répète, de quatre onces d'une pâte faite avec « du cacao, des amandes, de l'amidon, des haricots, du son, de la graine de lin, de la gomme arabique, etc., substance huileuse, infecte, sans consistance, n'étant susceptible d'aucune cuisson, d'aucune digestion et que les chiens vomissaient (*).

Quant à ces mots : « Les magistrats eurent recours au cacao... Il se trouvait à Gênes des magasins de millet, d'orge, de fèves..., » il est évident qu'ils ne peuvent avoir pour effet que d'indiquer des ressources et d'écarter l'idée, je ne dis pas d'une famine effroyable, mais seulement de véritables besoins.

Même page 222, *lignes* 15 *et* 16.

« Une livre de mauvais pain coûtait 30 francs ! »

Elle en coûta jusqu'à 36. L'horrible composition

(*) Le passage guillemeté est paraphrasé de mon journal du blocus de Gênes, dont Napoléon avait un exemplaire à Sainte-Hélène.

que l'on donnait aux troupes, au lieu de pain, revenait à 6 fr. la livre. Quelle justification de tout ce que j'ai dit, et que de contradiction dans ce mot : *Une livre de mauvais pain coûtait* 30 *francs !...*

Page 224 des Mémoires, lignes 11 à 16.

« Fatalité des choses humaines !... Il (l'adjudant-général « Andrieux) se rencontra dans l'antichambre de ce géné- « ral (du général Ott) avec un officier d'ordonnance autri- « chien qui arrivait en poste du quartier-général de Mélas. « Il était porteur de l'ordre de lever le blocus et de se ren- « dre en toute hâte sur le Pô. »

Il est possible que cette rencontre ait eu lieu. Je déclare néanmoins que ce fait m'était entièrement inconnu ; et cela est extraordinaire, attendu qu'ayant passé à Milan plusieurs jours avec le grand quartier-général, et n'ayant parlé que de Gênes et de Marengo avec les aides-de-camp du premier Consul, avec les généraux et autres officiers de son état-major et de l'armée de réserve, il était bien difficile que, dans la disposition respective des esprits, un fait de cette nature n'eût pas été répété et commenté de vingt manières. J'ajouterai même que l'adjudant-général Andrieux, qui est censé avoir fait cette rencontre, que M. Morin, dont la haute capacité a été si importante dans la discussion du traité d'évacuation, et avec lesquels, en sortant de Gênes, j'ai passé trois mois à Milan, *n'en ont pas su un mot* ; enfin le général comte Reille, alors adjudant-général, attaché au général Masséna, et depuis aide-de-camp de

Napoléon, m'a dit n'avoir jamais entendu parler de ce fait, avant l'apparition des mémoires dont il s'agit.

Sous un autre rapport, il ne restait rien qui, à Gênes, pût être consommé, à moins que les soldats et les habitants, à l'exemple des prisonniers, n'eussent mangé des souliers et des havre-sacs, ou bien qu'ils eussent trouvé la force et le courage de se manger entre eux, ou bien encore qu'il eussent mangé des morts, ainsi que cela eut lieu sur plusieurs champs de bataille. Il ne s'agissait donc plus d'un calcul de jours, il s'agissait d'un calcul d'heures, et à la fin de minutes, c'est-à-dire non de privations et de souffrances, mais de la prolongation de la vie, ou d'une mort prompte, inévitable, affreuse, et cette situation était la même pour les troupes et pour les habitants (*).

Il ne faut pas oublier, ou bien il faut apprendre que *les grenadiers*, même ceux *de ga de chez le général en chef, ne pouvaient plus faire faction qu'assis*, et que,

(*) Les soldats mouraient en silence ; les hurlements des gens du peuple commençaient avec le jour et ne cessaient de retentir dans les rues que pendant les heures de nuit où l'on forçait chacun de rentrer chez soi. Le nombre des malheureux qui, en criant *fame* et *pane*, se précipitaient sous les pieds du général en chef dès qu'il sortait, était tel *qu'un peloton de guides le précédait pour lui frayer un passage*.

A la pointe du jour, des tombereaux et des fourgons parcouraient les rues pour enlever les cadavres dont le pavé se trouvait jonché. Quel contraste entre ces horribles faits et le contenu de ce chapitre !

dans chaque guérite, et à chaque endroit où il y avait un factionnaire, on avait été contraint de faire placer une chaise ; que, de tous côtés, ces infortunés tombaient de défaillance et d'anéantissement ; que, dans une proportion effrayante, chaque heure de prolongation de cette agonie frappait de mort un plus grand nombre de victimes ; que plus de 30,000 habitants de Gênes, ou habitants des campagnes qui s'étaient jetés dans cette ville, moururent de faim pendant le blocus, et, après, des suites de leurs souffrances, et qu'un nombre effrayant des soldats de cette garnison n'a survécu que quelques mois à ce qu'il avait souffert. Comment, d'après cela, employer des phrases aussi banales en parlant d'une situation tellement désespérante, à ce point menaçante, qu'aucune description ne peut la rendre ! Enfin, si cette prétendue *fatalité* n'avait pas eu lieu ; si Masséna avait pu retarder *d'un jour* la mission commencée par Andrieux ; si pendant ce jour le général Ott avait levé le blocus, que seraient devenus et Masséna et ses troupes ? Mais encore que seraient devenus et l'armée de réserve et Napoléon lui-même ?.. Je reprends l'une et l'autre de ces deux questions, assez importantes pour être approfondies, et je vais les examiner d'après les faits mêmes sur lesquels Napoléon fonde ses inculpations, c'est-à-dire, sur des bases que je pourrais récuser, puisque tout porte ici sur des événements postérieurs.

Gênes, ainsi que je le dis, *ne contenait plus rien qui pût être consommé !..* Les troupes autrichiennes, qui n'auraient rien laissé à portée de Gênes, où même elles avaient trouvé si peu de chose, ne vivaient plus que des vivres qui leur arrivaient par mer ou par des convois militaires. Faute d'une distribution de subsistances, les troupes bloquées dans Gênes étaient, *le 15 prairial, hors d'état de faire une marche*, ou seulement *une demi-marche*. Il est donc évident que ce traité, qu'on répute coupable, que ce traité si difficile à obtenir quoi qu'en dise Napoléon, et qui avec tant de raison fit l'admiration de nos amis, le désespoir de nos ennemis et l'étonnement de tous, nous était indispensable autant qu'il était glorieux, autant qu'il fut utile, heureux même pour l'armée de réserve.

Une considération unique, mais qui, pour les Autrichiens, dut être décisive, put seule le faire signer: M. de Mélas et le général Ott connaissaient en effet la situation désespérée de la garnison, situation qui amenait cette alternative, ou bien d'occuper Gênes au nom de l'Empereur, ou de le voir occuper au nom de l'Angleterre, Masséna étant dès lors forcé de se rendre immédiatement à l'amiral Keith, et voilà ce qui nous sauva!

Quant à l'armée de réserve, si le général Ott avait exécuté la levée du blocus le 4 juin, il pouvait arriver à temps pour disputer avec succès le passage du Pô (qui ne commença que le 6) aux troupes du général Lannes, ce qui pouvait tout compromettre! Mais, supposant le Pô franchi, qu'aurait pu faire le général Lannes, si, à Montebello, il avait été aux prises avec 10,000 hommes d'élite de plus? Enfin, que serait-il advenu du général Bonaparte lui-même, si, en sus des troupes qui combattirent à Marengo, le général Mélas avait eu sur ce champ de bataille ces 10,000 hommes venant de concourir à abîmer les divisions de Wathrin et Chambarlhac, mais qui, par suite du traité du général Masséna, et pour la gloire du général Lannes, pour le salut du premier Consul peut-être, formaient la garnison de Gênes sous les ordres du général prince de Hohenzollern.

Et, en effet, que d'efforts à Montebello, pour vaincre, avec 14,000 hommes, 18,000 Autrichiens qui, portés à 28,000, auraient été invincibles ! Et à quoi a tenu cette bataille de Marengo, si décisive mais si chanceuse, cette bataille qui, à trois heures du soir, était perdue et qui l'eût été irrévocablement pour nous, si M. de Mélas, croyant son triomphe complet et assuré, n'avait mis son armée en colonne de marche sur la route de Plaisance, si cette faute n'avait offert au général Desaix l'à-propos de l'attaque vigoureuse qui lui coûta la vie, et inspiré au général Kellerman l'idée de cette charge de cavalerie qui nous donna la victoire (*) !

Voudrait-on mettre en ligne de compte ce que les

(*) La jactance était incompatible avec la supériorité du général Kellermann ! Mais, eût-il été capable de revendiquer une gloire qui ne lui appartenait pas, ce n'est pas au quartier-général du premier consul, à Milan, qu'il serait venu réclamer à haute voix le double mérite de l'idée et de l'exécution de cette charge décisive. Une dernière preuve qu'il le faisait à bon droit existe pour moi dans ce fait : que l'humeur que ses véhémentes réclamations donnèrent le firent exclure de toutes les grâces.

troupes du général Suchet, réunies à un détachement de la garnison de Gênes, auraient pu entreprendre sous les ordres de Masséna? Sans doute il eût fait avec elles tout ce qu'il était humainement possible de faire; mais il ne faut pas méconnaître que dans la supposition établie, M. de Mélas pouvait se placer en forces entre le général Suchet et nous; que ce général, qui d'ailleurs ne pouvait arriver à temps, avait en tête un corps ennemi; qu'à peine 3,000 moribonds auraient pu être tirés de Gênes pour le renforcer; que le reste de cette garnison était contraint de se rendre immédiatement aux Anglais, et que la seule manière de faire gagner la bataille de Marengo et de ne pas perdre irrévocablement Gênes, était de rendre la place aux Autrichiens, ainsi que Masséna le fit par son traité d'évacuation.

Grâce à la capacité de guerre du chef qui les commandait, 400 chevaux achevèrent de décider de la victoire de Marengo : qui oserait dire, je le répète, de quelle manière 10,000 hommes de bonnes troupes ennemies de plus sur ce champ de bataille, auraient influé sur les destinées de Napoléon?

Un soldat, un tambour, ou, comme à Fontenoy, un sergent, peuvent déterminer le gain ou la perte d'une bataille!

Mais sans s'arrêter à ces jeux de la fortune, il est à la fois certain et constant que dans un moment décisif, chaque bataillon de réserve, parfois même une seule compagnie, peut multiplier les moyens d'action, c'est-à-dire, les combinaisons et les chances de succès dans une proportion incalculable. A moins de recourir aux miracles et à la destinée, les 10,000 hommes du prince de Hohenzollern nous faisaient donc perdre la bataille de Marengo qui, perdue, ne laissait plus même l'espoir de sauver Gênes, alors même que cette place eût encore été à sauver, fait qu'achève d'attester ce mot du général Duchasteler, chef de l'état-major général de l'armée autrichienne, au général Alex. Berthier, le lendemain de la bataille de Marengo : « *Ce n'est pas devant Alexandrie que nous avons perdu la bataille de Marengo, c'est devant Gênes.*

Ainsi, non la *capitulation*, mais *le traité d'évacuation de Gênes*, a constitué ou plutôt complété le plus grand service que Masséna pût rendre à Napoléon; seul il a fait approvisionner Gênes par l'amiral Keith; seul il pouvait empêcher que cette place ne fût occupée par les 15,000 hommes de l'armée de Mahon, ce qui aurait eu lieu de suite si nous eussions été réduits à livrer Gênes à l'amiral, qui certes ne l'eût pas rendue comme la rendit Mélas. Enfin, ce traité a sauvé de plus la population de cette ville, les débris des troupes qui l'avaient défendue avec tant d'héroïsme, les états-majors généraux et divisionnaires, ainsi que le matériel qui s'y trouvait, l'armée de réserve et peut-être Napoléon lui-même! » Ce qui établit, prouve et démontre que ce n'était pas *fatalité des choses humaines* qu'il fallait dire, mais *fortune de Bonaparte*, alors même qu'on ne voulait pas placer là l'hommage qui était dû à Masséna, et enfin, que ce n'était que le contraire de ce qui amène cette exclamation, qui aurait pu la justifier.

Page 231 *des Mémoires, lignes* 2 à 7.

« Les Génois s'accusaient réciproquement d'avoir été
« pusillanimes, d'avoir eu peu de confiance dans la desti-
« née du premier magistrat de la France, car s'ils eussent
« été assurés qu'il ne fallait plus souffrir que cinq à six
« jours, ils eussent encore trouvé la force de le faire. »

Encore une accusation contre Masséna, et une accusation aussi juste que les précédentes! On a vu où en étaient réduits et les habitants qui sont ici comptés pour tout, et les troupes dont il n'est pas même fait mention dans cette conclusion. *Ils s'accusaient d'avoir eu peu de confiance*, justifie ce que j'ai dit en parlant de la note sur la 25e ligne de la page 212. *Ils eussent trouvé la force de souffrir encore* 5 à 6 *jours*, est impossible quant au fait, insoutenable quant à la conséquence; car alors même que les habitants eussent pu souffrir encore 5 *à* 6 *jours*, si la garnison entière avait disparu pendant ce temps, *ce qui était cent fois plus certain*, loin de résister a un détachement autrichien ou à une bombe de la flotte anglaise, ils auraient ouvert et leur port et leurs portes. Quant au général Suchet, on ne suppose pas sans doute qu'il serait venu mourir de faim à Gênes, quand même il aurait pu y arriver à temps, quand même il n'eût pas été nécessaire ailleurs! Enfin, et pour combler la mesure, il ne fallait plus qu'ajouter : « Pendant que ces im-
« portants événements se succédaient, Masséna dé-

« barquait à Antibes et y séjournait (*). Il arriva enfin « à Milan avant le départ de Napoléon pour retour- « ner à Paris, et prit le commandement de la nou- « velle armée d'Italie ! »

Cet embarquement, signalé comme une faute dans les remarques critiques ; *ce séjour*, placé là pour faire opposition avec *ces événements importants* (Marengo et le traité qui suivit) ; cet *enfin* qui signifie qu'il devait arriver plutôt ; ces mots, *avant le départ de Napoléon pour retourner à Paris*, qui renferment le reproche d'être arrivé quand tout était fini, et de n'avoir été pour rien dans ces *importants événements ;* qu'ajouterai-je ? ce *commandement*, présenté comme une munificence *après tant de fautes et de torts* : tout cela provoquerait des pages d'observations en considérant surtout qu'il s'agissait d'un homme couvert de gloire, toujours *haletant* d'ajouter à celle qu'il avait acquise, d'un homme qui, dans ces événements importants, avait, après Napoléon, joué le premier rôle, et un rôle sans lequel celui du général Bonaparte eût été impossible, et dont personne sur la terre n'aura jamais, sans doute, la pensée de lui disputer la prééminence. Je reviendrai à une partie de ces assertions. Quant au commandement, qu'on ne s'y trompe pas : il ne fut donné à Masséna que *comme grâce*, quand cent fois on le lui devait

(*) Ne dirait-on pas qu'il s'agissait d'un pendant au repas que, relativement aux combats du 21 floréal, le général Soult fait faire au général Masséna. (Voir page 209 et 226 de ce volume).

comme justice; il ne lui fut donné que pour joindre à l'humiliation de le recevoir ainsi, celle de le perdre trois mois après, sous le prétexte le plus extraordinaire, et de le voir passer dans les faibles mains du général Brune ; il ne lui fut donné que parce que l'armée d'Italie, l'armée de réserve, l'armée autrichienne même, les chefs de la flotte anglaise et toute l'Italie, payant à Masséna un tribut d'admiration et d'éloges qui retentissait dans l'Europe entière, il devenait impossible de ne pas le lui donner ; et cependant, il ne lui fut donné que par suite de la mort du général Desaix, à qui il avait été promis, et il ne lui fut conservé, après des services de guerre qui en garantissaient tant d'autres, que *durant l'armistice*, et comme pour rendre plus dure la disgrâce complète, et si heureuse pour les Autrichiens, dans laquelle il tomba au moment de la reprise des hostilités.

Certes, ce commandement, Masséna aurait dû le refuser par prévoyance autant que par fierté. Il devait sentir que Napoléon avait ostensiblement marché pour débloquer Gênes, et que l'évacuation de cette place ayant trompé un espoir avoué par lui, l'avait blessé, et cela, à d'autant plus de titres, que cette évacuation n'était imputable qu'à une disette qu'il eût été facile de prévenir, c'est-àdire, facile au gouvernement français. Sans doute, l'évacuation de Gênes, elle-même, avait puissamment contribué au gain et aux gigantesques résultats de la bataille de Marengo ; mais cette circonstance fortuite, et par conséquent étrangère à tous les calculs, équivalait à un tort de plus ! Enfin, le triste salaire qu'avaient reçu les services signalés, je pourrais dire décisifs, rendus par Masséna pendant les premières campagnes de Napoléon en Italie ; la manière dont on s'était constamment exprimé sur son compte au quartier-général de cette armée ; le guet-à-pens, étranger sans doute à Napoléon, mais non moins réel, dans lequel il avait donné à Rome ; tous ces antécédents, auxquels, pour la gloire comme pour le salut de la France, il avait dû de ne pas être de l'expédition d'Egypte et de finir par avoir le commandement de l'armée d'Helvétie, et plus récemment son abandon à Gênes ; l'aigreur *mutuelle* que tant de demandes, de plaintes inutiles et de trop fâcheux souvenirs ne pouvaient manquer d'avoir produite; la conviction que Masséna acquit à Milan, que Desaix n'avait été appelé en Italie que pour le remplacer ; des propos outrageants répandus sur son compte (*); tout cela, dis-je, présageait assez ce qui l'attendait pour devoir, je le répète, lui faire refuser ce commandement, du moment où il ne lui était pas donné de la seule manière qui devait le lui rendre acceptable ; mais il faut l'avouer, en pré-

(*) On avait été jusqu'à dire que Masséna avait traité à Gênes pour sauver ses trésors.—Il n'avait là d'autre trésor que sa gloire; et en effet, il fit tout ce qu'il fallait pour la sauver intacte et en rehausser l'éclat. Il y engagea sa fortune pour faire vivre les troupes; il y refusa trois millions que, pour capituler en floréal, on lui fit offrir par une personne à laquelle on supposait une grande influence, et qui, réussissant, devait avoir 500,000 francs. Voilà tout ce qui, dans sa conduite, eut rapport à l'argent.

sence du premier Consul, comme, antérieurement, devant le général en chef Bonaparte, comme depuis devant Napoléon, les hommes les plus énergiques, les plus illustres, les plus éminents, semblaient rentrer dans le néant.

PREMIÈRE OBSERVATION CRITIQUE.

Page 231 des Mémoires.

« L'armée autrichienne était plus que double de « l'armée française. »

D'après Napoléon, cette armée avait 140,000 *hommes effectifs* et 130,000 *sous les armes*.

L'armée française avait en *combattants* :

Aile droite	14,000
Centre (Suchet)	5,000
Aile gauche (Thureau) environ	4,000
Total	23,000

hommes, indépendamment de petites garnisons non comprises dans cette évaluation (*).

L'armée autrichienne était donc cinq grandes fois plus forte que l'armée française; de plus elle était concentrée, alors que celle-ci occupait un arc renversé de plus de

(*) Il y avait, outre cela, 4,000 hommes organisés sous le nom de division de Nice, et qui, en avant de cette ville, occupaient les débouchés des Alpes; mais cette division fut étrangère à l'armée et par conséquent aux opérations du général Masséna. Il en fut de même de l'aile gauche.

60 lieues. L'armée autrichienne avait sur Alexandrie un point respectable de concentration ; l'armée française n'en avait nulle part. Toutes les communications de l'armée autrichienne étaient faciles et rapides ; les nôtres pouvaient être réputées impossibles. Elle était abondamment pourvue de tout, alors que nos malheureux soldats s'anéantissaient par la famine, la misère, les maladies et le désespoir ; et tandis qu'ils se décourageaient de plus en plus par des revers non interrompus, par d'intolérables souffrances, par la plus sombre perspective et par le hideux pays qu'ils occupaient, l'armée autrichienne était électrisée par des succès que rien ne semblait devoir interrompre, et par la possession de toutes les places et des richesses de l'Italie et du Piémont.

« Mais les positions de l'armée française étaient
» tellement fortes qu'elle eût dû triompher. »

Ces positions consistaient, au levant, dans la ligne de la Sturla, que nous conservâmes avec tant de peine ; au nord, dans l'occupation de la Bochetta dont nous fûmes de suite chassés ; au ponant, en une langue de terre, ou plutôt de rochers, nommée la *Corniche*, ayant environ 40 lieues de long et quelques lieues de large, sillonnée, à trois communications près, par des chemins de chèvres, et adossée à la mer dont l'ennemi était le maître !.. J'avais pensé jusqu'alors que cette position, abstraction faite de son étendue et du petit nombre ainsi que de la pénurie de nos troupes, était la plus effrayante que l'on pût imaginer.

Masséna eût dû triompher!.. de 130,000 hommes sous les armes et réunis, avec 23,000 hommes disséminés (les garnisons non comprises) depuis le Mont-Cenis jusqu'à Gênes, et pour ainsi dire sans artillerie et sans cavalerie ?.. En dictant ce passage, Napoléon oublia que, lors de la bataille de Marengo, 10,000 Autrichiens occupaient Gênes; que près du double avait péri au siége de cette place; que plus de 20,000 hommes se trouvaient aux prises avec le général Suchet, ou avaient été détruits par lui (*); que 6,000 hommes étaient à Mantoue et sur le Mincio, 4,000 sur le haut Adige, et qu'Alexandrie, Valence, Casale, Vérone, Turin, Céva, Coni, Savone, Tortone, Bobbio, Parme, Peschiera et la citadelle de Milan étaient en ce moment gardées par des troupes autrichiennes; que de cette sorte le feld-maréchal de Mélas n'avait que 45,000 hommes à Marengo, et que lui, Napoléon, en avait 28,169, disproportion qui a suffi pour que la victoire de Marengo fût miraculeuse.

Masséna fit une faute essentielle dans sa défense! — mot qui se rapporte, non à la place de Gênes, mais aux dispositions antérieures à son blocus; et d'ailleurs, si Masséna n'eût pas agi *conformément au plan de campagne du premier consul* (p. 232, lignes 24 et 25), le premier consul n'était pas homme à le souffrir : d'où je conclus que si lui, qui connaissait assez le pays pour

(1) Voir pour les pertes ce qui y est relatif dans l'introduction.

en parler avec tant de détails 26 ans après l'avoir quitté, et qui était maître de tout; si lui, qui sans cesse était informé des positions et dispositions du général Masséna, n'y a rien changé *en deux mois*, c'est que lui-même ne vit alors rien de mieux à faire.

Il existe cependant une autre manière de répondre à cette inculpation.

Dans vingt lettres, Masséna lui avait *dit*, *répété*, *déclaré* que, « n'ayant pas accepté le commandement « de l'armée d'Italie pour ne faire qu'une guerre dé- « fensive et moins encore pour se déshonorer, il la « quitterait, si on ne le mettait promptement à même « de jouer le seul rôle qui fût digne de lui. »

Ne pouvant pas le remplacer, ne devant pas augmenter son armée, sacrifiant, et cela avec raison, tout à l'organisation de l'armée de réserve, et ne devant pas révéler le secret de la campagne qu'on préparait, il fallut tromper Masséna, et Napoléon le fit en lui promettant des troupes qu'il ne devait pas lui envoyer, de l'argent qu'il n'avait peut-être pas, et des vivres dont il n'aurait pas dû le laisser manquer. Écartant ce qui concerne les *subsistances*, c'est-à-dire ce qui *seul* causa la reddition de Gênes et la mort gratuite de tant de milliers de braves, il n'y a jusque-là rien à observer; mais il n'en est pas de même de la circonstance de faire, 20 ans après l'événement, un crime de l'erreur dans laquelle lui-même avait mis et tenu Masséna, erreur sur l'effet de laquelle Napoléon avait dû se résigner, alors même qu'il n'en aurait pas prévu toutes les conséquenecs, alors même qu'il ne lui aurait pas dû de si immenses succès.

Et en effet, Masséna, jusqu'au 15 germinal (5 avril), compta sur la prochaine arrivée de nouvelles troupes, et ce mot explique tout, en établissant que les positions qu'il avait prises et qu'il garda n'étaient que *des positions d'attente*, et que dès lors elles devenaient indispensables, puisque à tout prix il fallait conserver avec la France les communications par lesquelles seules les troupes annoncées pouvaient arriver à Gênes. Mais combien de considérations justifient encore la défense des principaux débouchés du Piémont à la mer, quand on songe que le plus longtemps possible il fallait empêcher l'armée autrichienne de s'y appuyer, de se retrancher sur la route de Gênes à Nice, et cela dans des positions qu'elle aurait facilement rendues inexpugnables; s'opposer à ce qu'elle se mît par là en communication avec l'amiral Keith, et concertât ses opérations avec l'armée de Mahon, composée de 15,000 hommes de troupes anglaises; qu'il fallait, et alors qu'on mourait de faim, éviter de rendre la marche des convois impossible, et que, de plus, il ne fallait pas, par des mouvements trop significatifs, achever de faire connaître le secret de la position fatale de l'armée à l'ennemi, qui de suite en eût profité, et à nos propres troupes, qu'une telle révélation eût achevé de frapper de découragement. Prenant ma première observation et ces faits pour base de ma conséquence, je conclus donc que... *Il ne sut pas opter...*

établit, ou bien que sa position n'offrait rien de supportable à faire, rien qui plus tard surtout ne pût prêter à une controverse et même à des reproches, ou bien qu'il n'aurait pas dû croire un mot des promesses que lui faisait et lui répétait son ancien général et le chef de son gouvernement, ce qui, soit dit par parenthèse, n'aurait pas contribué plus tard à justifier l'espoir d'être secouru, espoir qui, néanmoins, servit à supposer tant de torts; je dis enfin que... *Il fut coupé*... signifie, ou bien qu'il était impossible qu'il ne le fût pas, ou bien que le général Bonaparte lui-même lui ôta les moyens de ne pas l'être, ou bien qu'il entra dans les calculs du premier Consul qu'il le fût.

Pour achever de caractériser cette inculpation, il me reste un mot à dire. Le 10 ventôse, c'est-à-dire trente-cinq jours avant la reprise des hostilités, et par conséquent avant que les communications ne fussent coupées, Masséna écrivait au premier Consul une lettre dans laquelle se trouve le paragraphe suivant (voy. pièces justificatives n° 2, lettre du 10 ventôse) :

« L'ennemi serre nos avant-postes ; tous les jours ils « sont harcelés. S'il forme une attaque sérieuse et gé- « nérale sur Gênes, ce que tous ses mouvements an- « noncent; s'il force nos positions, ce que le peu de « troupes que j'ai doit faire craindre, quelles sont les « positions que vous désirez que l'armée occupe?..... « Veuillez, je vous prie, citoyen consul, me dire vos « intentions. »

Certes, c'était l'occasion de prescrire les dispositions que je vais examiner, si tant est qu'alors on eût pu les donner comme possibles, et que celles de Masséna fussent si mauvaises : *le temps ne manqua pas* pour s'expliquer à cet égard, et pourtant Masséna ne reçut aucune réponse. Cependant le 11 germinal (1er avril), le premier Consul répondit par la lettre qui se trouve à la suite des pièces justificatives n° 2, mais dont les Anglais s'emparèrent ; et le 19 du même mois, c'est-à-dire quatre jours après que les communications furent coupées, le général Carnot, ministre de la guerre, signa, pour être adressée au général Masséna, une lettre résumant le plan général des opérations arrêtées pour la campagne qui allait s'ouvrir, et traçant le rôle qui était assigné à ce général. Cette dernière lettre, qui ne pouvait plus lui être utile, ne lui parvint d'ailleurs que longtemps après le blocus (voy. pièces justificatives n° 3, lettre n° 7). Au reste, et ceci achève d'être remarquable, c'est que la lettre du premier Consul lui prescrivait de tout faire *pour conserver les communications avec la France*, et que les instructions du général Carnot lui prescrivaient, non pas d'entrer en Piémont par la Bochetta, ou de manœuvrer par la rivière du levant, c'est-à-dire par la droite, comme le portent les mémoires ; mais au contraire « de ne se réunir que « lorsque le général Berthier entrerait en Italie, d'opé- « rer alors sa jonction avec le corps de ce général, de « se porter autant que possible sur sa gauche, et même, « s'il le jugeait nécessaire, en arrière de Turin pour ne « pas compromettre le salut de l'armée, ce qui, sans « quitter Gênes, obligeait de garder la route de cette « ville à Nice ; de se tenir jusque-là sur la défensive,

« son offensive avant cette époque ne pouvant manquer « d'être fort dangereuse »

Tel fut le plan de campagne du premier Consul au 19 germinal an VIII, plan *qui justifiait entièrement les dispositions du général en chef Masséna*!... Achevons d'examiner le plan de campagne qui, *quatre ans après la mort de ce grand général*, fut imaginé à Sainte-Hélène :

« Il eût dû placer son armée d'une des trois « manières suivantes :

« *Première manière.*

« Donner au général Suchet 14,000 hommes, « et l'établir sur les hauteurs de Monte-Nésino. »

« Donner au lieutenant-général Soult 10,000 « hommes pour défendre la Bochetta, etc. »

« Donner au général Miollis 3,000 hommes qui « se seraient retranchés derrière le torrent de *Start* « (c'est-à-dire de la Sturla), Monte-Rati et Monte-« Faccio. »

« Enfin, garder 7,000 hommes de réserve à « Gênes. »

Ici trois questions fort simples se présentent :

Où eût-on pris ces 34,000 hommes?
Avec quoi les eût-on nourris?
Comment eussent-ils vaincu?

A cette première question, Napoléon répond (page 238, ligne 18) : « On a fort exagéré le mauvais état de « l'armée... » Cet ON, c'est *moi*; du moins je n'étais pas seul à l'*exagérer*, car les lettres des lieutenants-généraux Soult et Suchet, des généraux Marbot, Gazan, Miollis et autres, de l'ordonnateur en chef et de plusieurs administrateurs de cette armée, celles de M. Corvetto (*), ainsi que celles du général en chef Masséna au ministre de la guerre et au premier Consul, lettres dont on a vu les extraits et que je possède, sont plus fortes que ce que j'ai dit; et cependant les auteurs de ces lettres et moi sommes restés au-dessous de la vérité, que l'on ne peut *exagérer* alors qu'il est impossible de la rendre! Sous un autre rapport, je doute que les milliers de victimes qu'ont dévorées une famine et une misère qui auraient *dû être évitées*, par là même qu'elles *auraient pu l'être* (**), aient été de cet avis. Mais en-

---

(*) Alors membre du gouvernement ligurien, depuis ministre des finances en France.

(**) Il ne fallait pour cela qu'envoyer à Gênes les 600,000 rations de biscuit si formellement promises. Or, la confection de ces rations pouvant être répartie entre toutes les villes du Midi, de la côte du Rhône, même de la Corse, rien n'était plus facile que de les obtenir. Maintenant, 2,000,000 de rations de biscuit ayant pu être réunies à Lyon deux mois avant la reprise des hostilités, qu'est-ce qui pouvait empêcher d'en avoir moins du tiers, à Antibes, etc., avant que les communications devinssent trop difficiles? Enfin, et sans parler de la nécessité de prévenir les ravages de la disette, et de ce fait, que la faim ouvrit seule à l'ennemi les portes de Gênes, ne suffisait-il pas que Gênes fût une place de guerre non approvisionnée, impossible à abandonner, refuge de tout un corps d'armée, et certaine d'être bloquée et attaquée par terre et par mer, pour que rien au monde ne dût empêcher que cet approvisionnement n'y fût réuni. Cet abandon n'est-il pas même devenu un grief contre celui qui ne pouvait jamais l'oublier?

core, s'il n'a existé ni expressions ni images pour peindre l'horreur de cette position, si les états de situation n'ont exagéré que *la force des corps*, et cela par l'effet du besoin de recevoir plus de pain, le mécompte sera double : on sentira même qu'il fut plus grand que tout ce qu'on peut croire possible, si, d'une part, l'on veut bien considérer le nombre effrayant des malades à la chambre qui figuraient comme présents sous les armes, et mouraient dans les garnisons et les bivouacs par l'effet de la juste horreur qu'inspiraient les hôpitaux (voy. note D à la suite du 1er vol.), si, d'autre part, on veut bien observer que les pertes journalières étaient telles que les situations qui même auraient été exactes au moment où elles étaient faites, se seraient trouvées fausses avant d'être signées et expédiées, et entièrement fausses au moment de leur arrivée à Paris, et de plus que, quelque exagérées qu'elles aient été, elles n'ont pu approcher de ce taux, parce que, depuis et non compris la division de Nice jusques et y compris la division Miollis, il n'existait pas, à la reprise des hostilités, plus de 19,000 combattants en ligne du Var à la Sturla.

Ce fait seul renverse donc cet échafaudage et achève d'anéantir ce reproche; car Napoléon, et même sans malveillance personnelle, n'était pas facile à satisfaire en fait d'opérations de guerre. On sait même que, selon lui, le mot *impossible* devait être rayé du Dictionnaire de la langue française. Quand pour une attaque ou pour une défense, et cela 20 *ans après*, il jugeait encore 34,000 *hommes* nécessaires à *Masséna*, il était certain *que pour Masséna lui-même ils étaient indispensables* :

or, ces forces, *encore une fois*, *n'existaient pas*, ainsi que nous l'avons déjà observé et expliqué, ce qui, d'après Napoléon lui-même, démontre qu'il demandait l'impossible.

J'admets cependant cette réunion de 34,000 hommes entre le Monte-Nesino et le Monte-Faccio, et cette supposition me conduit à ma seconde question : *avec quoi les eût-on nourris?*

Ici toutes les illusions, toutes les chimères s'anéantissent; et si, en grande partie disséminés le long de la rivière de Gênes, occupant les seuls endroits où quelques ressources pouvaient se trouver encore, arrachant toujours quelques vivres au commerce et aux habitants, se trouvant sur les principaux points du passage des convois, quelques corps de la droite comme du centre de l'armée, tout en profitant de ce qui ne pouvait arriver à Gênes ou à Savone, ont éprouvé les plus cruels besoins; si même, réduits souvent au quart de ration et sans garantie du lendemain, ils ont toujours été dans l'horreur des privations, que seraient-ils devenus presque doublés et occupant une ligne deux fois plus étendue à une grande journée de Gênes et de Savone?... Où aurait-on pris des vivres pour les nourrir?... Comment aurait-on transporté ces vivres dans les montagnes, alors qu'on ne possédait aucun moyen de transport?... Les soldats placés aux avancées venaient chercher eux-mêmes, et, à grand'peine, *portaient sur leurs épaules* le peu de pain qui les sustentait; mais ce moyen, déjà si difficile pour les insuffisantes quantités que l'on pouvait donner aux faibles corps placés à une petite distance, eût-il été praticable pour 34,000 hommes éloignés de cinq à six lieues des manutentions?

Néanmoins, et pour couler à fond tout ce qui se rattache à l'assertion que j'examine, j'abandonne tout ce qui est réel, j'admets ce qui est impossible, et je suppose ces 34,000 hommes dans les positions indiquées, je les suppose recevant du ciel la manne sans laquelle ils n'auraient pas vécu huit jours... ; mais dans ce cas même, il resterait encore à savoir comment, d'après le plan de campagne dont il s'agit, *ils auraient dû triompher?...*

Je sais tout ce que valaient nos troupes; je sais tout ce que pouvait Masséna; je sais par quels chefs il était secondé; je sais encore ce que l'on peut devoir au hasard des armes, et je connais assez les troupes autrichiennes et la guerre des montagnes pour évaluer quelles différences de forces et de moyens pouvaient être compensées; mais j'avoue que 34,000 hommes sans cavalerie et sans canons, à moins qu'un nouveau miracle n'eût donné des attelages pour traîner l'artillerie, et des fourrages pour nourrir les chevaux; que 34,000 hommes, dis-je, aux prises avec 90,000 à 100,000 hommes d'infanterie, une belle cavalerie et une artillerie nombreuse (*), me paraissent rendre l'obligation du triomphe fort extraordinaire plus d'un mois

(*) Le général Mélas, suivant Napoléon lui-même, commandait 140,000 hommes, dont 130,000 étaient sous les armes.

avant que l'armée de réserve pût entrer en scène (*). J'ignore même comment, sur une ligne de dix lieues *à vol d'oiseau*, mais de quinze en réalité, ces 34,000 hommes auraient pu empêcher 100,000 hommes de les couper, surtout si l'on admet, ainsi que cela est forcé, que l'ennemi, maître de la mer, et s'emparant aussitôt des caps de Noli et de Mele, aurait de suite intercepté les communications avec la France et rendu la marche des convois et des renforts impossible. Mais encore n'aurait-on pas fait opérer des débarquements par l'armée de Mahon et par des troupes sardes, toscanes ou napolitaines? N'aurait-on tiré aucun parti des corps piémontais et de la masse des insurgés organisés contre nous? N'aurait-on pas fait attaquer, à revers et l'un après l'autre, les 14,000 hommes du général Suchet et les 10,000 du général Soult, pendant qu'ils auraient été aux mains avec les Autrichiens, ou même avant pour les forcer à une division qui eût rendu leur

(*) D'après Frédéric II, il n'est pas de passage de rivière qui, avec des forces égales, puisse être défendu sur une étendue de plus de huit lieues. Or, combien y a-t-il, dans quinze lieues de montagnes, de vallées et de points plus faciles à franchir qu'une rivière?.. Mais encore, comment prescrire de vaincre avec 34,000 hommes contre 80, 90 ou 100,000, électrisés au dernier point, et que, sans compter autre chose, 15 ou 20,000 Anglais, Napolitains et Toscans auraient de suite renforcés, lorsqu'à Marengo on a eu tant de peine à gagner la bataille avec 28,169 hommes contre moins de 45,000 Autrichiens tournés, c'est-à-dire à moitié démoralisés.

défaite aussi certaine, aussi facile que rapide? Mais de plus, ces 34,000 hommes, déjà si insuffisants contre 100,000 ayant l'initiative de toutes les attaques, auraient-ils tous été en ligne?... Quoi! personne à Savone et sur tant d'autres points indispensables à tenir?... J'observerai d'ailleurs que quand une armée n'est pas en mesure de prendre l'offensive contre des Autrichiens (tels du moins qu'ils étaient il y a 46 ans), ce qu'elle peut faire de mieux, c'est de compliquer les opérations en multipliant les combinaisons; plus on rétrécissait contre eux le front d'une armée, plus on leur sauvait de fautes; mieux on se divisait, plus on se ménageait de chances! Ce n'était que par moments qu'il fallait être réuni contre eux : un coup porté, il fallait les menacer partout ; l'embarras était pour eux une demi-défaite, et il existait dès qu'il y avait complication de mouvements et mouvements inattendus. Je pense donc que, dans le cas où on aurait pu en disposer, la réunion de ces 34,000 hommes, ou bien ces 34,000 hommes divisés, mais immobilisés dans des positions fixes, était, dans l'hypothèse établie, ce que l'on pouvait faire de plus fâcheux au moment de la reprise des hostilités et jusqu'au moment où l'armée de réserve déboucha, et je conclus en disant ou en répétant :

1° Que sur ces 34,000 hommes il en manquait 15,000;

2° Que ces 34,000 hommes existant et occupant les points indiqués, y seraient morts de faim en moins de huit jours;

3° Que s'ils avaient pu y être nourris, ils y auraient été battus, et d'autant plus certainement battus, que sans avoir ni artillerie ni cavalerie (*), ils pouvaient se trouver aux prises avec un nombre quatre fois supérieur au leur, et qui eût été en mesure de se réunir successivement contre les troupes occupant Monte-Nésino et la Bochetta ;

4° Qu'au besoin l'exécution de ce plan mettait en ligne contre nous, comme auxiliaires des troupes autrichiennes, sardes et insurgées, l'armée de Mahon et, de plus, les troupes que l'on aurait pu tirer de Naples et de Florence ;

5° Que Gênes n'en eût été que plus tôt perdue, et l'eût été sans ressources ;

6° Que nos provinces du midi auraient pu être envahies et ravagées ;

Et 7° que la campagne de Marengo devenait impossible !...

Deuxième et troisième manière.

La seconde consistait... « à placer la gauche sur « Voltri, à la Madona del Aqua ; le centre derrière « la Bochetta, et la droite derrière la Sturla... »

La troisième... « à occuper sur les hauteurs de « Gênes un camp retranché menaçant l'Italie, et à « en couvrir le front par des redoutes et une centaine de pièces de canon non attelées, indépendamment de l'équipage de campagne. »

(*) Les Autrichiens pouvaient arriver à nous avec l'une et l'autre, au moyen des routes qu'ils avaient arrangées, et qu'ils auraient encore améliorées, et des ressources de la Lombardie et du Piémont.

Ces second et troisième moyens ne sont pas des moyens nouveaux !... Ils ne sont à proprement parler que l'indication des positions que l'armée aurait eu successivement à prendre après avoir abandonné la position de Savone, Monte-Nésino, la Bochetta et le Monte-Faccio. Ce n'est donc que la première pensée réduite à de plus simples expressions, ou appliquée à un moindre espace; mais cela ne rectifie aucune des inexactitudes, ne lève aucune des difficultés que j'ai signalées : c'est toujours 60,000 Autrichiens au lieu de 100,000 portés par Napoléon lui-même à 130,000; c'est toujours 34,000 Français au lieu de 19,000; c'est encore l'hypothèse que ces 34,000 pouvaient vivre des mois entiers où 19,000 seraient morts en huit jours ou se seraient débandés sans que l'ennemi s'en mêlât; c'est encore 100 pièces de canon et un équipage de campagne, quand il n'existait ni chevaux, ni fourrages, ni artillerie de campagne, à l'exception *d'une seule batterie attelée* (6 pièces), ni presque de munitions; et enfin, c'est Masséna entrant en Piémont contre des forces sextuples des siennes, et cela sans canons et sans cavalerie, et devant immédiatement y entrer par le levant, alors que dans le temps on lui prescrivit d'attendre le général Berthier pour y entrer par le Ponant. On finit par ne plus savoir que dire à propos de si inexplicables assertions ou imputations! Je possède en effet 150 lettres des généraux Soult et Suchet, qui, sans réplique, démontrent tout ce que j'ai avancé sur la faiblesse de l'armée, sur la pénurie des subsistances, sur les ravages des maladies, sur les cloaques qu'on nommait les hôpitaux ou les quartiers, sur les effrayantes pertes que l'armée faisait chaque jour, sur le manque total de transports, d'artillerie, de cavalerie, etc. On ne peut supposer que, dans le cas de cette réunion du centre à l'aile droite de l'armée d'Italie, le gouvernement eût fait ou que le général Masséna eût pu faire plus qu'ils n'ont fait; or, le premier n'a rien fait d'efficace malgré tant d'engagements, de promesses, et des demandes, des instances renouvelées dans 50 lettres plus énergiques, plus déchirantes les unes que les autres (*); le second, malgré tous les efforts humains, n'a pu rien faire de suffisant. On n'aurait donc rien reçu de plus, et on aurait reçu moins, parce que tout ce qui en blé n'a pu dépasser Finale eût été perdu pour les troupes. Enfin, et je le dis encore, si cela avait été sage, possible, le premier Consul l'eût compris à Paris, où la conviction de ces faits était entière, où il était secondé par Carnot, si bien informé de tout, où il n'était pas absorbé par les déplorables détails qui, à Gênes, occupaient le général Masséna et le jour et la nuit; et il l'aurait d'autant mieux senti qu'il savait que les troupes attendues pour prendre l'offensive n'arriveraient pas! Napoléon eût donc prescrit ces dispositions, si elles avaient été exécutables, et dans ce cas elles se fussent exécutées, si elles ne l'avaient été d'avance. Il n'était pas homme à hésiter sur une pareille initiative : avec un de ses lieutenants, elle était de devoir ; et d'ailleurs,

---

(*) Voir les notes à la suite du 1er volume, et surtout celles cotées D jusques et y compris la lettre M.

il y avait même lieu à initiative, après que le 10 ventôse le général Masséna avait si formellement écrit : « Quelles sont les positions que vous désirez que l'ar-« mée occupe?... Veuillez, je vous prie, citoyen Con-« sul, me dire vos intentions... » Ah! certes, il devait lui être plus facile de commander alors que de faire vingt ans après de tels reproches, de supposer de tels torts.

DÉUXIÈME OBSERVATION CRITIQUE.

(1er paragraphe de la page 135 des *Mémoires*.)

« Gênes a ouvert ses portes lorsqu'elle était sau-« vée. »

Gênes, comme sa garnison, ne pouvait plus être sauvée que par *du pain*. Immédiatement après la ratification du traité d'évacuation, c'est-à-dire *le* 15 *prairial au matin*, la flotte anglaise en fit entrer en abondance à Gênes! L'armée de réserve n'avait pas de convois à la suite de ses divisions, mais elle en aurait eu que, dans les hypothèses les plus favorables, et à peine pour la garnison, elle n'aurait pu en faire arriver à Gênes que *le* 26 *prairial au soir!*... Donc, ni Gênes, ni sa garnison, *ne pouvaient être sauvées par l'armée de réserve*.

« Le général Masséna savait que l'armée de secours était arrivée sur le Pô; il était assuré qu'elle « n'avait éprouvé aucun échec. »

L'armée de réserve n'*était pas arrivée sur le Pô* lors de la signature et *même de la ratification du traité de Gênes*; quant au général Masséna, *il ne savait rien* et ne pouvait être *assuré* de rien, si ce n'est qu'on n'avait su ni approvisionner la place de Gênes quand on le pouvait, ni la secourir alors qu'elle devait l'être et qu'on avait annoncé qu'elle le serait. Et en effet, quand le 14 au soir il aurait su l'armée de réserve sur la rive droite du Pô (et elle n'y fut que le 16), quand le 15 le blocus aurait été levé par terre, il aurait été, *le même jour*, contraint de *capituler* avec les Anglais, fût-ce aux conditions les plus dures.

Crotogno (*), mis là en scène pour accuser le général Masséna d'avoir manqué de persévérance, est inexplicable! La ténacité et l'énergie constituaient le caractère de Masséna. Dans vingt circonstances, ces qualités lui firent dépasser ce qu'il semblait qu'on pût attendre des forces humaines! A Essling, elles lui firent faire ce que Napoléon *lui-même* jugeait *impossible* (**). En Portugal, elles le portèrent à des choses effrayantes. En aucun lieu, elles ne le rendirent capable de rien qui put être comparé à ce qu'il fit à Gênes! Au surplus, la citation de *Critognat* et celle d'Alise ne sont pas plus heureuses : Critognat n'obtint qu'un délai inutile; Alise tomba, et Vercingentorix ne put pas même forcer César à l'admettre, je ne dis pas *à l'honneur d'un traité*,

---

(*) Nom défiguré de *Critognat*.

(**) Masséna sauva à Essling les troupes qui se trouvaient sur la gauche du Danube. Lorsque Napoléon lui fit demander s'il pouvait encore tenir trois heures, sa réponse fut : « Dites que j'en tiendrai douze!.. »

mais même à la *garantie d'une capitulation*. La tournure de ce passage suppose trop d'ignorance de la part des lecteurs; mais quand Alise eût été sauvée par Critognat, l'application et l'interprétation n'en eussent pas été plus exactes.

Un morceau écrit dans des dispositions aussi peu favorables ne peut laisser de base à la confiance, et rend au raisonnement tout ce qui peut être résolu par lui, aux faits, tout ce qui peut être établi par eux. Ainsi, quand Napoléon dit : « Il eût été débloqué douze heures après», il dit une chose inouïe; car douze heures après la signature du traité, les troupes du général Ott, qui partirent les premières, commençaient à peine leur mouvement; et lorsqu'il ajoute : ... « Les généraux ennemis savaient l'extrême disette qui régnait dans la ville » (de Gênes); il avance une chose inadmissible, attendu que si le général Ott eût été certain que le 15 au soir, il ne pouvait pas rester à Gênes un soldat ayant encore vingt-quatre heures à vivre, ou la possibilité de faire *un pas*, il se serait certainement borné à laisser autour de cette place les 10,000 hommes du prince Hohenzollern, qui l'occupèrent, forces plus que suffisantes alors pour entrer dans Gênes sans traité ni capitulation, et faire jeter à la mer les cadavres des malheureux que Masséna a conservés à la France; mais ce qui nous sauva, c'est qu'à tout prix le général Ott voulut nous empêcher de traiter avec l'amiral Keith.

Le fait des douze heures étant chimérique, examinons du moins, et d'après Napoléon lui-même, le fait de ces quatre, cinq ou six jours, qui équivalaient à autant de siècles : Or,

1°—Napoléon passe le Tésin. .	le	1er juin.	—	11 prairial.
2°—Il entre avec l'avant-garde à Milan.	le	2	—	12 —
3°—Duhesme entre à Lodi. .	le	4	—	14 —
4°—Masséna conclut le traité de Gênes.	le	5	—	15 —
5°—Duhesme cerne Pizzighitone.	le	5	—	15 —
6°—Lannes passe le Pô devant Pavie.	le	6	—	16 —
7°—Murat arrive devant Plaisance.	le	6	—	16 —
8°—Il entre à Plaisance. . .	le	7	—	17 —
9°—Napoléon achève à Milan la revue des 15,000 hommes commandés par le général Moncey. . . .	le	7	—	17 —
10°—L'avant-garde, sous les ordres de Lannes, et les troupes de Murat se réunissent à Stradella. . .	le	8	—	18 —
11°—L'armée se réunit à Stradella, et emploie à se faire un point d'appui et à s'assurer une retraite..	les	10-11-12	—	20-21-22
Napoléon passe la Scrivia.	le	13	—	23 —
Il se bat à Marengo. . .	le	14	—	24 —

Ainsi voilà déjà, non pas douze heures, non pas quatre, cinq ou six jours, mais neuf jours et demi pleins, non pour arriver à Gênes, mais à quatorze lieues de Gênes, et dans une position qui, malgré la victoire de Marengo (cette victoire si longtemps douteuse) ne pouvait permettre de faire, avant le 16 juin (26 prairial), de gros détachements, et d'entreprendre une marche qui, à cause des montagnes, eût été de deux jours, ce qui porte la différence à treize jours et demi, temps un peu long pour des moribonds ne pouvant survivre à la journée du 15 ! Observons cependant encore que nous calculons et jugeons ici d'après les événements, et que si l'ennemi, s'abstenant de couvrir Alexandrie, qui certes n'avait pas besoin de lui, s'était borné à appuyer sa gauche à cette place et à couvrir le blocus de Gênes par sa droite; si même, par une manœuvre exécutée pendant que l'armée française se portait sur Stradella, et qui eût réuni les principales forces de M. de Mélas, il eût couvert Gênes par son centre ou sa gauche, appuyant sa droite vers Bobbio, et attendant la bataille dans les fortes positions qui flanquent et précèdent la Bochetta, les calculs de temps que nous venons de faire se trouvaient encore renversés comme les événements, et les résultats ne pouvaient manquer d'être différents; mais ces hypothèses sont inutiles à la gloire de Masséna, et les dates ci-dessus rapportées achèvent de réfuter les assertions de Napoléon, si bien détruites, d'ailleurs, par lui-même.

« Si Masséna eût été à la tête des 5,500 hommes « qui sortirent de Gênes par terre, il eût renforcé « Suchet et marché sur le champ de bataille de « Marengo. »

Sans m'arrêter à ce fait, qu'il ne sortit de Gênes, par terre, que 4,500 hommes sous les ordres du général Gazan, je redirai, et cela *pertinemment*, que Masséna ne savait rien de la position de l'armée de réserve, rien de l'offensive reprise par le général Suchet, et qu'il était impossible que ces faits lui fussent connus. Il pouvait croire que l'armée de réserve n'avait pas essuyé de revers; mais, d'une part, il ne pouvait que le conjecturer; de l'autre, ne pas avoir essuyé de revers, pouvait faire croire que l'on n'avait pas osé se commettre, mais non que l'on fût certain de vaincre, et moins encore que l'on dût vaincre en temps utile, alors surtout que l'époque annoncée pour le déblocus de Gênes était passée depuis cinq jours !... Mais encore, des conjectures, à la rigueur plausibles, pouvaient faire supposer que le plan de campagne de l'armée de réserve avait été changé, et que Gênes était sacrifiée à de plus grands intérêts (*). Les réflexions qui suivent l'assertion que je réfute, n'avaient échappé à personne, et ma relation du blocus de Gênes le prouve également. Dirai-je que dans ces réflexions se trouve,

(*) Se rappeler ou voir à cet égard ce que je dis dans le journal du blocus de Gênes.

entre le général Provera et le général Masséna, un parallèle dont la gloire de celui-ci aurait dû le préserver!

Quant au général Suchet, qui, dans l'hypothèse établie, eût renforcé le général en chef, *mais n'eût pas été renforcé par lui*, Masséna devait le croire et le croyait encore sur le Var. C'est donc sur le Var, ou en avant de cette rivière, que de sa personne il dut vouloir arriver le plus promptement possible, afin d'y réunir les forces dont il pouvait disposer, d'y prendre l'artillerie, d'y rassembler sa cavalerie, de recomposer son administration, de reformer enfin un corps avec lequel il pût battre le corps du général Elsnitz et se reporter sur la Bormida, etc. Tout cela était d'un général, le contraire eût été sans justification possible.

Et de plus, se rendant à Nice par journées d'étape, il lui fallait huit jours; s'embarquant par le vent qui soufflait, vingt-quatre heures pouvaient lui suffire, et trente heures lui ont suffi. Il risquait donc de perdre six à sept jours en marchant par terre avec ses troupes, tandis que par mer il les gagnait. Voilà ce qui était évident, le reste était par trop hypothétique. J'ignore ce qu'on pouvait faire de plus sage et à quel titre *cette conduite*, qui est à citer, *n'est point à imiter*.

Sans doute, marchant lui-même avec les troupes qui par terre sortirent de Gênes, prenant le rôle d'un de ses généraux de division, oubliant ou méconnaissant ses devoirs de général en chef, et les grands motifs qui déterminèrent sa conduite, il rejoignait le général Suchet plus vite; mais s'en suivait-il, d'une part, qu'il serait résulté le moindre avantage de cette avance; de l'autre, que par elle il eût été en mesure de jouer un rôle sur le champ de bataille de Marengo? En aucune manière. Sous le rapport du temps, ayant marché en doublant les étapes, et avec cette ardeur qui était dans sa nature, il rejoignit les troupes du centre comme elles allaient déboucher des monts Liguriens, et les 4,500 hommes sortis de Gênes, sans que le mouvement de ces troupes fût ralenti *d'un jour*. Sous le rapport du nombre des troupes, l'ennemi en position sur la Bormida et occupant Alexandrie, séparait par trop de forces et d'obstacles l'armée de réserve de ces débris de l'armée d'Italie. C'était pour l'ennemi, maître de Gènes et de Savone, la position la plus heureuse, puisqu'elle le mettait à même d'anéantir d'abord un corps insignifiant pour lui, comme hors de mesure de concerter ses opérations, et de réunir ensuite toutes ses forces contre l'armée de réserve. Enfin, si Masséna avait fait la faute de ne pas s'embarquer, tout le bien qui a résulté des dispositions utiles qu'il a pu faire à Antibes ou à Nice, et depuis Nice jusqu'à Finale, eût été perdu, et l'eût été sans compensation. Si donc les débris de l'aile droite, réunis aux troupes du centre, ne prirent aucune part active aux événements, c'est qu'il était impossible qu'ils en prissent aucune. Que dirai-je encore?... Le succès de la bataille de Marengo a été dû à des circonstances si heureuses, que tout ce qui était de nature à déranger l'ordre des événements auxquels on fut redevable de la victoire, à déplacer seulement un des corps qui concoururent à l'assurer, est effrayant ! Après une telle fortune, on doit se borner à rendre grâce aux dieux.

Une phrase à moitié équitable suit ce passage et finit par un mot caractéristique : « Masséna, y est-il « dit, était éminemment noble et brillant au milieu « du feu et du désordre d'une bataille. Le bruit du « canon éclaircissait ses idées, lui donnait de l'esprit, « de la pénétration et de la gaîté. » — Je n'admets pas que *des coups de canon* fussent nécessaires « pour éclaircir les idées de Masséna, pour lui donner de l'esprit, de la pénétration, de la gaîté», car il en avait toujours; mais je soutiens qu'électrisé par le danger, il lui devait les inspirations les plus soudaines, les plus fortes et les plus décisives! Masséna, comme homme de guerre, était un homme immense !... Par ses conceptions, il se plaça, en Helvétie surtout, à une hauteur que personne au monde n'a dépassée; sur un champ de bataille, il fut toujours aussi brillant de pensées que terrible d'exécution. Et quel est le grand homme de guerre que *le désordre d'une bataille* n'ait pas exalté ?... Alexandre, César, Charlemagne, Frédéric, Napoléon lui-même, ont-ils été exempts de semblables influences ? Non, certes; et eussent-ils été dignes de commander aux hommes, capables d'exécuter de si grandes choses, au niveau de leur position enfin, s'ils avaient été faiblement émus par la puissance même que, dans le moment solennel d'une bataille, ils exerçaient et sur de gigantesques événements et sur les masses soumises à leur commandement ou à leur pouvoir ! Mais cette faculté d'inspiration si naturelle à Masséna, chez lui si puissante, le constituait à ce point, qu'il ne pouvait lui survivre (ainsi qu'en *janvier* 1801 je l'ai démontré dans un parallèle entre Moreau et lui), ni par conséquent vieillir impunément (*)... Les vomissements de sang qu'il eut pendant la campagne de Pologne (1807) le prouvèrent... Là, le grand homme de guerre mourut dans le général Masséna!... Il fut cependant encore magnifique à Essling, mais il ne le fut guère que de ténacité! Ceux qui, depuis cette dernière époque, ont servi sous ses ordres, n'ont pu le connaître ni par conséquent le juger; et ceux qui, postérieurement à elle, l'ont employé ou fait employer, n'ont fait autre chose que de lui faire atténuer, par ses propres mains, une gloire qu'il ne devait qu'à lui, et qui était assez nationale et avait été assez utile, assez brillante, pour qu'à trois titres sacrés on dût la respecter... Je regrette d'avoir à le dire, mais, dans les entretiens qu'à Salamanque j'eus avec lui en 1811, je ne le retrouvai plus!... Il conçut cependant encore le plan d'une bataille dont la destruction de l'armée anglaise devait être la conséquence; mais il n'était plus capable de se faire obéir; et grâce à quelques-uns de ses généraux, la non exécution de ses ordres annula l'effet de ce dernier effort, et d'un effort qui devait être décisif.

(*) Voir le tome V de mes mémoires.

Lorsqu'on annonça la publication des Mémoires de Napoléon, ma pensée première fut qu'ils ne contiendraient que des jugements sans appel ; et la lecture du chapitre que je viens d'examiner (le seul du reste que j'aie lu) m'affligea profondément.

Et en effet, est-ce ainsi que cette immortelle défense de Gênes devait être signalée à la postérité ? Est-ce ainsi que l'histoire retracera un des plus beaux faits d'armes d'un de nos plus grands capitaines ? Non, sans doute. Pourquoi donner à ce point le change sur la situation et sur la position horrible où Masséna se trouva?... Pourquoi taire ou dénaturer ses pensées, ses projets, ses motifs, et les conséquences de sa conduite et de ses actions?... Pourquoi abuser sur les difficultés, les moyens, les ressources, les efforts, les souffrances et les pertes, sur les hommes et sur les choses? Et, gardant le silence sur tant de faits héroïques, pourquoi faire ressortir la prétendue influence que les opérations de l'armée de réserve pouvaient avoir sur la prolongation du blocus?... Présenter de cette sorte les causes, les événements et les résultats, c'est défigurer au lieu de peindre, confondre au lieu de caractériser.

Il se présente même ici une nouvelle question à laquelle je suis contraint de m'arrêter. Si pour dicter ses mémoires, Napoléon s'était, dans cette occasion, affranchi de toute passion, n'eût-il pas adopté ou réfuté le contenu du journal du blocus de Gênes, qui fit partie des ouvrages qu'il avait à Sainte-Hélène? Ce journal, écrit sur des *matériaux irrécusables*, fut imprimé dans les quatre ou cinq mois qui suivirent l'événement qu'il relate, mis en vente d'après l'autorisation du Ier Consul, et réimprimé dans l'année, c'est-à-dire lorsque le général Bonaparte était au pouvoir, et lorsque Masséna était dans la plus complète et la plus scandaleuse disgrâce. Cet ouvrage, en outre, parut à la face de toute l'armée française, de toute l'armée autrichienne, de l'Angleterre, de la Ligurie, de la France et de l'Europe. Certes, s'il avait pu être contredit, il l'eût été de toutes parts; et en France, les écrivains salariés eussent ramassé ce gant jeté à la réfutation, renchéri dans la violence des attaques, et cependant aucun d'eux ne s'éleva pour en critiquer une page. Loin de là, tous les journaux, je le répète, le louèrent, l'Europe l'accueillit comme un monument historique. Carnot, dans son ouvrage sur la défense des places (ouvrage fait et imprimé par ordre de Napoléon, et *remanié par lui*, et qui en peu d'années eut plusieurs éditions) (*); Carnot, dis-je, le déclara clas-

(*) Il existe à cet égard un fait curieux déjà signalé à la page 11 du premier volume, mais qu'il n'est peut-être pas inutile de répéter ici. Napoléon revoyait le manuscrit du général Carnot à mesure qu'on l'imprimait. Ce général avait fait du journal de la défense de Gênes une mention très détaillée et pleine de passages honorables pour moi; Napoléon les biffa presque en totalité, et ne laissant subsister sur ce grand événement que la demi-page qui a été imprimée, il ne conserva ni le nom du général en chef Masséna ni le mien. M. Lafond, le peintre d'histoire, ami du général Carnot, m'a dit avoir vu tout ce morceau raturé de la main de Napoléon.

sique. Il fut cité par plusieurs écrivains marquants (*) et distingué par des hommes de guerre de la plus haute illustration (**). Neuf ans après qu'il eut paru, il fut traduit en anglais par John Maunde, et imprimé à Londres (***). Enfin Napoléon lui-même, ayant voulu lire cet ouvrage *avant qu'il fût mis en vente*, dit au général Masséna, vingt-quatre heures après avoir reçu de lui le premier exemplaire : « J'ai lu le Jour-« nal du blocus de Gênes : c'est un bon ouvrage, J'EN « AI ÉTÉ CONTENT, ET TOUT LE MONDE DOIT L'ÊTRE... » C'est après ces mots, c'est après ce jugement, et non avant, que fut livré à la publicité cet ouvrage, *qui a force de chose jugée!* Je demanderai donc comment Napoléon, oubliant et les faits et les documents, et les témoins auxquels on pouvait en appeler encore, a pu chercher à flétrir une partie des lauriers qui ombragent la tombe de Masséna. Cependant, celui-ci lui a rendu, en cent occasions, les plus éminents services! Sans sa puissante coopération, les premières campagnes de Napoléon en Italie, ces campagnes si mémo-

---

(*) Salverte, *De la littérature du* 18e *siècle;* Morin, poème de *Gênes sauvée*, etc.

(**) Le prince Henri de Prusse, frère de Frédéric-le-Grand. (Voir 7e page du 1er volume.)

(***) Ce n'est pas après un tel laps de temps, alors que la guerre entre la France et l'Angleterre durait encore, que l'on eût traduit en anglais et imprimé à Londres un ouvrage qui eût exagéré la gloire acquise par Masséna et les braves qu'il commandait, contre les forces combinées de l'Angleterre, de l'Autriche, etc., etc.

rables, et qui fondèrent sa gloire militaire, n'auraient pas été ce qu'elles furent ; sans le vainqueur de Zurich, il eût trouvé, à son retour de l'Egypte, la France envahie ; sans la défense de Gênes, il n'eût pas exécuté la campagne de Marengo ! Je ne parle pas de la conquête du royaume de Naples, quoique la prise de Gaëte mérite une mention ; mais sans lui le Prince Charles fût arrivé à temps pour changer l'issue de la campagne d'Austerlitz, pour faire déclarer la Prusse (*) et réunir contre Napoléon, et à 200 lieues de la France, les forces des trois grandes puissances du Nord et de toutes celles qu'elles auraient incontestablement entraînées dans leur système ; sans lui, enfin, Napoléon n'eût pas obtenu au fond de la Pologne la diversion à laquelle il dut la victoire de Friedland, de même qu'il n'eût rien sauvé à Essling de tout ce qui avait passé le Danube.

Maintenant quel fut le prix d'actions si glorieuses pour la France et si utiles pour son gouvernement ?

Le rang de maréchal ?... Lorsque je lui fis mon compliment sur cette nomination, je n'en obtins pour toute réponse que ces mots, proférés avec colère et dédain, et arrachés par des assimilations qui le blessaient : *Nous sommes quatorze* !..

(*) On sait que la Prusse mit en campagne une armée de 80,000 hommes, et envoya à Vienne un ambassadeur ayant des pleins pouvoirs pour la paix et pour la guerre, et ordre d'en faire usage suivant les succès ou les revers de l'armée française,

Des cordons... des titres, et surtout ce titre *de prince*, que du reste il ne partagea qu'avec Murat, Berthier, Bernadotte, Davoust et Ney, et qui, par sa défaveur même, n'en marqua que mieux le rang auquel l'avaient élevé ses exploits?.. Mais il les honora beaucoup plus qu'il n'en pût être honoré, et ce qui prouve que son nom lui parut toujours préférable à tout autre, c'est qu'il ne signa jamais que... *Masséna!..*

Des dotations, des traitements?... Ceux qu'il reçut furent inférieurs à ceux donnés à de bien moindres titres...

Des commandements?... Ils furent plus que payés par les services qu'il rendit; ils constituèrent de nouvelles dettes au lieu de former des acquittements; et d'ailleurs, par ceux de l'armée d'Italie en 1800, et de l'armée de Portugal en 1810, comme en 1798 par celui de l'armée de Rome, il fut plutôt sacrifié qu'employé.

L'époque à laquelle les mémoires de Napoléon parurent est, relativement au blocus de Gênes, une justice du ciel! 60 ans plus tard, et ce même chapitre aurait entraîné toutes les opinions. Et qui aurait osé entrer en lice avec un si imposant commentateur?... qui, d'ailleurs, aurait été à même de le faire? Aucun des hommes acteurs dans ce grand événement, ou témoins de cette lutte, n'aurait existé; leurs contemporains mêmes auraient également été morts; les pièces authentiques, matériaux et documents qui, jusqu'à présent, ont été conservés, auraient été ou détruits ou décomplétés. Quelques lambeaux sans garantie, quelques traditions sans autorité, des faits avérés peut-être, mais isolés, mon blocus de Gênes enfin, qui n'aurait plus paru qu'un roman si j'avais gardé le silence sur ces mémoires, eussent fourni quelques objections, fait naître quelques doutes ; mais cet ouvrage et ces faibles débris auraient à peine produit des incertitudes contre une si grande autorité, tandis qu'aujourd'hui les faits sont encore présents à quelques hommes. Plusieurs des généraux bloqués à Gênes vivent ; l'Autriche, l'Angleterre, l'Italie et surtout Gênes, possèdent, ainsi que la France, une foule de guerriers, d'administrateurs, d'hommes d'État ou d'hommes privés à qui les diverses circonstances de ce blocus ont été connues ; des pièces officielles, aussi précieuses qu'irrécusables, se trouvent éparses dans les mains de ces acteurs ou témoins et réunies dans les miennes ; et à l'aide de preuves sans réplique, on peut encore rétablir les faits.

Qu'ajouterai-je ?... Un des hommes les plus honorables que l'Empereur ait attachés à sa personne, un de ceux qu'il cite dans ce chapitre, le lieutenant-général comte de Lobau, qui, sous le nom du chef de brigade Mouton, commandait pendant le blocus de Gênes la 3e demi-brigade de ligne, et est mort maréchal de France, me disait, le 22 décembre 1822, à propos de cette partie des mémoires de Napoléon : « Il était « hors de la puissance de l'Empereur de ne pas être « passionné ; et s'il avait pu se commander à lui-même, « il serait encore le prince le plus puissant de la terre ! « Quant à Gênes, s'il l'avait défendue ainsi qu'elle l'a « été, les termes auraient manqué pour parler de la « gloire de ce siége ; mais il ne supportait que les ré-

« putations qu'il avait faites et qu'à son gré il pouvait « grandir ou abaisser, et, malheureusement pour lui, « Masséna sous ce rapport ne lui devait rien. »

Un autre général qui, par son caractère, par son dévoûment à Napoléon, et par le rôle que jusqu'à sa mort il joua auprès de sa personne, est également une autorité, et dans ce cas-ci une autorité tout-à-fait spéciale, le général Bertrand disait en février 1823, devant un de mes fils, et chez M. de Jouy son oncle : « Aucun homme ne fut plus homme que l'Empereur, « par ses préventions et par ses prédilections. »

Je finis... Napoléon eut des erreurs, des préférences, des passions. Substituant trop souvent l'homme au grand homme, et son caractère à son immensité, il put oublier ce qu'il devait à la France, ce qu'il se devait à lui-même ! Trompé par la confiance que lui inspiraient son génie et sa fortune, insatiable d'ailleurs de gloire et de puissance, non moins abusé qu'excité par des flatteurs impitoyables et devenus trop influents, il voulut, à l'exemple des Titans, escalader le ciel et il fut précipité !.. Cependant, et malgré sa chute et ce qui en fut cause ; malgré les reproches qui pourraient lui être faits comme monarque et comme homme ; encore qu'il ait brisé de ses propres mains un trône qui ne pouvait plus être abattu que par lui, il n'en sera pas moins pour la postérité un colosse que chaque siècle grandira davantage ; et quand il ne restera plus de nos temps qu'un vague souvenir, alors que l'histoire aura été dépouillée de tout ce qu'on pourrait chercher à lui donner de romanesque, ce géant des Gaules, sans successeur, comme il aura été sans *précédent* (*), qui a fait de tous les peuples, de tous les princes, de tous les hommes marquants de son époque, les colonnes du temple de sa gloire; ce météore, qui, de Memphis à la Baltique, des glaces de la Moscowa aux colonnes brûlantes d'Hercule, et sans parler de la projection de ses rayons, a embrasé et éclairé la terre, apparaîtra dans ce lointain immense comme nous apparaissent encore l'Osiris des Égyptiens, l'Hercule ou le Dieu Mars des Grecs, et l'Odin des Scandinaves!..

(*) L'impression du premier volume était à peine terminée, lorsque la mort frappa l'auteur, qui ne put être consulté sur ce mot « *précédent* » ou plutôt sur ces mots « ***sans successeur comme sans précédent.*** » — Signifient-ils que Napoléon fut le premier et le dernier de la dynastie qu'il avait fondée? — Signifient-ils que *ce géant des Gaules* n'imita personne et restera inimitable? Nous ne pouvons que soumettre ces questions au jugement des lecteurs. — Du reste, dans la crainte d'altérer la pensée de l'auteur, on a respecté ici, comme partout, ses expressions, ses locutions. — Nous ajouterons que, excepté des copies ou extraits de pièces, et quelques pages qu'il a dictées dans les derniers temps, l'ouvrage nous a été livré écrit en entier de sa main. — (*Note de l'Éditeur.*)

N° X.

NOTES

QU'UN OFFICIER-GÉNÉRAL, APPARTENANT EN 1800 A L'ARMÉE D'ITALIE, FIT EN LISANT LE NEUVIÈME CHAPITRE DES MÉMOIRES DE NAPOLÉON.

Page 200. — Ce que l'on paraît présenter ici comme un avantage, a le grand inconvénient de diminuer le nombre des combattants. On sait en effet que plus il y a de cadres, plus la proportion des non combattants est forte.

Le général Oudinot était depuis longtemps général de division. Le général Suchet n'avait pas quatre divisions, mais deux divisions (quatre brigades). Il commandait le centre, et le général Soult la droite. La gauche était dans les Alpes, et sous les ordres du général Thureau.

Page 204. — Le plateau des Deux-Frères est plus élevé que le mamelon sur lequel est construit le fort du Diamant, et par conséquent il n'est pas dominé par lui. Les attaquants pouvaient se maintenir facilement aux Deux-Frères, malgré les forts du Diamant et de l'Éperon.

Page 225. — Il ne restait pas à Gênes 8,000 hommes en état de marcher. Il n'est pas parti par terre 8,500 hommes de Gênes, mais 4,500. Les corsaires n'ont emmené que des hommes éclopés. A la page 237, l'auteur réduit lui-même à 5,500 hommes les troupes qui par terre sont sorties de Gênes.

Page 228. — Le général Masséna se rendit par mer de Gênes à Antibes, rejoignit, sans perte de temps, les généraux Suchet et Gazan à Finale et Savone, et se retrouva ainsi, et sans retard capable d'influer sur les événements, à la tête de tout ce qui restait de son armée.

Page 231. — L'armée autrichienne avait l'offensive et pouvait porter toutes ses forces contre un des points de la ligne demi-circulaire que l'armée française gardait devant elle! Comment était-il possible que celle-ci, si inférieure en nombre, pût triompher?

Page 233. Cette première manière de placer les troupes eût été bonne, s'il y avait eu à Gênes des approvisionnements suffisants; mais si, au lieu de 15,000 hommes qui tiraient leur subsistance de cette place, et qui s'y renfermèrent, il y en avait eu 24 à 25,000, la place aurait tenu moins longtemps. A la vérité, l'ennemi aurait eu plus de peine à faire rentrer les troupes dans la ville; mais, vu sa grande supériorité numérique et la faculté d'employer à cette opération la totalité de ses forces (puisque tout ce qu'il y avait de disponible dans l'armée française se serait trouvé autour de Gênes), nul doute cependant qu'il n'en fût venu facilement à bout.

Page 234. — Cette seconde disposition présente les mêmes inconvénients. On ne pouvait vivre que des magasins de Gênes, où il n'y avait pas des approvisionnements suffisants, et où la croisière anglaise empêchait les arrivages de Provence et de Corse. Le pays autour de Gênes, comme le sol de toute la rivière, ne présentait aucune ressource, et il n'y avait pas plus d'avantage à occuper des positions à trois ou quatre lieues de Gênes qu'à se rapprocher de la ville.

Page 235. — Cette troisième disposition offre, par rapport aux vivres, les mêmes inconvénients que la première et la seconde. Mélas, en effet, aurait réuni en face de l'armée française, et dans une position forte et retranchée, un corps supérieur à elle, et aurait attendu qu'elle eût consommé ses magasins et que la famine la lui livrât.

Page 235. — Le général Masséna ne savait pas où était l'armée de réserve. Sans être battue, elle pouvait avoir éprouvé, dans sa marche, des retards qui la missent hors de mesure de secourir Gênes. (C'est ce qui est arrivé).

D'ailleurs les 40 bataillons avec lesquels le général Ott bloquait Gênes ne prouvaient-ils pas que l'armée de réserve était encore loin? L'ennemi, en effet, ne pouvait pas attendre qu'elle eût passé le Pô pour se porter sur cette rivière.

L'accession de l'ennemi à la proposition de laisser sortir la garnison avec armes et bagages, et sans être prisonnière de guerre, prouvait certainement qu'il avait des craintes sur ses derrières et qu'il était pressé d'en finir; mais cette garnison et la population de Gênes, exténuées par les privations, ne pouvaient pas supporter la faim deux jours de plus, et sans les vivres que les troupes reçurent des assiégeants, il leur eût été impossible de faire une marche et de suivre les corps autrichiens dans leurs mouvements sur les plaines de la Lombardie.

Page 237. — Masséna, qui ignorait la position de l'armée de réserve, ne pouvait pas savoir non plus ce qui s'était passé du côté de Nice, et en conséquence, il devait baser ses combinaisons sur la supposition que cette ville pouvait encore être occupée par les Autrichiens. C'est d'après cela qu'au lieu de marcher avec la division Gazan et de mettre huit ou dix jours pour arriver de Gênes à Nice, il jugea devoir s'embarquer afin de faire ce trajet en vingt-quatre heures. Son premier soin devait être de rejoindre, le plus tôt possible, le centre de son armée, où se trouvait la presque totalité des forces disponibles, afin de tout préparer pour reprendre l'offensive du moment où il aurait été rejoint par les troupes venant de Gênes par journées d'étapes. D'ailleurs Masséna est resté si peu de moments à Antibes et à Nice, qu'il a rejoint les troupes formant le centre de l'armée d'Italie et les débris des corps sortis de Gênes au moment où ces troupes traversaient l'Apennin pour marcher sur Acqui. Elles n'ont donc pas perdu un moment; elles ne se sont arrêtées nulle part, et elles ont fait tout ce qu'il était possible qu'elles fissent, en obligeant l'ennemi de détacher, le jour de la bataille de Marengo, 20 escadrons pour les observer.

Quant aux canons, on ne pouvait éviter de les embarquer : 1° parce que tous les chevaux du train, et la presque totalité de ceux des généraux et officiers d'état-major, avaient été mangés; 2° parce que l'on n'aurait pas trouvé de fourrage; 3° parce qu'il n'existe pas de Gênes à Nice de routes pour l'artillerie.

Ainsi, Masséna n'a rendu Gênes que parce qu'il était impossible qu'il tînt vingt-quatre heures de plus; mais encore est-il facile de prouver que le traité qu'il a conclu a été plus favorable à la marche et aux opérations de l'armée de réserve, que la conservation de Gênes n'aurait pu l'être.

Et en effet, si (ce qui est insoutenable) il avait pu tenir quatre jours de plus, le général Ott, qui avait ordre de lever le siége au lieu de s'arrêter trente-six heures pour traiter, serait parti de suite pour se rendre sur les bords du Pô; il aurait laissé 2,000 hommes sur la Bochetta, pour observer la garnison de Gênes qui, exténuée de besoin et dans un pays sans ressources, n'aurait pu faire que de très petites marches, si même elle avait pu en faire : il serait donc arrivé sur la rive droite du Pô trente-six heures plus tôt, et avec 8,000 hommes de plus (puisqu'il en laissa 10,000 dans Gênes). Il aurait eu bien plus de chances au combat de Montebello, où le général Lannes ne dut qu'aux plus grands efforts une victoire que vingt mille hommes de plus à combattre rendaient impossible; d'où il suit que tous les événements et, on peut le dire, que les résultats de cette campagne se trouvaient changés.

N° XI.

SUR LA RELATION

DE LA CAMPAGNE ET DE LA BATAILLE

DE MARENGO

PAR

LE GÉNÉRAL ALEXANDRE BERTHIER.

NOTA. Le sujet de cette relation étant le même que celui du neuvième chapitre des Mémoires de Napoléon, j'ai pensé devoir placer ici les principales observations provoquées par ce travail qui, d'ailleurs et par lui-même, forme une anecdote de nature à être conservée.

En 1805, l'Empereur ordonna ou approuva que chacune de ses grandes batailles devînt le sujet d'une relation faite et signée par le général Alex. Berthier; que chacune de ces relations, accompagnée de plans, cartes et vues imprimées et gravées avec le plus grand soin, formât un volume in-quarto, et que ces volumes, qui ne seraient pas mis en vente, fussent envoyés et donnés tout reliés, à sa couleur et à ses armes, à chacun des généraux de ses armées.

Cette pensée fut exécutée pour la bataille de Marengo et pour celle de Iéna. Le premier de ces volumes fut distribué, et c'est ainsi que je reçus l'exemplaire que je possède. Quant au second, une caisse qui en contenait plusieurs centaines d'exemplaires, arriva à Tilsit, où je l'ai vue chez Guilleminot ; mais la défense d'en communiquer un seul exemplaire fut immédiatement faite, et oncques depuis, il n'a été question ni de cette relation, ni d'aucune autre !

Voici, au reste, quelques notes sur la relation de Marengo :

Selon elle, l'armée de réserve était de 57,845 hommes (les troupes du lieutenant-général Thureau y comprises), dont 24,481 hommes d'infanterie et 3,688 de cavalerie (total 28,169 hommes) combattirent à Marengo ; 26,364 hommes d'infanterie et 3,312 de cavalerie (total 29,676 hommes) restèrent détachés : fait remarquable en ce qu'il montre le général Bonaparte n'ayant pas à Marengo, et à 1,507 hommes près, *la moitié de ses forces*, lui qui, pour le jour de ses grandes batailles, s'était toujours arrangé de manière à avoir été rejoint par son dernier homme disponible, lui qui, toujours, a condamné quiconque a négligé ce moyen de renfort, mais qui dans ce moment ne s'attendait pas à une bataille (*).

(*) On se tromperait, au reste, si l'on attribuait à une dérogation de principes ce fait qui ne résulta, quant au général Bonaparte, que de l'impossibilité de croire que le général Mélas se laisse-

Selon cette même relation, l'armée autrichienne était de 70,000 hommes, savoir, sur le champ de bataille

---

rait envelopper à Alexandrie; quant à ce dernier, de l'impossibilité de croire que le général Bonaparte, dont les forces lui étaient inconnues, oserait se placer sur sa ligne d'opérations, manœuvre au dernier point hardie et conséquence du second des deux plans successivement adoptés par nous.

D'après le premier, il ne s'agissait que d'attaquer M. de Mélas, affaibli par ses pertes et ses détachements, de le battre et de lui enlever la haute Italie; d'après le second, il fallait l'envelopper, le vaincre et le prendre avec toute son armée. Or, l'armée de réserve, assez forte pour exécuter le premier de ces plans, était insuffisante pour le second, et cependant ce second plan prévalut et dut prévaloir, d'une part, parce que M. de Mélas rendit son exécution possible, de l'autre, parce que Gênes, premier but dans le premier plan, ne pouvant plus être sauvée à la suite de trop de retard, il fallait tout entreprendre pour compenser cette perte par un succès colossal, et même pour ne la rendre que momentanée.

Pour exécuter le premier plan, il n'aurait fallu que réunir les forces et hâter la bataille qui devait décider de tout. Pour exécuter le second, il fallait non seulement couper la ligne d'opérations de M. de Mélas, mais barrer toutes les routes par lesquelles il pouvait effectuer sa retraite; et c'est ainsi que Moncey resta sur la rive gauche du Pô, que Murat occupa Plaisance, que la Stradella devint le point central des opérations que nous pouvions avoir à exécuter dans cette hypothèse, que Lannes prit position à Voghera, et que, par une véritable fatalité, Desaix fut chargé d'une reconnaissance sur Novi, le matin même du jour où, débouchant d'Alexandrie, M. de Mélas se mit en marche sur Plaisance.

Mais *trop embrasser* est généralement *mal étreindre*, et l'on sait le résultat et les pertes de la première bataille de Marengo et ce

de Marengo, 36,000 hommes d'infanterie et 9,000 de cavalerie, total 45,000 hommes; plus 25,000 défendant des places, ou agissant contre le lieutenant-général Suchet et contre les 29,676 détachés de l'armée de réserve, énumération dans laquelle, et au compte de l'ennemi, le général Berthier a *au moins* oublié les 10,000 hommes du prince Hohenzollern, occupant Gênes en ce moment.

Selon la même relation, nous eûmes à Marengo 1,100 hommes tués, 3,600 blessés, et 900 pris, total de nos pertes 5,600; et les Autrichiens eurent 4,500 tués, 8,000 blessés et 7,000 pris, total de leurs pertes 19,500 hommes. L'armée française, après cette bataille, était donc, sur la Bormida, de 22,569 hommes vainqueurs et commandés par Bonaparte; et l'armée autrichienne, de 27,500 hommes battus et commandés par le feld-maréchal de Mélas, c'est-à-dire qu'elle était à discrétion.

Pour rectifier ici tout ce qui tient aux chiffres, je dirai encore que, selon cette relation, l'*armée d'Italie*,

---

que nous coûta la seconde; de même que nul n'ignore que si nous sommes parvenus à remporter la victoire, et une victoire décisive, nous l'avons dû à M. de Mélas qui, au lieu de s'acharner après nos corps en partie si abîmés, se figurant même que nous étions en fuite, mit son armée en colonne de route, et cela au moment où le général Desaix et le général Kellermann se trouvèrent en mesure, l'un d'attaquer à l'improviste et de bouleverser la tête de cette colonne, l'autre de la couper par tronçons avec 400 chevaux sur un champ de bataille où l'ennemi en avait 9,000.

cantonnée (expression burlesque) autour de Gênes, *était forte, à peu près, de* 30,000 *hommes* (on a vu ce qui en était); que l'armée autrichienne était forte de 70,000 *hommes*, non-compris les 10,000 du prince Hohenzollern. Mais comme, d'après le général Alex. Berthier, cette armée autrichienne aurait perdu déjà 9,000 hommes à Montebello, sur les 18,000 avec lesquels le général Ott y combattit, et que, de plus, elle avait perdu 18,000 hommes devant Gênes, 13 à 14,000 contre le lieutenant-général Suchet, et 3 à 4,000 contre le lieutenant-général Thureau, l'armée autrichienne, indépendamment des pertes faites hors des champs de bataille, et qu'en deux mois d'opérations on peut évaluer à 9,000 hommes, était donc réellement de 135 à 140,000 hommes à l'ouverture de la campagne, taux auquel, du reste, Napoléon la porte lui-même !

Le général Alex. Berthier dit encore :

Au 18 brumaire, la dernière des places de l'Italie (Coni) venait d'être prise..., nous ne possédions plus un pouce de terrain ni une seule place en Italie!... Or, Gênes, Gavi et Savone, ainsi que toute la corniche de Gênes à Nice, prouvent que cela est inexact. Ce qui n'est pas moins à remarquer, c'est que, dans ce tableau sommaire, mais général, de notre situation militaire, il n'est pas dit un mot de la Suisse, et cela, parce que les victoires de Masséna nous l'avaient conservée en anéantissant les armées victorieuses qui nous menaçaient d'une atroce invasion !

Le général Masséna venait de capituler à Gênes... Faux de fait, peu digne d'intention!... Masséna a traité *à Gênes*, et n'a *capitulé* nulle part.

2,000,000 *de rations de biscuit avaient, deux mois avant, été confectionnées à Lyon!...* — Se rappeler ce que je dis à ce sujet dans mes Remarques sur les Mémoires de Napoléon.

Bonaparte était en mesure partout, savoir : *au Rhin*, en ajoutant les forces de l'armée de réserve aux 140,000 *hommes* que nous y avions, contre les 160,000 *hommes que l'Autriche pouvait y avoir*; et, *en Italie*, en ajoutant les forces de cette même armée de réserve aux 22,000 *hommes qui nous y restaient*, ce qui n'est plus même d'accord avec les 30,000 qui plus haut, et toujours d'après le général Berthier, se trouvaient *cantonnés autour de Gênes seule!...* Mais, encore, comment était-il possible que le Ier Consul se crût en mesure en Italie avec 79,000 *hommes* contre 139 à 140,000, si, pour l'être sur le Rhin, il lui fallait 197,000 *hommes* pour être en mesure contre les 160,000 que les Autrichiens *pouvaient y avoir!...* Incohérences qui suffisaient pour révéler à quel point, dans cette occasion, le général Berthier manqua de mémoire, et pour que l'Empereur ne donnât pas suite à ces sortes de publications.

Mais encore, et prêt à fermer le volume de cette relation de la campagne de Marengo, je lis, à propos du plan de la campagne : *ces combinaisons étaient vastes et profondes; elles avaient été conçues de loin, et dans le plus grand silence!..* Serait-ce une manière de faire entendre qu'elles avaient été conçues avant le retour du général Bonaparte en France, et que par conséquent tout cela était antérieur au 25 *brumaire*, jour auquel j'avais envoyé mon plan de campagne?... Je l'ignore ; mais toujours est-il que pour faire un tel plan, il faut connaître les positions et les forces des armées opposées ; que c'est sur cette base que j'ai opéré, et que, très incontestablement, mon plan lui-même *avait été conçu* et rédigé *dans le plus grand silence*, et bien des mois avant que le général Bonaparte ne quittât l'Egypte !... Il n'y a donc aucun doute sur l'arrière-pensée que renferme cette phrase qui, sans cette arrière-pensée, serait de toute insignifiance.

N° XII.

FUNÉRAILLES

DU GÉNÉRAL MASSÉNA

MARÉCHAL DE FRANCE, DUC DE RIVOLI ET PRINCE D'ESSLING.

Le Maréchal Masséna mourut à Paris le 4 avril 1817. Le 7, en revenant du château, le cheval de mon cabriolet s'abattit, et je fis une chute grave. Le 8, le discours qui suit me fut demandé et fut en quelque sorte improvisé ; le 9, je le communiquai au général Reille, et le 10, ayant été saigné la veille, je le prononçai devant un auditoire à ce point imposant, que pour la dernière fois, et à bien peu d'hommes près, l'empire y apparut tout entier !... Quant à la sensation que fit ce discours, douze copistes, dans la soirée, obtinrent de le transcrire chez moi, et le lendemain il parut dans tous les journaux de la capitale, où la France conservait des échos !

Son début paraissant susceptible d'explications, je vais dire ce qui détermina son adoption.

La haine du duc de Feltre, alors ministre de la guerre, cette haine, non moins âcre que gratuite, m'avait fait perdre le commandement de la 18e division militaire en décembre 1815, commandement que, malgré mon refus, M. le maréchal Saint-Cyr m'avait forcé d'accepter cinq mois auparavant ; cette haine, enfin, m'avait fait exiler à Tours en 1816 !... Cet exil, malgré le duc de Feltre, venait de finir, grâce à l'équité de M. le duc Decazes, ministre de la police, lorsqu'au nom de la famille du maréchal Masséna, le lieutenant-général comte Reille, son gendre, vînt me prier de parler sur sa tombe.

Quelque prix que je pusse attacher au choix dont j'étais l'objet, me dissimuler à quel point ma position pouvait s'aggraver et par lui, et par la manière dont j'y répondrais, était impossible !... A peine échappé à une sorte de proscription, encore sous trop de surveillance, j'avais, en effet, et en présence d'une restauration injuste et implacable, à rendre un public hommage au plus grand homme de guerre de la république et de l'empire, après Napoléon, et sous ce rapport, je ne pouvais descendre à aucune concession; mais aussi fallait-il éviter tout ce qui eût été gratuitement hostile, inutilement imprudent. Et c'est pour concilier des nécessités si opposées que je débutai par un grand souvenir monarchique, mais par un souvenir qui concourut encore à rehausser l'illustration du maréchal Masséna !... Ce qui, au surplus, prouva combien ma concession fractionnaire avait été indispensable, c'est qu'à peine arrivé à la maison mortuaire, le général commandant Paris me demanda, d'après les ordres du ministre de la guerre, la communication du discours que j'allais prononcer. Je le lui remis *sans proférer une parole*, de même que je ne répondis pas un mot lorsqu'en me le rendant il me dit : *c'est de l'histoire*.

DISCOURS

PRONONCÉ

SUR LA TOMBE DU MARÉCHAL MASSÉNA

DUC DE RIVOLI, PRINCE D'ESSLING,

Le 10 avril 1817, jour de ses funérailles,

PAR

LE LIEUTENANT-GÉNÉRAL BARON THIEBAULT.

MESSIEURS,

Lorsque le plus grand orateur du siècle de Louis XIV eut à faire l'oraison funèbre d'un prince non moins illustre par l'éclat de ses armes que par son rang, il se sentit à la fois confondu et par la grandeur du sujet et par l'inutilité du travail!

Quel panégyrique en effet pouvait louer un prince placé par ses victoires au-dessus de la louange? Comment eût-on départi la gloire à un nom consacré par une gloire immortelle? En quels termes était-il possible d'exprimer dignement des sentiments qui, à ce point, électrisaient toutes les âmes, et de rappeler des faits que toutes les bouches semblaient prêtes à proclamer.

En proie à cette exaltation de la douleur, de l'admiration et du respect, l'impossibilité de s'élever à la hauteur de son sujet dut confondre l'orateur, et par un magnifique hommage, cette confusion du génie abaissa, pour ainsi dire, ce qu'il y avait de plus beau au-dessous de ce qu'il y avait de plus grand.

Et moi, Messieurs, dans une situation analogue à tant de titres, par quel langage rappellerai-je des souvenirs qui, d'eux-mêmes, parlent avec une si puissante éloquence?... Quels moyens peut-il rester de retracer ce qui, en caractères indestructibles, est déjà gravé dans les fastes du monde?... Quelle bouche enfin redirait sans l'affaiblir ce que publient à l'envi les cent voix d'une si belle renommée!... Mais encore, comment suivre à la fois le grand homme de guerre dont la France déplore la perte, et sur les sommets de la gloire, et dans les abîmes de la mort?... Comment peindre cette sublime mais accablante alliance de l'immortalité et du néant!... Enfin, cette *grandeur du sujet* qui, pour le vainqueur de Rocroy, de Senef, de Lens, de Nordlingen, provenait surtout de son auguste origine, je la retrouve, pour le vainqueur de Zurich, pour le défenseur de Gênes, pour le héros de Rivoli et d'Essling, dans l'absence de tout antécédent! Ici l'inutilité du travail résulte de faits du même éclat, et si toute la partie chronologique de l'oraison du grand Condé intéressait si fortement l'auditoire de son panégyriste, comment oublierai-je que les événements que j'ai à rappeler, ces événements que l'histoire transmettra avec étonnement aux races futures, appartiennent en partie à un grand nombre des hommes d'État, des citoyens et des guerriers qui, jusque sur le seuil de l'éternité, évoquent et représentent toutes nos gloires?

Pour concilier néanmoins ce que requièrent et cette solennité et les immortels faits d'armes du maréchal Masséna, répétons, avec Bossuet, « que ses actions le louent », et retraçons les principaux souvenirs d'une si glorieuse vie.

A 13 ans (1781), un vaisseau devint le premier théâtre de ses essais pendant la guerre de l'indépendance; à 16 ans, il avait fait trois campagnes sur mer; à 17, il entra dans *Royal-Italien*; à 18, il commença à y recevoir des grades.

Cependant de sinistres précurseurs annonçaient la tourmente qui allait bouleverser le monde! De toutes parts grondait la foudre, et du sein de la France elle répondait en roulements sourds et prolongés aux échos de l'Angleterre, de la Prusse et de la Hollande, de l'Allemagne, de l'Autriche, de la Péninsule et de l'Italie entière!... Tout à coup l'Europe s'ébranle, nos frontières et nos côtes se trouvent menacées ou envahies! On court aux armes!... Des bataillons s'organisent, marchent et se réunissent!... Masséna commande le second bataillon du Var, et la première guerre de la révolution est commencée!

D'autant plus remarquable qu'il avance dans la carrière, d'autant plus brillant qu'il s'élève davantage, chacun des pas de Masséna le conduit à un succès, chacun de ses faits d'armes à un triomphe! Chef de bataillon, il se montre colonel expérimenté; colonel, on voit en lui un général de brigade habile; général de brigade, et par suite de la distinction avec laquelle, sous les ordres d'Anselme, il s'empare du comté de Nice, et par suite du rôle qu'il joue dans tous les combats livrés par le général Biron, il est déjà, et par l'armée entière, assimilé à ses généraux les plus distingués. Ainsi, et toujours supérieur au grade dont il est revêtu, il trouve dans chacun de ses avancements l'occasion et les moyens d'en justifier de nouveaux !... Un an lui suffit de cette sorte pour parcourir une carrière immense, et avec la rapidité de l'aigle, que rappelaient ses traits, son regard et l'expression de sa physionomie, il arrive en 1794, et avec une réputation faite, au grade de général de division, grade au-dessus duquel il se place en le recevant. En effet, l'attaque d'Oneille et de Saorgio est ordonnée; 20,000 hommes y sont employés; le plus entier succès la couronne : Masséna en avait le commandement !...

La campagne de Schérer (1795), rappelle des actions glorieuses; à presque toutes Masséna se trouve avoir une part mémorable, et à la victoire de Loano, une part décisive.

En 1796 et 97, l'armée d'Italie reprend l'offensive sous les ordres du général Bonaparte : Montenotte, Millesimo, Dego, Mondovi, soumettent le Piémont, et Lodi, Pizzighitone, Lonado, Castiglione, Roveredo, Trente, Bassano, Saint-Georges, Arcole, Rivoli et la Favorite, décident du sort de l'Italie cisalpine ! Pendant cette lutte, que neuf armées ennemies battues ou détruites, la reddition de Mantoue et 270,000 coalisés tués, pris, blessés ou dispersés par 50,000 Français, rendent incomparable, Masséna, que ces campagnes eussent suffi pour immortaliser, commanda constamment l'avant-garde ou les grenadiers et chasseurs de l'armée, exécuta sur les flancs, sur les derrières de l'ennemi, des mouvements où la plus rare capacité, l'activité la moins concevable, une ardeur dévorante, se joignirent à une audace chevaleresque, et lui firent conquérir ce beau nom d'*Enfant chéri de la victoire*, nom qu'il acheva de justifier à Bellune, à Tarvis, à Villach, à Clagenfurth, et dans cette série de combats brillants, de marches aussi rapides que savantes, et qui, à travers les défilés de la Carinthie, le conduisirent aux portes de Vienne, où fut dictée la paix qu'il avait tant contribué à conquérir.

Mais déjà sa renommée avait franchi les limites des camps; ses hauts faits, son noble caractère, justifiaient également l'admiration et la confiance publiques, et, si son âge l'eût permis, la reconnaissance nationale le portait au directoire. Heureusement pour la France, il continua à combattre; mais après avoir étonné en exécutant des dispositions qui toujours n'étaient pas les siennes, il ne restait au général Masséna, pour se placer au rang des hommes de guerre du premier ordre, qu'à se signaler par ses propres conceptions; et des revers que nous ne devions plus craindre ayant remis en question ce qui, pour toujours semblait avoir été résolu par la victoire, ne tardèrent pas à lui en fournir l'occasion.

Par suite d'aventureuses expéditions et de nouvelles

guerres, un an avait suffi pour consommer un si fatal changement ! Au lieu de consolider nos conquêtes et l'existence de la république cisalpine, au lieu de compléter notre système militaire et d'achever de pacifier l'intérieur de la France, l'armée d'Italie avait suivi sur les bords du Nil son invincible chef ! Rome, soumise à nos armes, avait exigé la présence de plusieurs corps de troupes ; une agression inattendue avait conduit nos bataillons des bords du Pô et du Tibre aux rives de la mer Ionienne ; et pendant que nous avions continué à nous affaiblir par de tels *disséminements*, pendant que les sables brûlants de l'Egypte et de la Syrie, les ravages de la peste, le fer des Ottomans et des Arabes, l'air pestilentiel de Rome et de sa campagne, les poignards de cent mille frénétiques insurgés, et les combats sanglants que contre eux chaque jour multipliait depuis la Toscane jusqu'au fond du royaume de Naples, dévoraient l'élite de nos guerriers ; l'Autriche avait recruté ses armées et rentrait dans la Lombardie, soutenue par une armée russe, au moyen de laquelle Paul Ier parvenait enfin à s'immiscer dans les affaires de l'ouest et du midi de l'Europe.

Une trop grande disproportion dans le nombre des troupes, l'incapacité du général Schérer, la mésintelligence de quelques généraux, des efforts morcelés, et ces fatalités que le destin semble réserver pour les époques malheureuses, concoururent à favoriser les Austro-Russes. Malgré la prise du corps d'Auffenberg par Masséna ; malgré ses brillantes affaires contre le prince Charles, et alors que par tant de trophées chacun des monts de l'Helvétie ajoutait, grâce à lui, une colonne nouvelle à l'édifice de notre gloire militaire, cet édifice élevé sur cent victoires, cimenté par des torrents de sang, s'écroulait partout où Masséna n'était pas !... La fortune cédant au nombre, paraissait avoir abandonné nos bannières! L'Italie presque entière nous avait été enlevée ; nos armées du Rhin s'étaient reployées sur nos frontières, et, pour achever notre défaite, il ne restait plus au prince Charles et à Suwarow qu'à battre l'armée de Masséna, débordée par l'un et l'autre de ses flancs.

Mais si les forces et les mouvements des armées ennemies convergeaient sur lui, si les talents et le caractère de leurs chefs ne pouvaient manquer de l'occuper de la manière la plus sérieuse, les ordres, je pourrais dire les reproches du gouvernement français achevaient de rendre sa position critique !... En proie aux plus vives anxiétés, le directoire voulait qu'il combattît, et, attribuant son inaction à des complots politiques auxquels jamais il ne se mêla, allait jusqu'à lui faire un crime de ce qu'il nommait *sa désobéissance!..* Un homme ordinaire eût cédé : fort de ses motifs et de sa supériorité, inébranlable dans ses résolutions, basées sur ses calculs et ses inspirations, Masséna attendit le moment qu'il avait fixé pour agir, et le passage de la Limmat, la bataille de Zurich, la destruction des armées de Hotzen et de Korsakoff, et celle plus entière et plus décisive encore de l'armée de Suwarow, révélèrent ses plans en les justifiant, sauvèrent la France et, ainsi que le général Spreckporten le lui dit à Paris, valurent au général Masséna l'honneur d'être, depuis Charles XII, le premier général qui ait battu les armées russes !

Cependant l'homme extraordinaire dont la destinée devait achever de se lier aux destinées du monde, avait quitté l'Égypte et débarqué à Fréjus.

En peu de jours il avait conquis cette France dont il ne devait porter les frontières aux bords de la Baltique, comme au-delà du Tibre et du Tage, que pour faire servir nos conquêtes de vingt années à doter des rois autant de fois vaincus.

Trouvant la France sauvée par les victoires de Masséna, la sollicitude du premier Consul se reporta sur le théâtre de ses premiers exploits, et avant tout sur Gênes, dernière place importante que nous possédassions encore au-delà des Alpes, et dans laquelle Masséna se rendit comme général en chef de l'armée d'Italie.

Dirai-je quels furent à Gênes la magnanimité de sa conduite, la pensée colossale qui décida de toutes ses opérations, la puissance des moyens auxquels il eut recours et les *inespérables* résultats qu'il obtint ?... Rappellerai-je, à ce sujet, les ravages de la misère, des épidémies et de la famine, ajoutant à l'honneur de tant de combats livrés à un ennemi parfois quintuple en forces, souvent retranché sur d'inaccessibles montagnes ?... Peindrai-je le général Masséna, supérieur au malheur comme à la fortune, trouvant des ressources où personne n'eût songé à en chercher, résistant à tous les efforts comme à toutes les séductions, commandant, par son exemple, le courage, le dévoûment, l'héroïsme et la résignation, et, après avoir, pour ainsi dire, « fait la guerre sans troupes à toute une armée, « s'être souvent battu sans munitions, avoir suffi sans « fonds à d'inévitables dépenses, nourri ses soldats « sans magasins, et fini par ne plus contenir et sa gar- « nison et une grande population au désespoir que par « la puissance de son ascendant; » le peindrai-je, dis-je, dans cette effroyable situation, » dictant des con- « ditions à qui pouvait les imposer toutes, changeant « un revers en un triomphe, ne permettant pas même « que le mot de *capitulation* fût employé dans le *traité* « *d'évacuation* qu'il parvint à conclure, et, ainsi que « l'observa un officier autrichien, *faisant capituler* « *avec lui un ennemi vainqueur!* » Non!... Les détails sont inutiles en parlant de celui qui, dès cette époque et indépendamment de tant d'autres trophées, avait fait de la Suisse et de la Ligurie les monuments d'une impérissable gloire; de celui qui les rappellera toujours comme ils le rappelleront sans cesse; de celui à qui l'amiral Keith disait : « *Vous valez seul plus de* 20,000 *hommes* », et de qui le prince Henri de Prusse, frère de Frédéric-le-Grand, et grand général lui-même, m'écrivait : *Le général Masséna, plus heureux que Léonidas, a deux fois défendu et sauvé sa patrie!...*

Mais pour réunir tant de faits historiques, des faits de cette importance et d'un si grand éclat, il semble que la vie d'un seul homme soit insuffisante. Elle le serait en effet, s'il s'agissait d'un homme du second ordre, tandis que, relativement à Masséna, cette masse de faits brillants est loin de compléter le tableau de ses exploits... Nous citerons donc encore cette campagne de 1805 en Italie, où, commandant en chef, il lutta, avec des forces totalement inférieures, contre un des plus grands généraux de notre époque, (le prince Charles), ne manœuvra que pour occuper son ennemi, ne combattit que pour empêcher qu'il ne secourût Vienne à temps; toujours le même, s'exposa à être battu pour favoriser les opérations de Napoléon sur le Danube et en Moravie, et se fit un honneur que l'armée autrichienne proclama! Mais de plus, nous citerons l'attaque du royaume de Naples, dont il fit la conquête en 1806, conquête que la prise de Gaëte acheva d'illustrer; ce qui, sur les sept grands souvenirs dont les guerres de la révolution dotèrent l'histoire d'Italie, identifia le nom de Masséna à quatre d'entre eux!—Mais nous citerons également la campagne de Pologne (1807) où, commandant un corps détaché, sa haute capacité et sa réputation mirent seules quelque équilibre entre ses forces et celles qui lui étaient opposées; son rôle à jamais mémorable à la bataille d'Essling, où, dans la position la plus désespérée, son intrépidité sauva la grande armée et lui fit répondre aux instances de Napoléon pour qu'il tînt encore *trois heures* : « *Dites que j'en tiendrai douze;* ... enfin sa conduite à la bataille de Wagram, pendant laquelle, blessé, souffrant et couché dans sa calèche, il commanda ainsi son corps d'armée, se faisant conduire partout où le danger était le plus imminent!

En 1810, on lui fit faire en Portugal sa dernière campagne!... Faute du concours sur lequel il aurait dû compter, elle n'eut pas les résultats que l'on devait rendre possibles, et qu'en d'autres temps peut-être, il eût rendus tels, quand ils ne l'eussent été pour aucun autre. Mais le général en chef Masséna, il faut bien le dire, n'avait que partiellement survécu aux vomissements de sang qu'il avait eus en Pologne !... La puissance de commander, c'est-à-dire celle de se faire obéir, ne survit pas aux forces physiques... Cette campagne, considérée par lui-même comme le complément de disgrâces qui, du reste, ennoblirent d'autant plus son rôle que, malgré les tortures morales qui empoisonnèrent sa carrière, elles ne purent atténuer son dévoûment, fut sous quelques rapports sa campagne de Waterloo; et pourtant il ne quitta le Portugal que par sa volonté, et rentra dans l'Estramadure en y ramenant intactes son armée et sa gloire !

En organisant les forces avec lesquelles Napoléon fit la campagne de 1815, sa première pensée avait été de prendre pour major-général le maréchal Masséna. L'affaiblissement de sa santé, qui ne lui laissa pas même dans le repos deux ans d'existence, fit renoncer à ce choix, et cette renonciation fut, pour Napoléon, le coup de grâce de la fortune. Quel que fût cet affaiblissement, sa brûlante activité eût encore décuplé chez les autres la vie qui lui manquait!... Que d'hommes, d'ailleurs, se seraient dévoués à le seconder, à le suppléer en tout ce qui aurait tenu à la transmission et à l'exécution des ordres!... Et de fait, Masséna, major-général, une désobéissance n'eût pas fait de Ligny un insignifiant succès; l'armée Prussienne eût été détruite ; il n'y aurait pas eu de Waterloo, et si une action générale avait eu lieu sur ce terrain où le destin prononça son irrévocable arrêt, trois corps d'armée n'eussent pas manqué au moment décisif.

Après de si grands souvenirs, descendrons-nous aux ordres dont le maréchal Masséna fut décoré ; à ces titres de duc et de prince qu'il cumula ; à ces surnoms qui, burinés par son épée, ne peuvent être et n'ont jamais été contestés par personne ; finalement, aux armes que Napoléon donna aux maréchaux de son Empire et qui, pour Masséna, se composèrent d'une *victoire*, au bas de laquelle ce maréchal plaça une *levrette* comme symbole d'une fidélité à laquelle il ne manqua pas ! Je me borne à ce seul mot : On ne retire de ces sortes de distinctions que l'honneur qu'on leur fait ; ce n'est pas là que gît la gloire d'un grand homme ; provenant de lui seul, et ne pouvant provenir que de lui ; cette gloire est tout entière dans les événements qui consacrent sa mémoire, et dans le nom qu'il a rendu historique !

Et tels sont, messieurs, les faits, les souvenirs qu'il était impossible de ne pas évoquer ! Mais lorsque des brillants tableaux qu'ils offrent, les yeux s'arrêtent sur ce cercueil pour la dernière fois offert à notre vue, quelles douloureuses impressions se mêlent à tant d'hommages, à une si haute admiration, à de si poignants regrets !... Ne pouvant croire à une si grande perte, on demande encore celui qui animait les braves de la plus noble ardeur, et dont la valeur et le génie présageaient la victoire ; et un corps inanimé est tout ce qui frappe les regards !... On cherche ces trophées tant de fois élevés par ses mains, ces lauriers dont tant de fois la victoire le couronna : et déjà le triste cyprès et un linceul les ont tous remplacés ! . On appelle enfin cet *enfant chéri de la victoire*, ce chef que ses dignités ne purent enorgueillir, que son rang ne put endurcir, et qui, toujours l'ami de ses officiers, fut le père de ses soldats : et la mort seule répond !... Mais déjà la postérité crie : — ***La gloire est la vie des héros, et Masséna n'a pas cessé de vivre*** !...

FIN.

TABLE

DES PIÈCES JUSTIFICATIVES OU RELATIVES

CONTENUES DANS CE VOLUME

ET PUBLIÉES POUR LA PREMIÈRE FOIS.

FIN DE LA TABLE.

www.ingramcontent.com/pod-product-compliance
Lightning Source LLC
LaVergne TN
LVHW012328060726
842524LV00017B/250
9782014025293